社会治理创新发展报告（2019）

主　编 / 姜晓萍
副主编 / 夏志强　李强彬

四川大学出版社
SICHUAN UNIVERSITY PRESS

项目策划：王　军　段悟吾
责任编辑：徐　凯
责任校对：谢　鋆
封面设计：阿　林
责任印制：王　炜

图书在版编目（CIP）数据

社会治理创新发展报告．2019 / 姜晓萍主编．— 成都：四川大学出版社，2020.7
ISBN 978-7-5690-3752-4

Ⅰ．①社…　Ⅱ．①姜…　Ⅲ．①社会管理－研究报告－中国－2019　Ⅳ．①D63

中国版本图书馆 CIP 数据核字（2020）第 102360 号

书名　社会治理创新发展报告（2019）

主　　编	姜晓萍
副 主 编	夏志强　李强彬
出　　版	四川大学出版社
地　　址	成都市一环路南一段 24 号（610065）
发　　行	四川大学出版社
书　　号	ISBN 978-7-5690-3752-4
印前制作	四川胜翔数码印务设计有限公司
印　　刷	四川盛图彩色印刷有限公司
成品尺寸	170mm×240mm
印　　张	16.5
字　　数	245 千字
版　　次	2020 年 8 月第 1 版
印　　次	2020 年 8 月第 1 次印刷
定　　价	68.00 元

扫码加入读者圈

◆ 读者邮购本书，请与本社发行科联系。
电话：(028)85408408/(028)85401670/
(028)86408023　邮政编码：610065
◆ 本社图书如有印装质量问题，请寄回出版社调换。
◆ 网址：http://press.scu.edu.cn

四川大学出版社
微信公众号

序

美国公共治理专家理德·C. 博克斯曾说：“如果说19世纪与20世纪之交的改革家们倡导建立最大限度的中央控制和高效率的组织结构的话，那么21世纪的改革家们则将今天的创新视为是一个创建以公民为中心的社会治理结构的复兴实验过程。”事实上，人类进入21世纪以来，公共管理领域创新的重心已由追求政府管理的高绩效转向社会治理结构的变革。党的十八届三中全会创新性地提出了“推进国家治理体系和治理能力现代化”，同时提出了“创新社会治理体制”。从此，推进国家治理体系和治理能力现代化的重要内容——“创新社会治理体制”便成为我国理论界和实务界关注的重要热点议题。

改革开放40年来，伴随着我国经济的迅速发展，社会治理体系不完善、治理能力不足等问题日益突出。早在2004年，党的十六届四中全会就提出了“加强社会建设和管理，推进社会管理体制创新”，并以此作为我国社会建设和发展中存在的各种矛盾与问题的重大回应。从此，我国各级地方政府积极响应党中央号召，积极开展地方社会管理创新实践，在构建社会管理新格局、社会组织培育发展、社会稳定风险评估、基层社区协同管理等领域进行了有益探索并取得了显著成效。

中国特色社会主义进入新时代，社会主要矛盾转化为人民日益增长的美好生活需要和不平衡不充分的发展之间的矛盾。以习近平同志为代表的党中央综合分析国际国内形势和我国发展条件，提出了“两阶段”发展理论。其中，要求到2035年，“基本实现国家治理体系和治理能力现代化”；到中华人民共和国成立一百年时，“全面实现国家治理体系和治理能力现代化”。对我国加强和创新社会治理的实践工作和理论研究提出了新的要求。为此，我们必须把握好社会治理创新的两条实现路径：一是完善社会治理体系，二是提升社会治理能力。二者如同社会治理创新之两翼，相辅相成，缺一不可。

在探寻社会治理创新的过程中，既有理论界广大专家学者展开理论探讨的百花齐放，也有实务界的孜孜以求。与这众多的理论探讨和实践探索一起，四川省哲学社会科学重点研究基地社会发展与社会风险控制研究中心集中相关研究力量，整合中心相关研究资源，编写完成了《社会治理创新发展报告(2019)》。该报告围绕社会治理理论与创新、城市与农村治理实践、贫困治理、土地治理、社会稳定治理等重点领域或重大问题的发展动态开展对策性、前瞻性研究，力求发挥中心在“社会治理体系完善与治理能力现代化”研究领域的决策和政策咨询作用。

本报告的撰写和出版得到了四川省社科联、四川大学公共管理学院、四川大学社科处、四川大学出版社的大力支持，在此一并深表谢意。由于水平有限，报告中难免存在不足之处，恳请各位专家学者、实务工作者和读者批评指正。

编 者

2019年11月

目 录

CONTENTS

第三编　公共服务治理

第四编　土地治理

第一编　城乡社区治理

转型时期“政社共治”的实践逻辑

——以清江社区环境和物业管理委员会为例[①]

黄　进　陈　序　萧琮琦[②]

一、 背景与问题的提出

当前，我国正面临着经济体制的转型和社会体制的变革，其中国家治理方式、社会治理方式的转型在最近几年得到强调，并有大量实践探索。在“国家—社会”的经典命题中，形成了“一元论”“二元论”“合作论”“互嵌论”等观点。目前，西方主流理论推崇国家（政府作为国家的代理人）与社会的合作共治，在承认“国家”与“社会”是有边界的基础上，强调“国家”与基层社会的友好合作与共同治理。但是，“政”“社”的边界如何打通，合作共治的运行过程和运行逻辑是怎样展开的等问题尚未得到细化与深究，导致“政社合作”理论难以深化。社区治理是社会治理的一个缩影，既是国家治理体系的末端，也是社会治理体系的生长基点，是当前观察“政社关系”的一个最佳窗口。因此，本文通过实地走访、深入访谈和观察，试图从社区

① 本研究得到成都市社区发展治理委员会、青羊区苏坡街道办事处和清江社区的大力支持，调查资料均来自苏坡街道办事处和清江社区的实地调研，在此表示特别感谢。

② 黄进，四川省社会科学院社会学所研究员，法学博士，主要研究方向为社会政策与社会治理。陈序，四川省社会科学院社会学所助理研究员，法学硕士，主要研究方向为基层治理。萧琮琦，西华大学社会发展学院讲座教授，博士，主要研究方向为社会服务。

治理的实践出发，着重探讨治理转型中“政社共治”的实践逻辑。

城市社区的大规模出现使得物业管理和服务成为社区治理的重要内容。改革开放 40 年来，我国经历了世界上速度最快、规模最大的城镇化进程。根据国家统计局公布的数据，2018 年年末我国常住人口城镇化率达到了 59.58%。[①] 这意味着我国有近 6 成的居民生活在城镇中。城市社区正在被一个个高密度、闭合型的商品房小区（院落）覆盖，小区已成为居民生活最基本的空间，小区治理成为体现国家治理体系和治理能力现代化的重要场域。然而，作为社区重要主体的小区业主、业主委员会（简称“业委会”）和物业服务公司（简称“物业公司”）之间却在选举或更换业委会成员、物业公司的选聘与解聘、房屋维修、停车位管理租售与收费、违规搭建、环境卫生与公共设施维护等问题上冲突不断，仅物业收费在 2018 年 3 月全国 12358 价格监管平台受理的各类价格举报中就排名第四，环比上涨 2.40%。[②] 物业服务与管理工作看似微不足道，却与居民生活息息相关，对社会稳定具有重要影响。

从 2003 年国务院颁布《物业管理条例》到 2007 年《中华人民共和国物权法》的实施，各省市相继出台了关于物业管理服务的实施办法、管理细则。经过十多年的发展，我国已经拥有较为完备的物业管理政策法规制度，为规范物业管理行为、净化小区环境提供了制度支撑。但居民与业委会、物业公司间的矛盾仍然时有发生，投诉信访数量激增、民事诉讼和暴力行为不断发生，一些地方甚至演变成为群体性事件。这类矛盾长期得不到解决，往往会转化为代表国家行政力量的基层政府（街道办事处）和传统社会力量的社区居委会与代表现代社会力量的业委会和市场力量的物业公司在物业服务管理

---

① 国家统计局发布报告显示——70 年来我国城镇化率大幅提升［EB/OL］. http://www.gov.cn/shuju/2019-08/16/content_5421576.htm.

② 全国 12358 价格监管平台 2018 年 3 月分析报告［EB/OL］. http://12358.ndrc.gov.cn/7C10429CECB949611D0512CC7 D345E2E/2018-04-19/41FE7BCB819CA50C497C2F39245D2D14.htm.

领域的对立。

我国相关法律一直积极引导各类力量有序参与物业管理工作。按照法律规定，街道办事处是代表国家行政力量监督管理辖区内物业活动的行政主体，社区居委会作为一种传统社会力量，历来是协助街道办事处完成落实各类工作的“抓手”，是协调业主与业委会及物业公司的纠纷、维护社区治安的主体。法律虽然赋予了居委会指导和监督业委会工作的权利，规定业委会也有配合居民委员会开展工作的职责和监督物业公司行为的义务，却缺少业委会和物业公司在不遵从街道办事处和居委会指导时的惩治措施，为四种力量相互博弈留下空间，同时也为“政社合作”留下空间。街道办事处、社区居委会、业委会和物业公司在组织性质、组织形式、组织目标、组织职责和工作方法上的根本区别，集中体现为行政力量、社会力量和市场力量的不同，致使各方力量在社区治理过程中难以突破重重藩篱，不能形成有效的合作机制，难以化解物业管理服务中的冲突。

二、 清江社区：全国首个“环物委”

2017 年 11 月 20 日，四川省成都市清江社区在苏坡街道办事处的指导下创新社区物业矛盾纠纷调处机制，成立了全国首个社区环境和物业管理委员会（以下简称“环物委”）。经过近两年的运行，清江社区物业矛盾纠纷明显减少，社区凝聚力显著提高。环物委在清江社区的成功试点，使苏坡街道办事处率先找到化解业主、业委会和物业公司矛盾纠纷的突破口，实现了国家力量、社会力量和市场力量在社区物业管理服务领域的合作共赢，弥补了现有社区治理机制的不足。国家住建部房产司、成都市房管局等各级单位领导多次莅临指导工作，全国各地争相前来学习。

（一）环物委成立的起因：物管纠纷频发复杂

1. 迫在眉睫

清江社区隶属成都市青羊区苏坡街道办事处，面积约 1.5 平方千米，东至成都市三环路外侧，南至成都市西出主干道（日月大道），地理位置优越，居住环境好。户籍人口数超过 2 万人，常住户数超过 1 万户，实际居住人口超过 4 万人。社区由 11 个小区（院落）组成，其中聘请物业公司的商品房小区（以下简称“物管小区”）有 9 个，安置小区 2 个，居住规模超过 1000 户的小区共 3 个，6 个小区成立了业主委员会，均为物管小区。

从 2015 年起，清江社区物业纠纷开始出现。A 小区属于清江社区第一批建成的小区，业主入住时间超过 10 年，房屋质量问题、违规搭建问题、公共区域收入问题等长期存在。2014 年，该小区动用 130 多万元维修基金对小区内的 22 部电梯进行维修，但账目一直没有公开，引起小区业主强烈不满，居委会多次协调无果，最终酿成群体性事件。2016 年，该小区业主与业委会、物业公司发生激烈冲突，小区 300 余名业主殴打业委会成员，造成多人受伤，甚至堵塞交通，阻拦救护车进场救援，阻止警察执法，最后青羊区出动防暴警察 100 多人才平息了这一事件。此次群体性事件影响极大，引发了清江社区物业管理的多米诺骨牌效应，接连在 6 个物管小区都出现了严重的物管纠纷。2017 年，B 小区的部分业主与业委会在选聘物业公司时，因物业服务质量和服务价格问题发生严重分歧，双方互不让步、上访不断，最后业委会成员集体辞职。

2. 势在必行

清江社区的物业矛盾纠纷只是苏坡街道办事处辖区众多物业矛盾中的“冰山一角”。从 2015 年到 2017 年，苏坡街道办事处辖区的物业纠纷数量庞大，而且呈上升趋势（见表 1），连续 3 年居高不下。2017 年，苏坡街道办事处共接到各类信访 2769 起，其中物业管理纠纷 704 起，占比 25.42%。而且越级上访的数量和比例也在不断增加，很多业主通过市长信箱、市长电话直接向市级领导反映问题，在2016年市长信箱收到的各类上访信件中，反映苏坡街道办事处辖区物业信访的达到55.53%，引起了上级领导的高度重视，青羊区政府、街道办事处压力剧增。越来越多的业主要求街道办事处对物业矛盾纠纷直接给予正面回应并及时解决，基层政府面临信任危机和权威危机。

表1　苏坡街道办事处辖区2015—2017年物业信访在各类信访渠道中的分布

时间	市长信箱（封）	占比（%）	市长电话（个）	占比（%）	街道办事处来访（次）	占比（%）	年度物业信访总量/信访总数	占比（%）
2015年	34（345）	9.86	167（714）	23.39	28（34）	82.35	229（1093）	20.95
2016年	106（371）	28.57	230（1020）	22.55	72（82）	87.80	408（1473）	27.70
2017年	174（629）	27.66	432（2028）	21.30	98（112）	87.50	704（2769）	25.42

注：各类信访渠道统计数据中，括号内的数据为当年从该信访渠道收到的信访总量。
资料来源：苏坡街道办事处辖区物业矛盾纠纷调处情况汇报材料。

3. 矛盾重重

实际上，苏坡街道办事处面临的物业管理难题是全国各地商业物管小区普遍存在的问题，矛盾复杂多样，按照涉及主体的不同可以分为以下四类（如图1所示）。

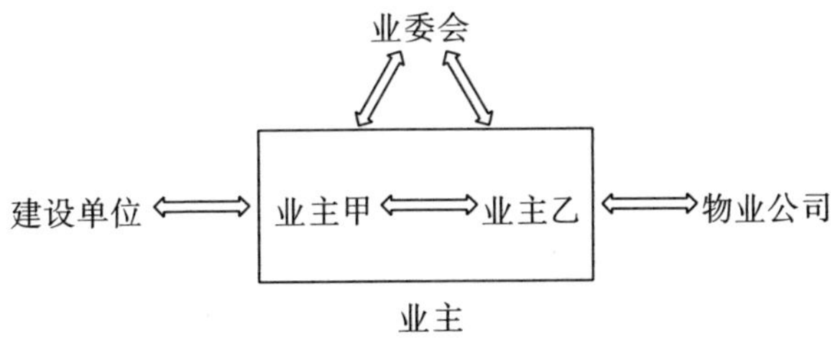

图1　物业管理中的四类矛盾示意图

1）业主与建设单位之间的矛盾

2004年，苏坡乡撤乡设立街道，至今已有15年的历史，现在属于城市建成区。一般来说，业主与建设单位的矛盾纠纷容易出现在建成时间不长的建成区，多由房屋质量出现问题、公共设施设备损坏和随意改变房屋用途等引起。例如，小区墙面脱落、顶层漏水、电梯维修、早期违章搭建、住房改商业用房等，通常属于历史遗留问题。矛盾焦点集中在维修费用的筹募和违章搭建的拆除。根据我国《商品房销售管理办法》等规定，房屋建筑工程的保修期一般为 2 年，2 年内房屋和小区公共部分出现质量问题由建设单位负责维修，若超出保修期，则应使用维修基金进行维护。很多建设单位交房后就对质量问题不管不问，或者把责任推给承建公司。单个业主很难与建设单位对抗，如果请物业公司协助，而前期物业服务都是由建设单位委托的公司负责，不可能与建设单位“撕破脸皮”。多数小区业主不愿使用维修基金，认为维护社区基础设施是物业公司应尽之责，但物业公司必然不会自掏腰包来维修，业主与建设单位间的矛盾随之转变为业主和物业公司的纠纷。很多业主因花费一辈子积蓄购买的住房存在质量问题而心生不满，成为与其他主体冲突的隐患和矛盾的源头。

2）业主与业主之间的矛盾

随着我国城镇住房制度改革的深化和房屋产权多元化，商品房小区成为不同阶层、不同职业、不同年龄和不同利益诉求的人群汇集的场域，这在不同业主对物业公司服务质量的要求和物业费的承受能力上体现得特别明显。例如，清江社区 B 小区的部分业主希望增加物业管理费，更换物业公司，以获得更好的物业服务；另一部分业主却认为物业管理费太高，坚决不同意增加物业管理费。业主间的需求难统一、意见不一致、相互不配合等，加大了社区物业管理工作的难度，甚至正常的业主大会都很难召开。

3）业主与物业公司之间的矛盾

业主与物业公司的冲突在物业服务质量和公共区域收益两项内容上表现得最为突出。物业公司是完全按照市场经济规律运作的企业法人，小区业主作为“理性人”，双方都在衡量成本得失，期望用最小的成本获取最大的效益。业主一般认为物业公司提供的服务没有达到预期要求，便采用拖欠物业服务费的方式抗争。由于业主欠费，物业公司只好减少保洁员、安保人员数量，或者压低人员工资，其结果必然是服务质量的降低。物业公司一旦试图增收物业管理费，则会引发业主更大程度的抵触，导致物业服务质量欠佳与业主拖欠物业管理费的恶性循环。当物业公司对小区内已有的违章搭建和将住房变成经营用房等问题迟迟没有处理时，小区业主就会认为物业公司工作不力，多有不满。公共区域的收益也是产生矛盾的一个重要源头。利用小区共有部分和公共设施设备经营产生的收益，如广告收益、租金收益、公共停车位收益和快件接收收益等，在理论上归属全体业主，但在实际操作中，往往由物业公司代表业委会或者全体业主收取和管理，物业公司和业主、业委会常常围绕公共收益的数量和使用的合理性、规范性、透明度等发生纠纷。

4）业主与业委会之间的矛盾

小区业委会是代表全体业主与居委会、物业公司等其他社会主体开展互动的群众性自治组织，主要通过组织召开业主大会、选聘物业公司和管理公共收益履行职责，保障业主权益。作为一种新型自治组织，业委会面临种种困难：第一，业委会成立困难。按照《物业管理条例》（2018 年修订版），业委会在成立、更换成员和选聘物业公司时，应当经专有部分占建筑物总面积过半数的业主且占总人数过半数的业主同意。但要在规模上百户或者上千户的小区召开业主大会，达到“双过半”的标准十分不易。第二，业主对业委会的不信任。多数业主缺少对业委会职能权限的理解，不认可业委会成员的代表性。第三，缺少对业委会的有力监督。我国现行政策法规和体制机制中缺少对业委会行为进行规范、监督和惩治的可操作的约束性措施。业委会的运行有很强的主观性，成员素质直接决定业委会的运行成效。业主一旦不满意，就会不断质疑业主大会召开的合理性、业委会行为的规范性、选聘物业公司的专业性、账目使用的合法性，甚至怀疑业委会与物业公司相互勾结，侵吞公共收益，成为小区纠纷的重要源头。

四类矛盾的边界看似清晰，却在小区里相互嵌套，互为因果。业主在通过各种渠道投诉反映物业管理中存在的问题后，如果未能得到解决，极有可能演变为群体性事件。

（二）环物委的设立：基层党委政府的推动

在上级房管部门和上级社区发展治理委员会的重视下，苏坡街道办事处创新物业纠纷调处机制势在必行，决定在物业管理矛盾突出的清江社区试点成立环物委，通过环物委在街道办事处、居委会、小区居民、业委会和物业公司之间搭建起友好协商的桥梁，促进几者之间相互监督，加强沟通，信息共享。

1. 党建引领

清江社区环物委虽然被定性为非政府组织，但由苏坡街道党委直接组织成立，并将其纳入党建引导社会力量参与社区治理的党务工作。在法律地位上，清江社区环物委是社区居委会直属委员会，直接在清江社区党总支和社区居委会的领导下开展工作，执行居委会布置的任务。委员会设人员 9 名，其中党员不少于 5 名。社区居委会主任兼任环物委主任，环物委副主任由专门负责社区物业工作的干事担任，其余人员通过“自愿报名+支部推荐+民主选举”的方式产生。社区根据社区居委会直属委员会工作方案，公布环物委成员推选条件，鼓励符合选举条件的居民报名，让业主广泛参与，扩大环物委的社会基础和社会影响。选拔符合条件，能够有效监督业主、业委会和物业公司行为的热心业主进入环物委，使环物委成为自觉遵守党组织和居委会规定，坚持公平、公开、公正，全心全意为社区居民服务的组织。清江社区组织结构示意图如图 2 所示。

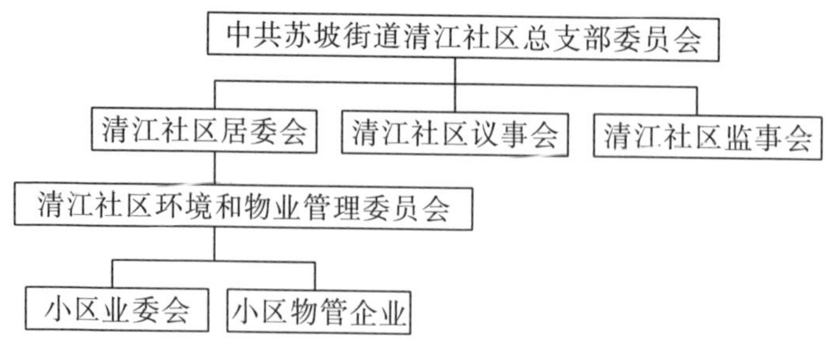

图 2　清江社区组织结构示意图

2017 年 11 月 20 日，清江社区召开居民代表大会，选举产生了由 9 人组成的第一届社区环境和物业管理委员会，环物委正式宣告成立。社区居委会下属委员会的成立和运行突破了我国现有的社区治理体系框架，利用环物委使社区居委会的治理在物管小区得到延伸，在党组织和社区居委会的共同领导下突破小区业主自我管理能力弱、无组织和无人员的瓶颈。

2. 政府指导

2017 年 6 月，《中共中央国务院关于加强和完善城乡社区治理的意见》明确提出，“探索在社区居民委员会下设环境和物业管理委员会，督促业主委员会和物业服务企业履行职责”。中共成都市委出台的《关于深入推进城乡社区发展治理 建设高品质和谐宜居生活社区的意见》（成委发〔2017〕27 号）要求，明确环物委监督业主委员会履行职责、业主和物业服务机构依法履约的责任。虽然有文件出台，但是全国各地并没有真正施行。苏坡街道办事处敢于“吃螃蟹”，结合本辖区的实际情况，在征求市级主管部门意见后，制定了《成都市青羊区人民政府苏坡街道办事处社区环境和物业管理委员会方案》（成青苏〔2017〕117 号），明确了环物委的领导组织原则、产生条件和运行机制，具体指导清江社区开展环物委设立工作，其后又明确由苏坡街道办事处物业管理科具体指导社区环物委的运行。

3. 社区保障

在苏坡街道办事处的统筹安排下，清江社区协调各方经费，整合资源，为环物委提供专门办公场地，并在苏坡街道办事处物业管理科指导下，布置环物委标识标牌、完成制度上墙等办公室设置工作，增强环物委成员的工作仪式感和身份认同感，还印制宣传册，加大对环物委的宣传力度，扩大环物委的知名度。社区居委会按照环物委方案规定的巡视制度、会议制度、培训制度、调处制度要求，督促环物委成员定期巡查，通过网络平台、入户走访、电话等多种方式对业主、业委会和物业公司的矛盾纠纷进行全方位了解，并及时向社区居委会反馈。社区居委会定期主持召开社区、环物委、业委会和物业公司的联席会议，并邀请街道办事处、街道派出所的工作人员指导工作，研判分析物管纠纷典型案例，共同协商有效解决办法。清江社区还时常邀请物业公司代表、区房管局、街道办事处物管科办公室工作人员对环物委成员进行业务培训，让他们了解掌握物业管理法律法规和其他相关知识，提高业务水平。社区居委会反复向环物委成员强调在矛盾纠纷调处工作中要坚持原则、文明劝导、依法行事，要学会寻求司法帮助，及时上报，避免矛盾激化。

（三）环物委的运行：激活社区好帮手

1. 物管纠纷减少快，社区环境整改好

清江社区环物委成立后立刻介入 A 小区物业公司续聘工作，多次约谈业主代表、业委会成员和物业公司，制止违规搭建、出摊占道等占用公共区域的行为，小区物管纠纷很快得到控制。环物委成员大力宣传业主大会、业委会的职责与权限，指导 B 小区和其他小区完成业主大会筹备、成立和换届选举等工作，督促业委会公开各类工作事项，监督业委会在阳光下运行，从而减少业主对业委会的质疑。环物委成员主动与物业公司和业主交流，向物业公司反映业主的合理诉求，要求物业公司按期整改，促进小区生活环境的改善；有效说服业主遵守约定，按期缴纳物业费，避免恶意拖欠，极大地提高了小区物业管理费缴纳的比例；促进业委会与物业公司化解矛盾，相互配合，防止不作为和相互推诿，多次参与解决污水分流、垃圾爆桶、电梯维修、噪音扰民和小区停车等问题；协助街道办事处、社区居委会解决小区广告牌拆除等困难工作。环物委运行后，清江社区物业投诉从环物委成立前 1 个月 76 件下降到 1 个月 1 件，A 小区和 B 小区物业管理实现了零投诉。环物委的运作模式在苏坡街道办事处其他社区推广后也取得良好成效，辖区物业管理投诉明显减少，社区物管秩序得以恢复。

2. 环物委的延伸职能：凝聚社区活力

环物委不仅在化解物业管理矛盾中表现突出，而且不断延伸自身工作职能。例如，带领小区业主和志愿者加入社区公共活动，一起参与组织社区乒乓球比赛，参加“九九重阳”给老人送温暖活动。在 2018 年社区垃圾回收工作中，环物委成员和业主一起参与了社区开展的垃圾分类主题活动，宣传垃圾分类作用，通过垃圾分类知识培训，更好地传达了环保理念。通过这一系列工作，清江社区环物委虽然是在苏坡街道办事处、清江社区的领导下设立的，却迅速得到小区业主、业委会和物业公司的广泛认可，成为凝聚小区业主、业委会和物业公司等多元社会主体力量的核心。

三、运行逻辑分析

（一）矛盾根源：国家、社会断链接，物业管理矛盾难“抹平”

清江社区的前身是清江村，2000 年后，因城市发展，清江村改为清江社区。清江社区先后建起 9 个商业楼盘，实际居住人口超过以往的 13 倍。清江社区迅速从传统的“熟人社会”转变为现代化的“陌生人社会”，仅有 2 个安置小区内还居住着清江社区的“原住民”，占社区总人口的 10％。

陌生人组成的小区改变了清江社区原来以血缘、地缘和业缘为基础的连接纽带，也改变了熟人社会人与人相处的约束规则，居民身份严重分化，利益诉求多样。小区居民缺少沟通了解、缺乏信任，新链接、新社区权威尚未产生。个体在与业委会、物业公司产生矛盾纠纷时常处于明显的劣势，转而向社区居委会、街道办事处，甚至更高级别的政府寻求帮助。在理论上连接“国家—社会—个人”的传统群众性自治组织——社区居委会，在面对应尽之责时常感束手无策。除完成日常工作外，居委会还要协助街道办事处完成大量事务性工作，人手不足，分身乏术。这实际上造成了国家治理体系的末端与居民社区间一定程度的“断裂”。在新兴物管小区中，国家治理体系没有延伸下去，同时小区居民的自我组织、自我管理、自我教育意识和能力较弱，业主、开发商、物业公司等主体仍然以购买者、出售者的身份有意无意地坚持着商业逻辑，难以遵循“共同体”的思维和逻辑进行有效的沟通和整合。

基层政府、社区居委会与小区业主、物业公司之间均未形成有效链接，街道办事处、居委会在面对物管纠纷时，传统的工作手段难以有效实施，急需新的治理模式。

（二）行动逻辑：国家、社会巧合作，政府、社会“双驱动”

1. 科层制下的上级政府重视

清江社区创新物业管理工作的契机来自一封直接向成都市有关领导反映问题的投诉信。2017 年下半年的某一天，成都市有关领导在阅读了清江社区某小区一位业主反映物业管理纠纷的上访信件后批示：请主管部门牵头，在清江社区进行试点工作，解决物业纠纷问题。成都市房管局接到通知后，高度重视，立刻组织力量，联络成都市社区发展治理委员会（以下简称“社治委”）、青羊区房管局、青羊区社治委和苏坡街道办事处共同商讨解决办法，经过与社区居委会反复讨论，最终由苏坡街道办事处草拟了环物委工作方案。

从实际情况看，环物委的直接推动得益于科层制下的直接命令。科层制是由德国社会学家马克斯·韦伯（Max Weber）最先提出的一种以分层管理为基础，上下层级间按照职能和职位进行分工，严格按照法律法规和制度规章开展工作的现代性组织形式，其主要特点是稳定有序、各司其职。科层制以其高效率和非人格化的特征受到广泛欢迎，也是世界各国普遍采用的政府管理模式。严密的层级结构，下层级服从上层级安排，无条件完成上级交代的任务是其组织权威性的具体体现。在科层制中权力高度集中在官员手中，上级重视是最有效的政治动员。成都市有关领导的批示使得试点工作得以避开“条块分割”的制度缺陷，迅速调动了地方工作主动性，集中力量，整合资源，全力推进试点工作的落实。

2. 党组织领导下的社区中心工作

清江社区居委会虽然在我国政府的科层制体系之外，但是在完成社区日常服务工作的同时，有义务协助各级政府部门完成与居民利益有关的各项工作，完成上级部门的各类目标考核。2017 年 11 月，苏坡街道环物委工作方案公布，明确环物委是在社区党总支的领导下开展工作，坚持以社区党组织建设为统揽，充分发挥社区党组织领导核心作用。清江社区物业管理试点工作很快便从社区日常工作上升为中心工作，在社区党总支书记和社区居委会主任的直接领导下进行，社区居委会主任兼任环物委主任，主抓环物委工作。在无专项经费支持、无办公场地的条件下，街道办事处、社区居委会多次组织召开会议商讨办法，并根据设立环物委自治组织的工作需要，积极筹集工作经费，在社区办公用房十分紧张的情况下，为环物委开辟专门办公场所，保证环物委工作的正常开展。

3. 居委会动员下的社会力量

清江社区物业管理矛盾突出，是影响社区安定团结的主要因素，解决物业管理矛盾契合社区实际需要。环物委直接受社区居委会领导，是社区调处物业管理矛盾的“代理人”。清江社区居委会高度重视环物委的建设工作。首先，在人员构成方面，规定环物委成员必须具备“党员+业主”的双重身份，以保证成员既能坚持原则，又能确保立场，也为成员顺利融入业主中间开展工作提供方便。其次，在宣传方面，采用制作宣传手册、标牌，张贴标语，以及口口相传等方式宣传环物委的职能和作用。通过民主选举，正式产生环物委成员，保证了环物委成员的合理性、代表性和权威性。固定办公场所、环物委成员轮流值班、做好来访和会议记录，增强了成员的身份认同感和工作仪式感，促进了环物委的正规化运转。社区居委会多次召开各类会议，高度肯定环物委成员的工作成效，培养提高环物委成员的工作能力，呼吁街道办事处增加环物委成员的工作补贴，为保持成员工作热情和工作状态输送不竭动力。

4. 环物委介入下的润滑作用

被清江社区居委会成功动员起来的环物委成员立即介入社区物业管理矛盾调处，采取灵活多样的方法开展工作。一是“软硬兼施”，组织号召业主大会公开选举，监督协助业委会完成换届选举工作，约谈业委会成员，监督商讨选续聘物业工作，让业委会的工作更加透明。二是“紧盯”物业公司，要求物业公司改善小区环境，提升服务质量，做好物业各类事项公开工作，增加居民对物业公司工作的了解。三是“拔钉子”，说服恶意拖欠物业管理费的业主转变思想，按时缴纳物管费，劝阻违法搭建。四是“老乡认老乡”，环物委成员从老乡开始与业主建立联系，恢复“地缘”链接，让业主从“陌生人”变成“老熟人”。五是“趣缘拉关系”，环物委成员通过组建社区“乒乓球队”“歌唱队”等兴趣爱好小组，拉近环物委成员与业主的距离，增进业主与业主间的了解，让居民关系更和谐。六是“聊聊更亲密”，环物委成员在负责的小区建立了微信、QQ等聊天群，既能够又快又好地了解业主诉求，又能方便业主聊天，增加联系频率。总之，环物委成员采用各种方法与小区业主连成一片，在政府、社区和居民中起到润滑作用，软化业主与业主、业主与业委会和物业公司间的关系，让沟通变得容易，使陌生的社区变得熟悉起来，形成了关心物管、化解物管矛盾的一股力量。

四、 结论与讨论

物管小区是我国住房改革后出现的一种新型社区，各种新型矛盾相互交错，纷繁复杂，加之相关的法律政策滞后，传统的国家力量难以渗透，形成治理盲区。清江社区环物委的实践，生动展现了当前我国政策与社区关系的互动场景，对社区治理具有启发意义。

（一）基层政府与基层社会的有效链接是社区治理的关键

在当代中国语境下，社区已不再是德国社会学家滕尼斯（Ferdinand Tonnies）笔下单纯的有特定边界的自然共同体，而是变成同时具备社会管理和社会发育双向维度的社会实体，被“法定”赋予了基层管理、资源整合、引领社会力量有序参与等多重功能，浓缩了整个中国社会经济的变迁。自20世纪90年代开始，从“国家—社会”关系视角观察和解释中国基层社会的变迁就一直是占据学界主流地位的理论范式，分化出理论和实践两种不同取向。理论层面主要回答的问题是我国的“国家—社会”互动应该形成何种关系，这种关系应该如何发展。实践层面主要回答的问题是在基层社区治理结构中实际体现了何种关系，这种关系如何形成。

作为在西方文化浸润下发展起来的分析范式，国内学界对“国家—社会”关系的理论探讨一直深受西方语境的影响，在“国家—社会”二元分化的权力架构中讨论国家和社会的关系。许多学者引入西方的市民概念及相关理论，暗示西方“国家—社会”关系现代化发展方向具有普遍有效性，预设中国将发展出一个独立的市民社会①，并用强国家—弱社会、大政府—小社会、弱国家—强社会、小政府—大社会等概念描述我国实践领域的“国家—社会”力量对比现状和未来发展的必然性，没能逃脱西方国家与社会的力量此消彼长的固有思维模式。也有学者认为，在中国传统社会并不存在国家与社会的二元分离，而是国家与社会的互嵌②，是自上而下的中央集权和自下而上的社会自治相结合的“双轨政治”③，通过共同的秩序观念把社会和国家制度连接起来，使国家和社会趋于同构。

本文无意陷入“国家—社会”二元论、合作论或者互嵌论的争论，而是主张从社会事实出发研究具体的政社关系。作为最基层的社会样态——物管小区，其理想的治理模式是：业主花费重金购买了商品房，在《中华人民共和国物权法》的保护下，私产成为物管小区最大的特征，因而其管理应当由业主自主决定；与此同时，小区由一群业主组成，而且还存在公共财产，业主必须以某种形式组织起来，以实现符合大多数人利益的管理。但是，在经

---

① 刘安华. 中国乡村研究“国家—社会”分析范式之检视［J］. 北京行政学院学报，2011（5）.

② 杜玉华，吴越菲. 从“政社合作”到“互嵌式”共治：社区治理结构转型的无锡实践及其反思［J］. 人口与社会，2016（1）.

③ 吴晗，费孝通. 皇权与绅权（增补本）［M］. 上海：华东师范大学出版社，2015：112－121.

历了长期的皇权统治、乡绅治理和 30 年的计划经济体制之后，由分散的、陌生的个体汇集而成的新建物管小区既没有权威的传统，也缺乏新的民主规则，难以形成生活共同体。由于小区内的任何一个主体都是利益相关者，因此需要小区以外的一种中立力量来推动。在当前背景下，这种力量只能是代表国家的力量，而国家力量并未进入物管小区（当然也不宜正式进入这样的基层社会），因此，当前的国家治理体系与物管小区治理之间可能形成了一个“断裂”，其表现形式之一就是物管小区的各种纷争难以得到符合国家规定的适当处理。可以说，我国当前任何社区治理的实践都是适当借助国家力量和社会力量，将这个断面黏合起来，使国家与社会有效链接，这种有效链接便成为当前社区治理的关键。

在清江社区的实践中，正是代表国家力量的党委和政府动员组织社区力量成立环物委，继而支持环物委的工作，才改变了物业管理的乱象。苏坡街道办事处在开展环物委试点工作以前，也采取诸如成立小区党支部，团结流动党员和居民小组长协助业委会开展工作，细化业主大会成立流程，畅通信息传递和沟通机制，成立街道物业纠纷指导小组，聘请专业律师团队指导物业工作管理人员，拨付专项工作经费购买专业社会化服务等多种措施，但是都未能有效解决辖区物业管理纠纷，主要原因是党委和政府的政治动员不够，社会力量的响应不足，国家与社会未能及时有效地进行链接，存在滞后现象。有效链接的条件是：（1）国家法律政策、党委和政府的指令能够得到执行人比较准确的理解和执行；（2）执行人比较公正，有时间和精力真正投入此项工作；（3）此项工作符合社区各主体的需要，社区持欢迎态度；（4）社区各主体和执行人能够将此项工作及时反馈给党委和政府的代理人，随时改进完善。

（二）政治动员是当前社区治理的必要手段

在新建物管小区，促成生活共同体的社会力量尚未发育成熟，缺乏治理能力和经验，因此党委和政府对社区治理的政治动员不可或缺。在清江社区环物委的案例中，正是在科层制的体系之下，有市领导的批示和区领导的重视，才有区级相关部门和街道办的积极行动。基层党组织充分发挥党委的模范先锋作用，积极动员和推荐本社区的党员（但不是本小区的业主）参加环物委，在9人组成的环物委中，中共党员就达到5人。从环物委的成立过程来看，基层党委和政府是第一推动力，他们通过基层党支部和基层党员的带头作用，主动支持和引领新型社会力量成立自治组织，有序参与社区物业纠纷调处，说明了基层党委和政府在社区治理中不可替代的重要作用。

政治动员保证了物质资源和人力资源，使环物委能够积极可靠地执行社区治理任务。党员是我党最大的人力资本，只要动员恰当，完全能够在基层社会发挥巨大作用。一位受访的环物委成员说："我是退休干部，就住这里，看到业主与物管闹得乌烟瘴气，我们居住得很不安宁。我本是一名党员，想来出力，可是不知道力气往哪里使。现在政府出面设立专门的环物委，在街道和居委会都有负责人，在下面有9个委员专门干这个事情，体制一下子就理顺了。我们5个党员，都得先带头干。既发挥余热，也为我们自己的社区环境更好。"政治动员还让执行人"师出有名"，取得行动的"合法性"。针对非业主进入小区巡查的困难，区房管局聘请环物委成员为物管监督员，发给正式聘书，并以红头文件的形式通告区内物业公司和各个社区，授权环物委成员可以随时监督和报告物业服务公司的履职情况。区房管局一旦收到环物委的反映，便立即派出人员调查处理。通过基层党委和政府这样的工作角色定位和赋权，不仅从组织体系方面弥合了科层制链条底端与基层社会的断面，而且增加了环物委的权威性和荣誉感。

改革开放以来，伴随着我国计划经济向市场经济转变的是"总体性社会"向"多元分散型社会"转变，国家与社会原有的"一体化"关系被打破，两者呈现分离趋势，社会内部也日趋多元化。国家单一主体主导下的传统社区治理模式难以提高行政效能，为了整合资源应对基层政府和社区居委会在调处复杂多样的社会矛盾时面临的权威危机与信任危机，国家开始从宏观制度层面探索基层社会治理结构转型。从党的十六届三中全会提出社会建设和社会管理，直至十九大提出“加强社区治理体系建设，推动社会治理重心向基层下移，发挥社会组织作用，实现政府治理和社会调节、居民自治良性互动”，仍然遵循着“党委领导、政府负责、社会协同、公众参与、法治保障”的社会治理体制，当代中国社区治理仍然可被视为一场由国家力量发动的基层社会改造运动，它展现的是国家有意识地参与、干涉并行动的结果。[①]既有党政力量对基层治理的领导、指导、管理和控制，也有社会力量的参与、协同、监督和反馈，是国家主动对国家—社会关系进行的调整。总的来说，目前我国基层治理领域的政社“合作”和“分开”只是表明了转型时期国家治理技术从“总体性支配”到“技术治理”的转变[②]，目的是通过有效的制度供给提高基层社会公共服务的效能，国家权力与基层公共性社会关系的性质均没有发生根本改变，也就是说，在一个时期内，政治动员仍然是社区治理的必要手段。

（三）满足各方诉求是社区治理的民意基础

清江社区环物委的成功也是民意支持的结果。在经过将近 3 年纷乱的物业管理折腾后，业主、业委会、物业公司和基层党委政府各方没有任何一方成为“赢家”，各方冷静下来以后，都在暗自思量如何寻找出路。而基层党委和政府的适时出手，正顺应了社区各个主体的诉求，因而环物委的工作得到了各方的支持。社区以环物委为支点，撬动了更多社会力量，凝聚了社区活力，成为清江社区共建共治共享新格局的重要体现。

（四）居民的高度参与是社区治理可持续发展的根本

清江社区环物委虽然是基层党委和政府的“杰作”，但它毕竟不能运行在

---

① 文军，桂家友. 从“一体化”向“良性互动”发展：治理结构中的国家与社会关系演变［J］. 社会建设，2015（1）.

② 渠敬东，周飞舟，应星. 从总体支配到技术治理——基于中国 30 年改革经验的社会学分析［J］. 中国社会科学，2009（6）.

国家权力的闭合体系之中，天然地缺少体制内资源的长期支撑。从清江社区环物委的“社会”面向考察，其很可能面临着可持续发展的困境。一是经费难以保证。截至目前，环物委的工作经费仍然没有着落，居委会长期垫付环物委运营的各类支出，增加了居委会的经济负担。二是人员难以保证。现任环物委成员以退休的热心业主为主，在协调矛盾纠纷时也面临健康、安全风险，难以吸引更多年轻人加入环物委工作。产生这些困境的根本原因在于社区居民的参与度还不高，未能充分利用好社区的物质资源、人力资源。当前环物委的成功是基层党委和政府政治动员的结果，而面向党员和干部的政治动员不能代替面向普通民众的社会动员。环物委作为政府与社会的黏合剂，应当从这个黏合剂上培育出社区治理的多方力量和资源，特别是社区居民的参与。因此，社区治理的根本路径要从政治动员向社会动员过渡，促使更多的普通民众参与，增加国家与社会的黏合度。

制度惰性与执行变通：城市社区物业服务问题的治理过程研究

——基于成都市成华区的调查

范逢春[①] 张 天

当前，中国特色社会主义进入了新时代，“我国社会主要矛盾已经转化为人民日益增长的美好生活需要和不平衡不充分的发展之间的矛盾”[②]。党的十九大报告指出，保障和改善民生要抓住人民最关心最直接最现实的利益问题。城市住宅小区是居民群众生活的主要场所，是社会治理场域不可忽视的重要的基本单元。作为城市社区的承载实体，住宅小区的物业服务管理工作既与党和国家大政方针的贯彻落实紧密相连，又与居民群众的切身利益息息相关，事关市民社会的和谐稳定。课题组于 2018 年 8 月以成都市成华区为研究对象，采取发放调查问卷、召开座谈会、深度访谈等方式，以问题为导向开展调查研究，深入城市社区物业服务治理的全过程，剖解城市社区物业服务存在的问题与其背后的深层次成因，有针对性地提出城市社区物业服务治理的对策建议。

---

① 范逢春，男（1973— ），四川大学公共管理学院教授，博士研究生导师，现任行政管理系主任。

② 习近平. 决胜全面建成小康社会 夺取新时代中国特色社会主义伟大胜利——在中国共产党第十九次全国代表大会上的报告［N］. 人民日报，2017－10－28（001）.

一、问题：三方纠纷与五重矛盾

近年来，在物业服务快速发展的同时，成都市成华区物业管理服务中涉及的矛盾纠纷也处于易发多发状态。据统计，2015年以来，成都市成华区网络理政市、区两级平台收到的来电来信涉及物业纠纷9299件，占来电来信总量的10.4%；区法院受理物业服务合同纠纷案件1245件，占民商事收案总数的5.7%。矛盾纠纷主要表现在五个方面。

（一）物业服务中“供给与需求落差”引发纠纷

由于缺乏严格的市场准入机制、有效的市场监管机制、自由的市场竞争机制和规范的市场退出机制，部分物业企业服务质量不高，无法满足业主要求。调查显示，53.12%的业主“不满意小区的物业服务”，28.14%的业主“非常不满意小区的物业服务”。物业的“服务供给”与业主的“服务需求”存在巨大落差，容易引发纠纷。

第一，物业服务经营理念落后。许多物业公司的经营理念尚未从管理型向服务型转变，错误地认为其是负责“管理”的，只管按时收取物业费、维修费等；而对于园区内照明故障、下水管道堵塞、供水供电供气不正常、安保措施不到位以致住户失窃等事关业主切身利益的问题，因无利可图，往往以各种理由放弃“管理权”。物业服务停留在“扫扫地、看看门、拦拦车”上，调查显示，仅有27.84%的业主认为物业公司能够有效解决业主问题。物业企业提供的服务质量不高，加之居民维权缺乏理性，导致矛盾升级。

第二，物业服务能力水平有限。目前全区物业管理企业中，80%以上的物业企业规模较小，经营管理比较粗放。“小而散”的行业格局使一些关系居民切身利益的“小事”“急事”“难事”无人过问，或相互推诿，导致原来的“小矛盾”演化成“大矛盾”。

第三，物业服务人员素质不高。由于薪资水平较低，物业服务人员就业门槛普遍偏低。据调查，成都市成华区八成以上的物业服务行业从业人员来自城市下岗职工和农村剩余劳动力。该群体此前大多未经过专业职业教育，由物业企业实施简单的岗前培训后即从事物业服务工作，因此大多只能以体力劳动为主；工程技术（水电气、网络、管道）、家装维护等技术人才匮乏，物业管理专业人才也大都从别的管理岗位转岗而来，技术与管理才能兼备的更是凤毛麟角。成华区物业服务从业人员职能构成如图 1 所示。专业人员不足成为制约物业服务质量提升的瓶颈。

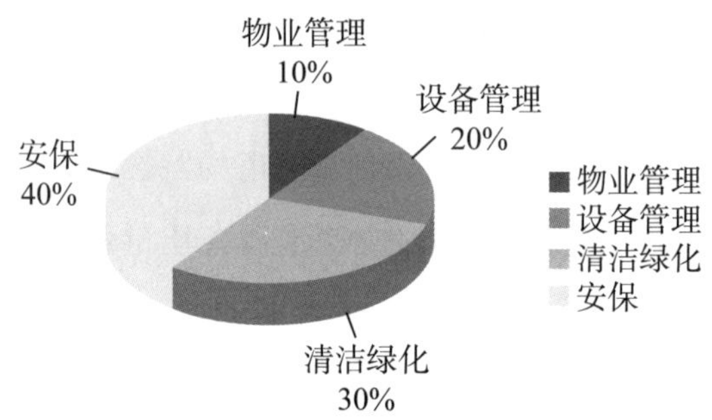

图 1　成华区物业服务从业人员职能构成

（二）物业服务中“业主与业委会行为偏差”引发纠纷

业主是指物业的所有权人，业主委员会（简称“业委会”）是连接业主与物业服务企业的纽带。业主树立正确的意识，业委会正确发挥作用，对减少、解决物业服务管理中不断增多的矛盾纠纷具有十分重要的意义。调研发现，目前业主与业委会行为存在诸多偏差，容易引发纠纷。

第一，业主法治意识、契约意识淡薄。据调查，仅 46.4％的业主认识到自己与物业企业是合同关系，各小区均存在业主拒缴物业费、水电费的情况，甚至有个别业主私自改变房屋主体结构和使用性质，占用小区共用部分区域。

第二，业委会设立难、议事难。全区物业管理小区设立业委会的有 298 个，占总数的 62％；大部分业主对小区治理缺乏参与积极性，多数业主参与意识不强，特别是高素质业主不参与现象普遍存在。

第三，业委会不作为、乱作为。部分小区业委会在物业服务中长期存在

“冬眠”现象，没有发挥作用；一些业委会成员专业知识匮乏，导致业委会在换届选举、选聘物业企业等活动中未按规范程序操作；少数业委会成员出于私利，与物业企业串通损害大多数业主利益或者与物业企业恶意对立。

（三）物业服务中“价格与价值背离”引发纠纷

基于城市普通住宅物业服务的准公共服务属性，且物业服务直接关系普通民众的切身利益，我国城市普通住宅物业服务收费实行政府指导价和市场调节价相结合的定价方式，即在政府基准价下由物业企业和业主自由协商确定物业服务价格。据调查，69.6％的业主缺乏“质价相符”意识，业主希望物业企业少收费、多办事或超边界服务，物业企业一旦提出涨价，很难得到业主同意。目前全区物业行业平均利润率偏低，部分物业服务企业收不抵支，处于亏损状态。处于亏损状态的企业通常面临下述三种选择，无论哪一种选择都会加剧业主和物业企业之间的矛盾。

第一，在合同期满后不再续签，不办理相关移交手续便擅自离场。部分小区物业服务企业不按规定履行必要的告知义务，一夜之间，物业公司卷铺盖走人，退出管理项目，留给小区居民的是大量的水电欠账和成堆的垃圾。物业服务企业撤离的原因错综复杂，被物业公司“抛弃”的小区往往成为物业服务行业默认的“禁区”，物业服务企业轻易不愿接手；如无政府相关部门干预，小区物业管理“空窗”期极易引发群体性事件，影响社会安定。

第二，减少物业服务人员，收缩服务范围，降低服务质量。在调查中，有58.5％的业主对小区物业服务的评价是“物业服务质量逐年下降”。服务质量下降进一步加剧了小区业主对物业管理的不满，从而影响物业服务企业的收费率，由此形成恶性循环。

第三，把持违规收费项目，增加物业收入。在调查中，有35.5％的业主反映物业公司有违规收取停车费，或擅自利用小区部分公用面积经营等情况。一些小区物业企业滥收水、电、气、宽带等费用，通过“霸王条款”收取装修装饰进场费，垄断小区内沙子、水泥、碎石、瓷砖销售，侵害业主合法权益。

（四）物业服务中“责任与期待不相符”引发纠纷

作为市场主体的物业企业履行的是合同责任，承担的是有限责任。业主通常会把三种不该由物业企业承担的责任转嫁给物业企业。

第一，业主把开发商的责任转嫁给物业企业。因开发商质量问题、虚假宣传、上涨停车费等引起的物业纠纷占比达45.78%。近些年，少数开发商只管交房前的工程建设，而罔顾后期业态管理；为获取高额利润，缺乏对建筑体的长期规划和通盘考虑，导致小区配套设施功能不全或形同虚设。电梯故障频发、墙面脱落、屋顶漏水、排水设施设置不合理等因开发商设计建造而遗留的工程问题在多数小区都存在。由于70%的物业服务公司是开发商的下属单位或机构，业主容易将矛盾转嫁给物业服务企业。如九龙仓御园小区就因为开发商不当上涨停车费引发业主与物业服务企业之间的冲突。

第二，业主把政府各相关职能部门的公共管理责任转嫁给物业企业。《物业管理条例》第三十六条规定：“物业服务企业未能履行物业服务合同的约定，导致业主人身财产安全受到损害的，应当依法承担相应责任。”照此规定，物业服务企业只需依照合同约定承担相应责任，包括及时发现、劝阻、制止和上报的义务，而非兜底责任。调查中90%的业主认为交了物业管理费，小区内所有事务都应该由物业服务企业负责。大量业主对住改商、违章搭建、占用绿地、侵占消防通道等行为不满，认为是物业服务企业管理不到位造成的。

第三，业主把个体责任转嫁给物业企业。物业服务企业提供的服务通常分为日常综合服务与特约服务，其中特约服务仅针对业主的特殊需求，如业主家中装修、设施设备的故障排除及维护保养等，理应由提出需求的业主自行支付相关费用。但很多业主对此有误解，认为自己缴纳的物业费里包括了特约服务，一旦物业企业没有满足业主的诉求，业主就以此为由拒缴物业费，继而引发纠纷。

（五）物业服务中“性质与行为错位”引发纠纷

物业管理的特殊性体现为“公共性”与“私人性”兼备，良好的物业管理秩序相当于一种准公共服务。物业企业是依法自主经营、以盈利为目的的企业，其本质是“逐利性”组织。部分物业企业利用自身的优势进行不当牟利，从而引发大量纠纷。

第一，部分物业企业直接侵吞公摊收益。一些小区没有成立业主大会和业委会，部分甚至全部共有产权的物业、公共设施设备无人问津，便成为一些物业服务企业敛财的最佳途径。即使是一些已经成立了业委会的小区，由于业委会并非独立法人，因此按照规定无法在银行以业委会名义开设独立账户，再加之业委会成员没有足够的精力和能力亲自经营共有产权，共有产权部分或共用设施设备往往委托物业服务企业进行经营，产生的公摊收益也容易被物业企业侵吞。

第二，个别物业企业不按正常程序退出。一些小区物业服务合同已经到期或业主大会已经选聘了新的物业服务企业，老物业以各种理由不肯退出。例如，成都市成华区朝阳北苑一期、罗兰小镇等小区都发生过老物业拒绝撤离小区的情况。

第三，少数物业企业通过不正当竞争牟取利益。有一些物业企业为了获得小区的物业服务经营权，鼓动少数业主或者部分业委会成员搞不正当竞争、低于成本价占领市场，撵走正常经营的物业服务企业。

二、 成因：制度惰性与治理短板

上述物业服务管理中的问题既是成都市成华区存在的现实问题，也是全国普遍存在的共性问题。通过对标党的十九大精神，对照社会发展需求，成都市成华区物业服务管理在管理体制、管理机制、管理方式等方面还存在诸多短板。

（一）物业服务管理的体制改革亟待加快

目前成都市成华区物业服务管理在基层党组织功能发挥、共建共治共享基本格局构建、新型物业服务管理体系完善等方面还需要进一步加强。

第一，物业服务管理中的党建引领作用发挥不充分。目前，物业服务企业建立党组织的工作正在推进中；部分社区未实现社区党组织优先提名符合条件的党员和居委会干部进入业委会；一些小区有较大数量的党员，但是在社区报到的比例较低，与社区党建缺乏融合。

第二，物业服务管理的共建共治共享格局尚未形成。从“共建”角度来看，尚未实现“碎片化管理”到“整体性治理”的转变。物业服务管理涉及政府多个部门，根据《四川省物业管理条例》的规定，联席会议的召集主体为街道办事处，但在实际工作中，全区多数物业服务管理工作主要由区房产管理局下设的物业管理科牵头，工作人员仅 3 人，却要处理物业企业监督指导、物业从业人员培训、业主委员会指导、物业投诉处理等众多问题，往往力不从心；街道办人手紧张，难以落实专人负责物业服务管理工作，联席会议制度时有落实不到位的情况发生。从“共治”角度来看，尚未实现从“单一行政管理”向“多方协商治理”的转变。社区自治机制不健全、社会参与不足、社会组织发展相对滞后。从“共享”角度来看，尚未实现从“单向度发展”到“共享式发展”的转变。行政资源和服务资源配置不均衡，与人口规模、服务半径不匹配，政府、物业公司、业主三者之间的利益平衡点尚未形成。

第三，物业服务管理的新型治理体系需要完善。一些职能部门倾向于凡是有物业服务企业的小区就不多管，让物业服务企业去管，当出现较大物业纠纷时，矛盾纠纷三级调处作用发挥不充分，倾向于让当事人去找法院通过司法诉讼途径解决。社区居委会在物业服务管理中身份模糊，作为“居民自治组织”没有行政权，缺乏对物业服务企业监督的有效抓手。业委会因不具备独立的法人资格，属自治组织，根据民政部门的相关规定，自治组织应由民政部门指导、监督，但在物业管理的相关法规中，对业主大会的设立，明确为街道办备案，对业委会的监督则未予明确，同时缺乏相应的激励约束机制，使业委会难以在业主利益受损时及时履行职责。业主之间彼此缺少沟通和了解，存在比较明显的生疏感，业主参与小区治理的积极性很低，不同主体之间没有形成合作网络。

（二）物业服务管理的机制创新不够

物业服务管理需要完善的机制予以支撑。目前，成华区在机制创新方面有待加强。从调研情况来看，主要有三个方面的机制创新比较缺乏。

第一，物业服务企业事中事后监管机制仍在探索。2017 年 9 月国务院降低了成立物业管理公司的门槛，所有取得相应工商营业执照的企业都可以进入物业服务市场承接物业项目。根据住建部于 2017 年 12 月印发的《关于做好取消物业服务企业资质核定相关工作的通知》，物业服务企业资质被全面取消，新成立的物业企业只要营业执照上的经营范围包括物业服务就可以正常营业。这一政策的变化对相关政府机构的职能转变提出了更高要求，即必须从事前审批向事中事后监管转变。目前成都市成华区关于物业服务企业的“双随机”抽查机制、守信联合激励和失信联合惩戒机制等仍在建立健全过程中。

第二，物业纠纷调解机制作用发挥不够。成华区尚未成立专门的物业纠纷调解委员会。2005 年 11 月，成都市房管局根据国务院颁布的《物业管理条例》《信访条例》及相关法规政策，制定了《成都市物业管理投诉受理处理指导意见》，确立了“条块结合、分级负责、逐级受理、依法及时、就地处理”的投诉受理处理原则，但从实践来看没有达到理想的效果。调研中发现，居民解决物业矛盾的途径，效果最好的是通过报社、电视台、电台等传统媒体和网络自媒体曝光，同时向区长、市长热线反映这些非常规手段；如按照常规途径，由业委会、物业服务企业、居委会、街道办层层上报，十有八九难以得到解决。这导致非常规手段的常规化使冲突化解成本越来越高。

第三，部门联合惩戒机制尚未建立。针对一些不守信、规模较小的物业服务企业缺少制约手段。目前尚未建立物业服务企业“黑名单”制度、物业服务职业经理人能力水平评价制度、执业行为监督和披露制度，尚未制定将物业服务企业法人和负责人、业主委员会委员、业主在物业服务活动中的失信行为纳入个人征信系统的举措。

（三）物业服务管理的方式方法滞后

目前物业服务管理在政策宣传、第三方评估、智能化管理等方面存在不足。

第一，政策宣传效果不理想。成都市房管局虽多次组织街道、社区、业主委员会成员等相关人员进行物业管理等相关知识的培训，但由于人员不稳定等原因，仍然普遍存在相关人员对物业管理的规章制度了解不多、认识不够的情况。

第二，第三方评估还没有开展。上海等城市已探索建立了物业服务的第三方评估机构，对小区物业服务进行综合评估，效果比较好，而成都市成华区尚未开展此项工作。

第三，现代信息技术运用不足。目前大数据、人工智能、互联网等技术在物业服务管理中还只是初步运用，作用发挥得不明显。

三、对策：改革创新与执行变通

全面贯彻落实党的十九大精神和习近平新时代中国特色社会主义思想，以解决服务管理发展不平衡不充分为导向，以满足人民日益增长的美好生活需要和建设高品质和谐宜居生活社区为目标，遵循“党建引领、政府主导、以人为本、创新发展、综合治理”原则，城市社区应建立健全“组织联建、事务联议、阵地联用、机构共存、工作共管、资源共享”的“三联三共”物业服务管理机制，加快构建体现新发展理念、符合超大城市治理规律、适应国家中心城市和美丽宜居公园城市建设需要的物业服务管理科学发展体系。

（一）党建引领，多元共治，不断完善物业服务管理的治理结构

以“党建”引领“治理”，全面整合社会力量，建立以社区党组织为核心、全员参与治理的城市社区物业服务协同治理新格局。

第一，构建物业服务管理“覆盖+嵌入+融合”的党建引领格局。推进党组织覆盖，在符合条件的小区、物业机构建立党组织；已成立业委会的小区，通过成立社区环境和物业管理委员会，为业委会定规矩把方向；对还未成立业委会的小区，要依法把党员选为业委会负责人或成员；在成立业委会时，严把“代表推荐、党员比例、主任人选”等关键环节，把党的领导嵌入物业服务管理过程。在符合条件的业委会中建立党小组，充分发挥党员业主的先锋模范作用，实现社区党组织对业委会的政治领导和工作对接。通过“大党建”平台，全面提高行业整体素质，提升物业服务水平，化解物业矛盾纠纷。

第二，构建物业服务管理的“他治+协治+互治”的多元共治格局。落实街道办牵头的物业管理工作联席会议制度，完善物业管理投诉受理处理制度，对物业服务中的违法违规行为及时处理，强化物业服务管理的“他治”功能。建立现代物业服务公司的经营机制，真正实现物业企业由“保运转”到“树品牌”的转变；成立成华区物业管理协会，发挥市场主体、社会组织的“协治”功能。全面设立社区环境与物业管理委员会，推广“专委会+社团”模式，在有条件的物业管理区域探索监事会制度，发挥自治组织的“互治”功能。

第三，构建物业服务管理的“法治+德治+自治”的系统治理格局。依法治理是物业服务管理提升的基石，要把法治思维和法治方式贯穿于物业服务管理的全过程和各方面，营造政府依法行政、企业依法经营、居民依法行为的良好氛围。凸显社会主义核心价值体系的“指南针”和“压舱石”作用，弘扬“创新创造、优雅时尚、乐观包容、友善公益”的天府文化，构建定位准确、功能齐全、覆盖全面、特色鲜明的舆论引导工作机制。立足业主核心

权益，直面业主、业委会、物业公司三方关系和最尖锐的矛盾问题，鼓励、引导居民参与小区管理，在此基础上逐步建立监督机制，定期开展“业主开放日”“业主志愿服务日”活动，不断培育业主的家园意识，提高整体物业管理效率。

（二）立法保障，政策护航，全面加强物业服务管理的制度支撑

加强地方立法工作，将物业服务管理纳入法治轨道；推进政策创新，推动物业服务行业快速发展；完善工作制度，加强物业服务监管体系建设。

第一，健全物业服务管理的地方立法。建议省级层面尽快出台《四川省物业管理条例》实施细则，市级层面完成《成都市物业管理条例》的修订，同时完善如《业主大会规程》《物业管理招投标管理暂行办法》《住宅小区物业管理公共服务等级指导标准》《物业服务收费管理办法》《物业管理企业星级管理办法》《物业服务收费明码标价规定》等规范性文件，健全物业服务标准体系，进一步规范行业发展。

第二，完善物业服务行业的发展政策。按照《成都市促进物业服务发展行动计划（2018—2022 年）》，进一步推动物业服务行业提质、扩面、创新、融合发展。一方面，在物业服务行业树立和实施品牌战略，发挥市场对资源的配置作用，充分利用资本力量，鼓励龙头企业、骨干企业重组小微企业，打造一批物业服务大品牌，促进物业服务行业集约化和规模化发展，树立物业服务行业标杆，制定物业服务行业质量标准，提升行业整体服务水平；另一方面，政府加大对物业服务企业的扶持力度，在资金、政策、人才各个方面给予支持，运用专项资金推动物业服务企业建立物业管理专门化人才库、物业管理信息化系统。此外，基于物业服务之于城市社区的准公共服务属性，应强化政府对市场经济的补充作用，综合运用信用等级评价、物业服务星级评定等行政计划手段，在实施最低价格保护政策的基础上，尽可能达成物业服务收费标准与物业企业人力资源成本、社会物价波动幅度的相对匹配，在为物业服务企业健康发展护航的同时，保证市民安居乐业。

第三，创新物业服务监管的工作制度。加强物业服务行业信用管理，全面建立物业服务企业信用档案，实施物业服务企业、从业人员“黑名单”制度，完善部门联合惩戒机制。探索建立物业服务居民满意度测评制度，让居民明明白白消费。规范维修资金和公共收益收支两条线，按时入账、及时晒账，用制度和程序来制约资金的动态流向，回应居民对资金使用的关切。

（三）摸清底数，分类施策，精准解决物业服务管理的突出问题

把化解物业矛盾纠纷摆在重要位置，通过多措并举、精准施策破解管理难题。

第一，充分摸底调查。按照“准确、及时、完整”的原则和“发现更早、流转更快、处理更实、监管更严”的要求，建立矛盾纠纷台账及销账制度、物业管理项目巡查通报制度，做好物业服务管理中矛盾纠纷的受理、统计、督办、反馈等工作，动态掌握城区物业服务管理情况。

第二，注重分类指导。按照“科学、合理、清晰”的原则，对无物业小区、弃管物业小区、自管物业小区、专业化物业小区，按照历史遗留问题、新产生矛盾进行详细梳理。针对历史遗留问题，房管、规划、建设、环保、绿化、治安、工商、城管、卫生等区政府相关职能部门应携手并进，各司其职，相互配合，共同化解物业矛盾纠纷。针对新产生的矛盾，推动跨层级、跨地域、跨系统、跨部门、跨业务的协同管理和服务，打破部门边界，提供“主题式”“套餐式”解决方案。

第三，突出精准施策。按照“精准、求实、专业”的原则，针对不同主体、不同问题，采取不同的措施。明确政府与相关部门职责，加强配合，严格依法行政。落实街道、社区物业服务管理的组织实施职责，按照“属地管理”原则，理顺物业管理体制。要求开发商在规划设计、建设施工、销售时充分考虑物业管理的相关问题，完善开发建设行为，切实有效预防矛盾纠纷的发生。加强物业服务的合同管理，确保物业服务合同双方在合同履行过程中有依据准则。物业管理行业协会要依法依规制定行业规范和自律规则，建

立企业诚信档案，加强行业自律。

（四）整合资源，共建共享，全面构建解决物业服务纠纷的长效机制

调动各方面的积极性、主动性、创造性，健全利益表达机制、矛盾调解机制、应急管理机制，集聚促进物业服务纠纷化解的正能量，真正实现共治共管、共建共享。

第一，依法规范物业服务管理的利益表达机制。建立健全小区居民意见调查制度、物业管理信息公开制度等工作制度；探索设立“小区民主恳谈会”“小区议事会”“居民议事制度”等行之有效的协商机制；将利益表达纳入物业服务常规化管理和理性化发展轨道，制定利益表达规则，对表达的主体、程序、内容、形式等作出明确界定，使居民的利益表达有章可循，切实获得回应和达成效果，避免增加非常规途径解决矛盾纠纷的额外成本。

第二，不断完善物业服务纠纷的矛盾调解机制。成立“区—街道—社区”三级联动的“物业纠纷调解委员会”，专门针对物业纠纷进行调解；构建人民调解与行政调解相互补充、司法调解与仲裁诉讼相互作用的服务纠纷解决工作新模式；培育专业的第三方社会组织，受托开展物业服务监理、评价、调查、调解等工作，对业委会和物业服务问题进行专业指导，引导其成为“政府的好帮手、业主的好管家、物业的好兄弟”。

第三，探索建立物业服务管理的应急管理机制。完善“党委领导、政府负责、部门协调、全社会共同参与”的物业服务管理应急管理工作格局，充分利用“大联动、微治理”平台建立“统一领导、综合协调、分类管理、分级负责、属地为主”的物业服务应急管理指挥机制，形成“应急准备—监测预警—应急处置—恢复秩序”物业服务应急管理体系，确保在出现业主大会无法履职、业主委员会不作为、物业公司擅自撤离等情况时，能够及时采取有效措施，确保社会和谐稳定有序。

高质量社区社会组织发展

——基于多重价值的“集成—转化—实现”路径

兰旭凌①

党的十九大报告指出：“加强社区治理体系建设，推动社会治理重心向基层下移，发挥社会组织作用，实现政府治理和社会调节、居民自治良性互动。”② 根据党和国家的发展部署，社区社会组织的发展成为“打造共建共治共享的社会治理格局”的重要组成部分。民政部印发的《关于大力培育发展社区社会组织的意见》明确提出：“以习近平新时代中国特色社会主义思想为指导，以满足群众需求为导向，以鼓励扶持为重点，以能力提升为基础，引导社区社会组织健康有序发展。”这为新时代社区社会组织的发展确定了方向。改革开放以来，在党和国家的关心支持下，在地方各级部门的支持培育下，在社区群众和社会资本的积极参与下，社区社会组织发展取得长足进步，尤其是数量规模和种类结构得到了较大发展。但是，功能不全、专业不强、作用不够明显、生命力不够旺盛等问题依然比较突出。在国家发展从规模速度向内涵结构高质量阶段转型的过程中，我国社区社会组织的发展应当紧扣“高质量”这个中心词，按照习近平总书记提出的“不忘本来、吸收外来、面

---

① 兰旭凌（1982— ），女，汉族，吉林四平人，四川大学公共管理专业博士，讲师，研究方向为公共行政与社会治理。

② 习近平．决胜全面建成小康社会　夺取新时代中国特色社会主义伟大胜利——在中国共产党第十九次全国代表大会上的报告［N］．人民日报，2017－10－28（001）．

向未来”[①] 的思路，挖掘并整合社区社会组织存续发展的价值基础，实现高质量社区社会组织的精准价值定位，更有效地参与应对复杂性、碎片化和风险社会的治理。

一、 公共管理框架下的社区社会组织多元价值集成

社会组织从发端以来就扮演了有别于政府组织和企业组织的“第三部门”的角色，着力填补“政府失灵”和“市场失灵”共同存在的社会经济发展空白。从威尔逊著成《行政学研究》算起，现代公共管理理论的发展已有 100 多年的历史。作为公共组织研究的重要内容，社会组织的内涵价值研究离不开公共管理理论的支撑。特别是“社区”这一概念经德国社会学家滕尼斯提出，并作为社会组织的前置后，价值判定有了更清晰的场域。在公共管理框架下，把多元价值凝聚成一个“集束”，有利于形成体现质量导向的社区社会组织整体观。

（一）基于新公共行政的社会公平价值

在经济与效率的价值指引下，传统公共管理倾向于集权与科层建构，用非人格化的工具理性驾驭行政与社会发展。然而当工具理性成为人类行为的终极信仰，在带来社会发展世俗化的同时，也造成了社会规范与价值的紊乱与失调。20 世纪 60 年代末、70 年代初，以弗雷德里克森为代表的高举“社会公平”的“新公共行政学”应运而生。新公共行政学反对“效率至上”的价值，倡导公共行政促进社会公平，推动政治权力和经济福利转向那些缺乏政治、经济资源支持，处于劣势境地中的人们。[②]“社会公平”的价值观旨在通过合理的制度设计和政策执行促使人们心悦诚服地生活，从而达到美好的

---

① 习近平谈治国理政：第 2 卷［M］. 北京：外文出版社，2017：339，292.

② 弗雷德里克森. 新公共行政［M］. 丁煌，等译. 北京：中国人民大学出版社，2011：8.

境界。尽管新公共行政学依旧尊崇政府在公共行政中的一元主体地位，并且依旧把政治组织视为一个封闭系统，但社会公平价值的确立为后来的社区社会组织发展提供了重要的遵循依据。政府固然可以基于庞大的行政资源在公共服务均等化、城乡发展调控、资源政策干预等方面体现主体优势，但其相对稳定的科层制往往难以对快速变动的社会生态做出灵活适时的反应。同时，社区组成千差万别，多样性和整体性同在，要求政府深入社会肌理开展个性施策既无可能又无必要。而社区社会组织发端于基层、扎根于社区，行动使命明确，组织结构灵活，能够更快捷充分地发现社会运行的“盲点”和“暗点”，也能够以更加灵活的“身段”满足弱势群体、边缘人群、特殊群体的个性需求，在自由平等、诚挚互动的基础上更加顾及社会性的公平分配，促进社区更为全面的美好发展。

（二）基于新公共管理的顾客导向价值

20 世纪 80 年代，伴随着西方社会经济危机的加深，新一轮政府改革浪潮掀起。其中，以借鉴私营部门理念和技术为主要特点的新公共管理成为主要潮流。新公共管理倡导以“企业家精神”变革政府，强调政府的角色是“掌舵而非划桨”，提出政府应当集中精力做好决策工作，而把具体的服务性工作承包给私营企业和非营利机构。① 在新公共管理的视角下，公共行政组织打破了原有的封闭结构，分工与授权成为公共治理的一种重要途径。也正是在这一方向的指引下，社会组织参与治理，尤其是提供公共服务方面迎来了重要契机。新公共管理坚持以“顾客”为导向，把治理目标定位在满足顾客需求，而不是官僚政治的需要。基于顾客导向，竞争谈判、契约外包、质量管理、绩效评价、破除繁文缛节成为新公共管理的重要特征，社区共同利益及社会公共利益不是市场主体内部决策的优先考量，追求顾客满意和自我利益最大

---

① 戴维·奥斯本，特德·盖布勒. 改革政府：企业家精神如何改革着公共部门[M]. 周敦仁，等译. 上海：译文出版社，2006：12.

化成为优先的行动逻辑。① 社会组织在新公共管理潮流下的勃兴，需要以“委托—代理”理论为依据，如果效果评价无法达到目标设定值，那么就可以视为因权力让渡而产生的交易成本高于科层制的内部行政成本。因此，基于新公共管理的社区社会组织发展应当注重对顾客需求的回应，在承接公共服务、社会管理等公共事务时体现出低成本、高绩效的优越性，并且能够在“客户满意度”方面获得较高的评价。从价值层面看，新公共管理为社会组织的供给端和社会居民的需求端架起了一座“桥梁”，让尊重公意、满足诉求成为社区社会组织合法性的基石。从技术层面看，新公共管理要求社区社会组织体现高质量的管理绩效，从功能理性上减少治理行为的随意性和盲目性，增强行为过程的精确性和交互性。

（三）基于新公共服务的公共精神价值

尽管新公共管理在提升治理绩效方面展现出了强大的能量，但其固有的短板也饱受抨击。政府与社会组织之间形成的“委托—代理”关系会因为信息不对称、逆向选择、道德风险等因素导致治理目标的异化，基于公共利益的“价值理性”会因为成本、利润、效率、感情等利己主义考量，被看似合理的“过程理性”替代，产生实际行为和预期结果的二元分离。以登哈特夫妇为代表的新公共服务倡导者针锋相对地提出“服务而非掌舵”的观点，针对新公共管理过程中的利己主义，呼吁利他主义在“公共精神”的架构下崛起。新公共服务强调服务的对象是公民，而不是顾客，目标是公共利益，而不是顾客满意，只有在集体利益和个人利益保持一致的情况下，个人才可能信奉合作的原则，为集体利益的实现而努力。因此，公民参与成为实现公共精神的重要途径。广泛的公民参与能够让公民更好地理解治理并促进政策的执行，同时参与的过程让对话、协商和监督成为公民自我实现的平台，并深

① 谢星全. 基本公共服务质量：一个系统的概念与分析框架 [J]. 中国行政管理，2017 (3).

化公民教育，反过来进一步强化公共精神。新公共服务把治理的“窗口”进一步打开，不仅需要社会组织参与治理过程，同时让协商监督成为治理的重要方面。新公共服务特别强调社区的重要性，认为社区中应当建立一种积极的“调解机构”，既关注公民的愿望和利益，又提供一些能使公民更好地为在更大的政治体系中行动做好准备的经验。[①]社区的“草根”场域为社区社会组织维护和实践公民权提供了平台。一方面通过公民参与、沟通协商、社会监督让社区社会组织成为增强社区内聚力的一个枢纽；另一方面，在允许不同意见的开放氛围中，社区社会组织通过消除争议、弥合观念、协商调解完成对参与居民的社会教育。新公共服务给社区社会组织赋予的价值不仅在于服务本身，更在于服务过程的参与、协商、教育和公民社会的塑造。

（四）基于新公共治理的网络协同价值

21世纪西方福利国家所面对的经济失效、效率不均、中产阶级萧条以及不平等的深化等问题，挑战的不仅是政府，也是企业、非营利组织和更为广泛的公民社会。[②]面对日益趋于复杂化、碎片化和跨组织的行政生态环境，整体主义应运而生，要求把新公共管理倡导下的众多分散的元素整合为分立的合作科层。[③]这种立体的治理网络的出现，让“集体行动”得到鼓励，减少了交易成本，提高了决策参与的合法性，抵消了一些“社会分化、复杂性动态增加”的效应。[④]公共治理的概念最初是公共政策制定和公共服务供给中的一

---

① 珍妮特·登哈特，罗伯特·登哈特．新公共服务：服务，而不是掌舵［M］．丁煌，译．北京：中国人民大学出版社，2016：113.

② BRYSON J M，CROSBY B C，BLOOMBERG L. Public Value Governance：Moving Beyond Traditional Public Administration and the New Public Management［J］. PUBIIC ADMINNISTRATION REVIEW，2014（4）：445－456.

③ DUNLEAVYP，MARGETTS H，BASTOWS，et al. New Public Management is Dead-Long Live Digital-era Governance［J］. Journal of Public Admlnlstratlon Research and Theory，2006（3）：467－494.

④ CONSIDINE M. Governance Networks and the Question of Transformation［J］. Public Administration，2013（2）：438－447.

个要素，通过近20年理论研究的丰富完善，发展成为一个独具特色的有效的行政范式。面向现代社会的新公共治理强调协商性和协作性。① 这就为社会组织参与治理提供了更明确的价值指向。这一指向又可以分解为社会组织的双重价值使命。一是以合作生产带来的民主化。公共服务领域中的民主化可以划分为三个层级：福利主义趋向于政府主导，没有给公众留下太多的空间；管理主义尊重公众选择权，利用市场机制给予更多的选择；参与主义鼓励公众参与，旨在提高他们所接受服务的数量和质量。社会组织恰好是参与主义的有力支撑，它对于公共服务的供给能够很好地促进公民参与，形成政府、社会组织、公民协同发挥作用的态势。② 二是公共服务供给中的组织创新。多样性混合与创新密不可分。公共服务供给主体的多样化意味着有更多的创新举措运用到“复兴社区”之类的公共事务当中。这种创新在新公共治理的语境下，应当被视为组织网络创新的结果，而不是单个组织创新的结果。新的制度环境会对包括政府在内的其他相关组织施加模拟性、规范性、强制性三种同构压力。③ 这种组织同构的过程必将带动社会网络迈向更深层次的变革。

社区社会组织的发展在西方国家有着悠久的历史背景和深厚的社会土壤，可以追溯到教会组织、合作社和公民运动等。在长期的发展演进过程中，社区社会组织出现了混杂的甚至冲突性的价值取向。“客户”“消费者”“顾客”“公民”等竞争性话语都暗示了社区社会组织在不同发展时期和发展模式背后

---

① COLEBATCH HK. Making Sense of Governance [J]. Policy and Society，2014 (4)：307－316.

② PESTOFF V，OSBORNE S，BRANDSEN T. Patterns of Co-production in Public Services：Some Concluding Thoughts [J]. Public Management Review，2006 (4)：591－595.

③ DIMAGGIO P，POWELL W. The Iron Cage Revisited：Institutional Isomorphism and Collective Rationality in Organizational Fields [J]. American Sociological Review，1983 (48)：147－160.

暗藏的一些不同的价值理念。① 而这些多样化的价值并不一定意味着相互的否定。正如从传统的公共管理到新公共行政、新公共管理、新公共服务，再到新公共治理，是建立在反思、批判、重构基础上的超越。不同理论对社区社会组织发展的影响可以看作一个价值“赋值”的过程，最终形成一个质量价值的“集束”（见表 1），为促进社区社会组织发展提供了基本遵循。

表 1　公共管理框架下的社区社会组织多元价值集成比较

理论基础	组织假设	价值赋值
传统公共管理	封闭刚性结构	经济效率
新公共行政	封闭一元结构	社会公平
新公共管理	开放授权结构	顾客导向
新公共服务	开放多元结构	公共精神
新公共治理	网络网格结构	网络协同

二、 我国社区社会组织发展的多语态价值转化

习近平总书记在纪念马克思诞辰 200 周年大会上的讲话中提出：“当代中国的伟大社会变革……不是其他国家社会主义实践的再版，也不是国外现代化发展的翻版。”②“社区”是一个舶来词，“社会组织”也是一个舶来词。只有把西方理论与实践成果同我国经济社会发展的实际结合起来，辩证看待社区社会组织的内涵与价值，并不断挖掘其在社会治理中的价值空间，才能建设一批高质量的社区社会组织，为发展并完善中国特色社会主义社会治理体制贡献力量。

---

① 斯蒂芬·奥斯本. 新公共治理——公共治理理论和实践方面的新观点［M］. 包国宪，赵晓军，等译. 北京：科学出版社，2017：396.

② 习近平. 在纪念马克思诞辰200周年大会上的讲话［N］. 人民日报，2018-05-05（002）.

（一）聚焦目标导向，“以人民为中心”的语态驱动“追求美好”的价值

党的十九大报告提出“坚持以人民为中心”“把人民对美好生活的向往作为奋斗目标”，并对新时代我国社会主要矛盾作出新的判断。把“人民日益增长的物质文化需要”调整为“人民日益增长的美好生活需要”，把“落后的社会生产”调整为“不平衡不充分的发展”，说明社会发展的价值追求已经远远超出了原来的物质财富创造的界限和范畴。马克思对人的全面发展有深刻的表述：“个性无论在生产上和消费上都是全面的。”① 从生产层面来看，人的个性发展在于个体价值的实现，而不是倾向于从事简单的命令式的重复劳动；从消费层面来看，人的个性发展在于在基本物质需求得到满足的基础上，安全、社交、精神、尊重等更高层次的需求得到满足。社会生产力的发展和财富的创造“为个人生产力的全面的、普遍的发展创造和建立充分的物质条件”②。但随着社会生产水平的提高，人的需要更加多元化和多样化。改革开放以来，我国社会生产力实现巨大进步，几十年内取得的物质成就等同于西方国家上百年努力的结果。同时，生产力的发展带动了生产关系的调整，特别是随着人们公平意识、民主意识、健康意识、维权意识的提升，对发展追求的期望值也有了同步提升，希望有更加稳定的职业选择、更加丰厚的劳动回报、更加良好的生活环境、更加健康的体魄精神、更加积极的社交互动、更加可靠的法治保障等。而这些多样多元的发展追求如果全由政府承担，公共事务的复杂性与繁重性同政府组织财政赤字高企及专业能力不足之间的矛盾将变得特别明显。基于政府与社会组织建立的“委托—代理”关系在让渡具体公共事务管理和公共服务供给的同时，也需要把社会组织的公共价值调整到与政府同一个区间轨道上来。因此，社区社会组织应当聚焦到“美好生活需要”的价值取向上，在承接公共事务的同时注重治理的民主性，从具体

① 马克思恩格斯全集（第 46 卷）[M]. 北京：人民出版社，1980：222.

② 马克思恩格斯全集（第 30 卷）[M]. 北京：人民出版社，1980：512.

事务的表达、决策、监督等环节提供良好的社区居民参与平台；注重治理的公平性，既在“最大公约数”的基础上照顾绝大多数人的利益，又对少数人群和弱势群体给予必要的保护和救济；注重治理的合法性，在法治的框架下促进社区社会组织参与治理的常态化、长效化，致力于完成好提升社区居民幸福感、获得感、安全感的责任使命。

（二）秉持问题导向，“传统社会转型”的语态驱动“社区黏合”的价值

正如亨廷顿所言：“现代性产生稳定，现代化孕育动荡。”① 改革开放带来了中国现代化的加速推进，也把巨量的东西挤压到了有限的时空里，社会转型面临考验，治理风险倍增。由现代化带来的传统社会转型至少有三个方面对社会治理产生着深刻影响。一是人口流动性。过去 20 年内城市人口急剧增长，有的中心城市的常住人口年均净增量相当于新增一个中等城市的人口规模，由此产生教育医疗压力增大，优质教育、医疗资源短缺和非均衡布局矛盾突出；人口老龄化问题凸显，60 岁以上人口增量和新增养老床位数极不平衡；资源环境约束趋紧，汽车尾气、餐饮油烟等成为空气主要污染物，城市宜居性明显降低；大量流动人口在城中村、城郊接合部聚集，导致违章建筑、轻微犯罪等行为多发频发，社会潜在安全风险增加。二是需求“碎片化”。“单位制”管理结构瓦解，让过去从职业入职到退养死亡的“一条龙”单位包办的服务模式不复存在。个人服务和管理职能向城市居住单元转移，让社区的承接能力面临极大考验。同时城市新增人口来源地多元化，各种利益诉求差异明显，低收入人群对就业、收入、社保等生活保障的期望值日益增高；高素质高收入人群对居住环境、社会质量、服务保障的需求日益增长，并且随着经济转型和结构调整，多元化需求呈现出进一步分化的趋势。三是治理复杂化。一方面，城乡一体化促进部分村庄转为城市社区，居民在享受均等

① 塞缪尔·亨廷顿. 变化社会中的政治秩序［M］. 王冠华，刘为，等译. 上海：上海人民出版社，2015：27.

化公共服务的同时，还有物业租金、集体分红等收入，创业就业的动力不足、能力不够。“吃租金”过日子成为一种社会现象。另一方面，政府机构管理重叠、条块分割、人浮于事、吃大锅饭的问题仍然比较突出，“放管服”改革还有较长的路要走，实质性放权不彻底，公共服务方式相对落后，主要依靠职能部门直接提供公共服务，降低了资金使用效率和社会效益。而广大且分散的农村仍旧比较落后，农民享受不到城市居民所享受的现代生活方式和文明。① 现代化带来的社会变迁和社会所提供的制度化过程是一种双向运动。② 从组织机构的角度看，社区社会组织的发展是一种制度供给，是应对社会发展变化的一个解决方案。社区社会组织应当承担起政府组织的某些延伸职能，在应对流动性、碎片化、复杂性等方面体现特有的价值作用，特别是在社区精细化管理、公共服务个性化供给以及对边缘人群和弱势群体的救济保障上需要承担更多的公共责任。社区社会组织可以在社区居民、基层政府、自治组织、企业单位等基层多元主体之间构建协同的“桥梁”，解决信息不对称、供需不平衡、诉求不畅达、回应不快捷等社会快速转型中的问题，增强社会主体对社区的认同感和归属感，在互联互动中促进社区公共事业的发展和公共利益的维护。

（三）围绕任务导向，“共建共治共享”的语态驱动“协商民主”的价值

党的十九大对社会治理建设格局的顶层设计是“共建共治共享”。这决定了治理格局的形成不可能依赖于单一主体，而有赖于跨界组织的推动与完成。而这种跨界协商性要求用跨界的思维、跨界的方法协商对话、协同共治。③ 习近平总书记指出：“在中国社会主义制度下，有事好商量，众人的事情由众人

---

① 洪银兴. 新时代社会主义现代化的新视角——新型工业化、信息化、城镇化、农业现代化的同步发展 [J]. 南京大学学报（哲学·人文科学·社会科学），2018 (2).

② 燕继荣. 社会变迁与社会治理——社会治理的理论解释 [J]. 北京大学学报（哲学社会科学版），2017 (5).

③ 王名，李朔严. 十九大报告关于社会治理现代化的系统观点与美好生活价值观 [J]. 中国行政管理，2018 (3).

商量，找到全社会意愿和要求的最大公约数，是人民民主的真谛。”[①] 与以“一人一票”为形式的西方自由主义民主不同，以“广泛商量”为形式的社会主义协商民主在我国具有深厚的历史基础、文化基础、理论基础和实践基础。在“路径依赖”基础上通过基层协商推动的增量改革，能够在不损害或不剥夺人们已有利益的前提下，最大限度地增加新的利益总量，使人们在改革中获得更多好处。[②] 协商民主在基层治理中的实践尊崇了社区民众的首创精神，有利于最大限度地激发“共建共治共享”的创造热情，并促使公共政策和公共服务获得广泛的支持，实现社会福利的帕累托最优。同时，协商民主不是单一的，而是多层次的。党的十九大要求从七个层面统筹推进协商民主，把“社会组织协商”作为协商民主的重要组成部分，这就决定了社会组织在发挥社会主义协商民主方面具有重要的政治意义和作用。探索开展社区社会组织协商，就是在党委统一领导和基层政府依法管理的前提下，以社区公共利益为基本假设，以社区社会组织公共服务供给为载体，调动社区居民的参与意愿、民主意识、互动精神、协商能力，通过广泛而多环节的表达评价，集思广益，让公共事务治理更加符合社区大众的预期。

（四）结合环境导向，“后现代化进程”的语态驱动“有序组织”的价值

当代中国发展的现实环境是，当人们正在应对现代化变革的时候，后现代化的进程悄然而至。[③] 由工业化、城市化、信息化等外化形式组成的现代化进程极大地改变了我国传统社会的生产方式和社会组织方式。人们从传统的血亲关系和熟人社会中“抽离”出来，然后以工业组织形式进行了社群的“嵌入”。特别是受教育程度的提升、就业的自主选择、职业市场竞争的加剧、

① 习近平谈治国理政：第 2 卷［M］. 北京：外文出版社，2017：339，292.

② 俞可平. 中国的治理改革（1978—2008）［J］. 武汉大学学报（哲学社会科学版），2018（3）.

③ 燕继荣. 走向协同治理——基层社会治理创新的宁波探索［M］. 北京：人民出版社，2017：27.

女性从家庭生活中的解放等助推了这一社会“再造”的过程。同时，第四次工业浪潮已经袭来。以人工智能、移动互联网、生命技术、新材料新能源等为表现形式的后现代化进程促进了物理空间、网络空间和生物空间三者的融合。这把人们从工业形式的组织中“抽离”出来，然后用后现代化的形式进行了新的“嵌入”。社会人群表现为更为游离的“原子化”，而实质是新的条理的“网络化”。最典型的例子就是“生活共同体”的概念：建立了一种虽然不是面对面，却彼此熟悉、信任、相互依赖的“虚拟社区”。① 这种超越了时间和空间限制的社会集群，在外部条件的作用下，可能成为社会更加稳定的可靠力量，也可能成为集聚负面情绪甚至演化成非理性集体行动的“火山口”。社会稳定一是取决于民众参与的程度，二是取决于制度化水平。从这个角度看，能够发挥作用的“外部条件”就是组织化的制度安排，如果缺乏有序组织，那么无序组织就有了空间。社区社会组织在党和政府的领导下，应当发挥有序组织的作用，在优化公共服务供给、防范和化解潜在社会风险、促进健康有序社区文化创建等方面发挥独特的作用，在双重“抽离—嵌入”叠加的复杂社会变动中释放稳定秩序的正能量。

三、 新时代高质量社区社会组织发展的价值实现

中国特色社会主义发展进入新时代，由于社会主要矛盾的新变化导致发展的环境、条件、结构、动力都与传统发展模式有所不同，具体到社区社会组织发展上也需要对内涵作出新的提升和完善，实现组织发展从粗放型向高质量的转变。源于多元化的现代行政理论的价值赋予，基于多语态的中国实际的价值定向，发展高质量社区社会组织需要明确实现路径（如图 1 所示），

① 王迪，王汉生．移动互联网的崛起与社会变迁［J］．中国社会科学，2016（7）：105－112.

以组织价值整合应对社会变迁的复杂考验。

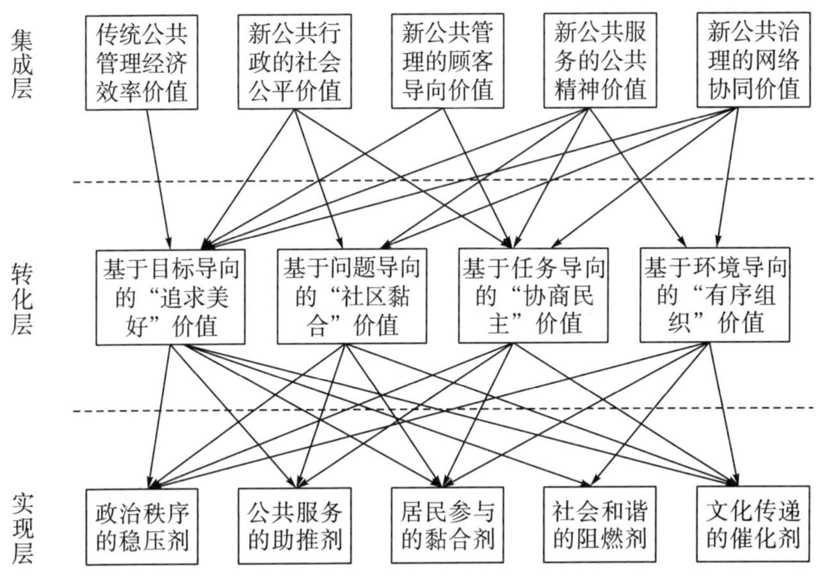

图1　社区社会组织价值“集成—转化—实现”路径示意图

（一）兼顾动员组织——政治秩序的“稳压剂”

从第二次世界大战后国际社会的发展比较来看，避免国家陷入社会动荡和政治衰朽的必由之路，在于建立和维持一个强大政府。而强大政府的建立有赖于强大政党的缔造和发展。在国家现代化进程中的强大政党和政府组织能够从横向上对不同社会群体进行融合，也能够从纵向上对不同社会阶层进行同化，进而构建一个富有内聚力和稳定性的“政治共同体”。在这个构建的过程中，强大的政党发挥着两个作用：一是动员，二是组织。两者缺一不可。如果缺乏动员，政治社会活动就可能导向个人宗派；而如果缺乏组织，政治社会活动又可能导向暴民运动。在我国，中国共产党领导是中国特色社会主义的最本质特征，也是中国特色社会主义制度的最大优势。这就是为什么新时代经济社会发展强调“党领导一切”的重要理论渊源。同时，政党的目的还在于培育和输送政治精英进入国家政治生活的各个方面，从而确保政党政治信仰和政治使命的充分实现。那么，当政府面向社区进行治理“赋权增能”

的同时，也必须实现政治信仰和政治使命向社会组织的嵌入与扎根。这是一个同步双重过渡的过程。所以，在地方党委领导下和基层政府主导下建设的社区社会组织应当成为落实政治理念的重要载体。一方面，鼓励党员成为发展社区社会组织的重要力量，由优秀党员担任社区社会组织的负责人。这方面的工作可以从组织孵化与扶持的角度开展。另一方面，要努力把社区社会组织中的优秀人才，特别是业务骨干吸纳到基层党组织中来。通过这种双向举措让社区社会组织成为宣传党的主张、贯彻党的决定、参与基层治理、服务改革发展的坚强阵地。

（二）参与供给改革——公共服务的“助推剂”

基本公共服务的供给一般由政府组织承担，但其所体现的规模化、标准化、普适性在转型社会中往往同社区的人口流动性、偏好差异性、需求多样性产生矛盾。政府在行政事务领域中无法用制度化方式提供的公共服务可以通过社区自主性和弹性服务来弥补。① 让社区社会组织承担部分公共服务的供给职能，既提升了资源的利用效率，又通过科学精准的方式实现了公共目标。② 这可以视为政府从并不擅长的专业服务领域中解脱出来，把更多的资源投入到决策与监督上面，让专业性的社区社会组织充当公共服务的“延伸触手”，形成“委托—代理”的契约关系，为多层次、全方位的公共服务体系建设提供组织保障。这种关系存续的要点在于委托交易成本相对于内部行政成本的比较优势，关键有赖于社区社会组织的专业化水平、委托交易的多频次稳定性、公共服务供给质量的确定性。所以，实现社区社会组织公共服务价值的根本，不在于资金注入及办公场所无偿使用等“输血”路径，而在于以公共服务购买为方向、以项目运作为平台、以能力锤炼提升为支撑的“造血”

① 吴素雄，陈宇，吴艳. 社区社会组织提供公共服务的治理逻辑与结构［J］. 中国行政管理，2015（2）：49—53.

② 高红，杨秀勇. 社会组织融入社区治理：理论、实践与路径［J］. 新视野，2018（1）：77—83.

路径。社区社会组织应当主动整合经济来源，摒弃单一的政府注资方式，形成集公共服务购买资金、个性化服务增值收益、社会捐赠、公益创投、基金支持于一体的多元经济来源结构。政府应当主动改进公共服务购买方式，支持党组织健全、公益性质明确、管理规范有效的社区社会组织优先获取公共服务项目。在规模较大、情况较复杂的社区，还可以扶持成立枢纽型综合社会组织，由其整合碎片化、多方面社区社会组织并开展监督评估等统筹工作，进一步降低议价成本和供需对接成本，提升社区居民满意度和公共服务的合理性。

（三）搭建融合平台——居民参与的“黏合剂”

在中国的传统社会当中，个人很少被视作社会性力量，或被规制于宗法关系中，或被隐匿于群体结构中。[①] 伴随着传统“单位制”和“集体制”的消解，个人就不得不直接面对复杂而又关乎切身利益的社会生活，再加上知识水平的提高，表达个人诉求和实现个人利益进一步成为个体的存在价值。而在公民社会中，个体价值的实现不等同于公共利益的保障。公民必须清晰地认识到，个人不能生活在独立的利己主义之中，而应当在团结协作中谋求公共利益和个人价值的双赢。那么，把众多个人价值捏合成公共利益，需要一个稳定居间的制度安排。扎根于基层的社区社会组织，由于其天生的草根性、参与性、服务性，理所应当并且有能力承担起这样的责任。一方面，社区社会组织“由下自上”把居民需求诉诸政府，影响政府决策。[②] 在集中居民诉求表达的同时，社区社会组织支撑政府决策形成了更鲜明的“需求导向”。另一方面，在参与公共治理和实现公共服务的过程中，社区社会组织鼓励居民参与监督评价，确保行为产出与需求导向保持一致。同时，对于边缘群体和

① 陶建钟. 风险社会与中国社会转型：变量与结构的一种叙事［J］. 武汉大学学报（哲学社会科学版），2016（11）.

② 何欣峰. 社区社会组织有效参与基层社会治理的途径分析［J］. 中国行政管理，2014（12）.

“小众”角落的服务需求，社区社会组织还可以在志愿互助精神的指引下填补相关空白。由此可见，社区社会组织主持下的居民参与是集合了需求表达的“意见参与”、监督约束的“过程参与”、切身实践的“行动参与”的整体。因此，从参与层面发展高质量的社区社会组织，应当在这三个维度尽可能地搭建参与平台、拓宽参与渠道，实现“语言表达—视野关注—行动实践”的无缝衔接，不断增强居民参与的获得感和价值感，进而追求公共利益的最大化。

（四）强化调解调和——社会和谐的“阻燃剂”

现代化进程不可避免地、强制性地把社区居民带入风险社会。这并非政治争论中可以选择或拒斥的选项，而是采用“潜在副作用”的模式，暗中积累并产生威胁，最终破坏现代社会的根基。[①]必须要尽可能地早预判、早识别、早调和、早化解可能发生甚至演化的社会风险，才能保证现代化进程稳定可控。我国的改革开放始终把稳定和谐视为发展的基础。正如邓小平指出的：“中国的问题，压倒一切的是需要稳定。”[②]如果脱离了和谐稳定这个基础，就谈不上政治文明和社会文明，就会产生由于不同矛盾的冲突而导致的社会失序。当前我国改革发展中所面对的对社区和谐有直接影响的风险主要有五个层面：一是个体层面的家庭纠纷，二是单元层面的邻里纠纷，三是生活层面的物业纠纷，四是生产层面的农村土地承包经营纠纷，五是官民层面的信访纠纷。而这五个层面的风险主要萌发于原子式的社区个体。把矛盾风险发现于未然、解决于萌芽、化解在基层，才能最大限度地避免风险的膨胀和演变，减少风险带来的负面影响。社区社会组织及其组织成员因为对社区肌理最为熟悉了解，具备良好的“本土优势”，应当扮演好矛盾调解人，在隐患排查、纠纷调解、法律援助、群防群治等方面发挥更大作用。政府应当牢固树立源头治理理念，充分调动社区社会组织的积极性，整合“政府组织—

① 乌尔里希·贝克，安东尼·吉登斯，斯科特·拉什．自反性现代化——现代社会秩序中的政治、传统和美学［M］．赵文书，译．北京：商务印书馆，2016：10．

② 邓小平文选（第3卷）［M］．北京：人民出版社，2014：284．

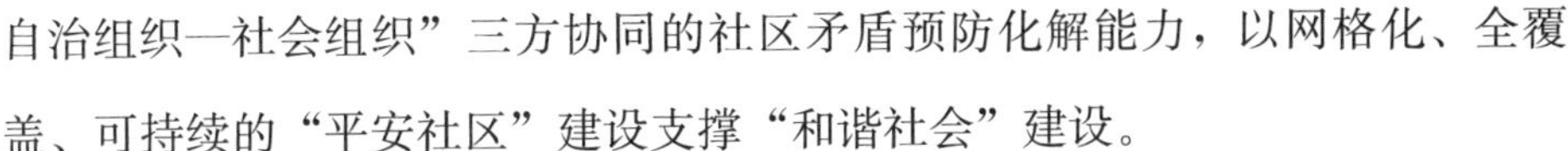

自治组织—社会组织”三方协同的社区矛盾预防化解能力，以网格化、全覆盖、可持续的“平安社区”建设支撑“和谐社会”建设。

（五）营造社区氛围——文化传递的“催化剂”

作为一个有别于资金资本、物质资本、人力资本以外的“资本”概念，“社会资本”为社区文化的凝聚与作用发挥提供了良好的解释。它被认为是镶嵌于社会群体之内的为行动者实现目标提供支撑的资源和力量，核心要义在于社会网络和社会结构中的合作、信任、互惠。普遍认为，志愿性社会组织是孕育社会资本的温床。[①]从我国社区社会组织的现实发展来看，文体娱乐类的社区社会组织有着更好的成长基础，也最能发展为孕育社会资本的平台。这样的组织一方面在文化传播、体育健身、宣传交流等方面形成政府公共服务的必要补充；另一方面又在组织运行的过程中不断吸纳社区人员，通过公共活动建立并巩固人与人之间的信赖与合作关系。因而，社区社会组织能够满足居民日益增长的精神和文化心理需求，并以此为纽带构建稳定的人际交往网络，促进社区文化建设水平的提升。[②]这也可以被视为一个社会资本“投资—收益”的过程。在社区正能量传递的过程中，社区社会组织对社区居民的吸纳能力应当得到重视。对于在民政部门注册的具有一定资质的社区社会组织，可以通过建立会员制、发放服务券等方式增强组织的规范性。对于尚未达到注册门槛的社区社会组织，政府应当加大扶持和孵化的力度，特别是在合法性建立的手续上给予必要的支持，比如通过进一步“放管服”建立广泛的社区登记备案制度，为组织进入社会生活提供政策保障。只有当一个社区的社会组织数量增多、参与居民增加、活动频次提升，才能为社会资本的培育、良好社区文化的营造、公共精神的传递提供持续的养分。

---

① 燕继荣. 社会资本与国家治理［M］. 北京：北京大学出版社，2015：154.

② 高红，宫雪. AGIL框架下社区社会组织的功能系统与提升路径［J］. 南京师大学报（社会科学版），2018（3）：27—33.

四、结语：在高质量价值导向下培育发展社区社会组织

培育和发展新时代社区社会组织，对于加强和创新社会治理、推动国家治理体系和治理能力现代化具有重要的理论意义和现实意义。但中国特色、中国风格、中国气派的社区社会组织发展不能是“旧版”“翻版”“再版”，而是需要明确的清晰的符合国情的价值导向。在新时代高质量发展的语境下，社区社会组织发展的价值导向应当吸收外来养分，在现代行政理论指引下，把多元价值形成整合性“集束”；然后结合“本源”，在中国特色社会主义制度框架下，与我国现阶段发展的目标、问题、任务、环境相结合，实现本土化的价值转化；最后以价值实现为落脚点，对社区社会组织的价值定位进行明确，并充实和丰富价值实现的关键举措。通过这种“集成—转化—实现”的基本路径，社区社会组织的发展才能具备恒定的价值主线，为打造共建共治共享的社区社会治理格局提供组织支撑和能力保障。

美国韧性社区建设经验及启示

——以洛杉矶县一项提升社区灾害韧性的公共卫生项目为例

崔 珂 韩自强①

一、引言

（一）研究背景

党的十八届三中全会提出创新社会治理要以“全面推进平安中国建设，维护国家安全，确保人民安居乐业、社会安定有序”为目标。党的十九大报告高度重视社会治理问题，从保障和改善民生、加强和创新社会治理的角度提出“打造共建共治共享的社会治理格局”的战略部署，并着重强调了“树立安全发展理念”“健全公共安全体系”“提升防灾减灾救灾能力”的战略目标。这不仅表明了党和政府对公共安全问题的重视，还体现了新时代公共安全治理的新理念、新思想和新要求，也为创新社会治理理论与实践，提升社会治理水平指明了方向。

自从乌尔里希·贝克提出“风险社会”的概念以来，人们已经认识到随着现代社会的复杂性和彼此关联性的增强，风险是无法完全被消灭的，人们只能“与风险共处”（living with risk）。我国当前社会的特征之一便是进入了

① 崔珂，四川大学公共管理学院特聘副研究员，研究方向为社区减灾和灾后社会心理干预。韩自强，山东大学政治学与公共管理学院教授，研究方向为灾害和应急管理。

风险社会，这就意味着增加了人民群众对安全的需求。[①] 我国的公共安全以保障人民群众的生命和财产安全为目的，主要涉及自然灾害、生产安全事故、公共卫生事件以及社会安全事件等四种类型突发事件的预防、处置和重建工作。[②] 在各种突如其来的自然和人为灾害面前，城市往往表现出极大的脆弱性，而这正成为制约城市生存和可持续发展的瓶颈问题。党的十八大将“增强抵御和减缓自然灾害能力”列为新型城镇化建设的重要内容。2018 年年初，中共中央办公厅、国务院办公厅印发《关于推进城市安全发展的意见》，要求统筹城市安全建设，争取在 2035 年形成“系统性、现代化的城市安全保障体系”。

社区作为城市的基本组成单元，是社会安全的基石，在紧急情况下承担着“第一响应人”的角色。1999 年，世界减灾大会提出把社区视为减灾的基本单元，也就是说，城市一旦遭遇紧急情况，就需要以社区为行动单位，展开系统的应对措施。党的十九大报告也提出将社会治理的重心落在社区基层，并积极发挥社会组织作用的战略路径。因此，提升社区防灾减灾救灾能力已然成为建设现代化城市安全保障体系的基础环节。

（二）问题的提出

“韧性”是近年来公共安全、风险、灾害和应急管理政策行动与研究的新理念。“韧性”是英文“resilience”的常用中文译法，同时也被译为弹性、抗逆力、恢复力和复原力等。“韧性”作为学术术语先后经历了从工程韧性到生态韧性再到演进韧性的修正和发展。韧性理念也从单一的生态视角扩展到生态、经济、社会及技术等多元视角。综合国内外学者的看法，韧性的核心概念至少包含两个方面：一是面对外来冲击的抗逆性，二是冲击发生之后的恢复力。简而言之，一个系统（人、家庭、组织、社区、城市甚至国家）越具

---

① 童星. 中国社会治理［M］. 北京：中国人民大学出版社，2018：25—29.

② 龚维斌. 当前社会治理的新特点新趋势［N］. 北京日报，2019—04—29（014）.

有韧性，外部冲击对其影响越小，事后恢复起来越快。

随着我国城镇化进程的加快，城市这个开放的复杂系统面临的不确定性因素和未知风险也在不断增加，涉及天灾、人祸、经济、环境、安全、交通和社会等各个方面，直接影响着居民的生活质量。以 2018 年为例，据统计，我国全年共有 1.3 亿人次遭受自然灾害，造成 589 人死亡，直接经济损失高达 2644.6 亿元。社区作为社会的基层组织，是自然灾害与社会风险管理的前沿阵地。无论是国际社会的减灾行动纲领，还是国内的减灾政策倡导，社区韧性已成为国家和社区发展的重要议题。2005 年第二次世界减灾大会、2015 年第三次世界减灾大会均围绕韧性、国家韧性、社区韧性进行讨论，分别通过了《2005—2015 年兵库行动框架：加强国家和社区的抗灾能力》《2015—2030 年仙台减少灾害风险框架》。美国、英国和加拿大等相继成立了专门研究社区韧性的研究机构或学术团体，如社区和区域韧性研究协会（CARRI）。国内学界已经认识到社区韧性的理念为城市公共安全治理模式提供了新的视角和行动指南，韧性社区建设也是未来的发展趋势，但目前为止在这个领域的探索尚处于起步阶段。与此同时，如何将党的十九大报告提出的“打造共建共治共享的社会治理格局”的指导思想落实到韧性社区建设的具体工作中也是亟待探讨的问题，这将对健全我国公共安全治理体系具有重要的意义。

本文旨在梳理韧性以及韧性社区的理论含义和概念框架，总结国内外韧性城市和韧性社区建设的政策行动与实践经验，通过深入分析典型案例，同时结合我国新时代创新社会治理格局的战略构想，尝试探索中国城市社区治理应该怎么做，以便朝着更有韧性、更安全的未来发展。本文选择的案例是一项由美国洛杉矶县公共卫生局（The Los Angeles County Department of Public Health）发起的以韧性理念为指导，以提升社区韧性（面对公共卫生突发事件，如流行病和灾害）为目标的地方性社区建设项目，其英文全称为 The Los Angeles County Community Disaster Resilience，缩写为 LACCDR。

二、城市公共安全治理中的韧性社区建设：一个新型理论视角

（一）韧性城市的定义与发展

基于“韧性”理念的“韧性城市”建设作为城市公共治理领域的新理念、新模式，近年来得到国内外学者的密切关注，并在灾害治理与应急管理领域迅速推广。戈德沙尔克（Godschalk）认为“韧性城市”是可持续物质系统和人类社区的结合。① 韧性联盟（Resilience Alliance）认为“韧性城市”是城市系统能够消化吸收外界干扰，并保持其原有主要结构、关键功能的能力。

城市系统面临着日益复杂化的内外部环境，气候变化、自然灾害、流行疾病、恐怖袭击、生产安全事件等导致城市可能遭受巨大的挑战。韧性概念的引入提供了一种应对这些挑战的新方法。韧性概念包含社会、经济、文化、环境和空间多重维度，韧性城市理念正在逐步取代传统思路成为城市可持续发展的关键战略，对于解决我国现阶段制约城市社会经济健康发展的干扰和压力具有重要的理论和实践意义。提高城市系统面对不确定因素的抵抗力、恢复力和适应力，提高城市规划和管理的预见性和引导性成为当前城市研究领域的重点问题和焦点问题。

（二）国外韧性城市建设实践

自 2005 年“兵库行动框架”提出通过韧性城市建设提高城市应对自然灾害能力的理念后，国际机构以及一些发达国家开展了一系列城市韧性规划研究及实践探索，如荷兰《鹿特丹气候防护计划》（2008）、南非德班市《适应气候变化规划：面向韧性城市》（2010）、联合国减灾署《使我们的城市更具韧性》报告（2010）、世界银行针对东亚和太平洋地区发布的《构建韧性城

---

① GODSCHALK D R. Urban Hazard Mitigation：Creating Resilient Cities［J］. Natural Hazards Review，2003，4（3）.

市：原则、方法和实践》（2011）、伦敦《管理风险与增强韧性》（2011）、纽约《一个更强大、更有韧性的纽约》（2013）、美国洛克菲勒基金会“全球100韧性城市项目”（2013）、日本《国土强韧化基本法》（2013）及《国土强韧化基本规划》（2014）、国际标准化组织（ISO）发布的《社区可持续发展——现有的关于可持续发展和城市韧性的指南和方法的清单》（2017）及《安全性和韧性—业务连续性管理系统—业务连续性的人员方面的指南》（2018）等。

（三）国内韧性城市建设实践

近年来，韧性城市理念在我国城市管理中逐渐得到应用，韧性城市建设实践正在推进。例如《北京城市总体规划（2016年—2035年）》《北京韧性城市规划纲要研究》《上海市城市总体规划（2015—2040）纲要概要》都提出运用韧性城市理念建设一个韧性的、有恢复力的城市。国家自然科学基金会配合“千年大计”、国家“雄安新区”建设，启动了“韧性雄安”应急课题；作为洛克菲勒基金会100个韧性城市成员的黄石、德阳、海盐和义乌，正借助国际资源进行韧性城市的规划建设。此外，联合国开发计划署（UNDP）与中国灾害风险治理创新项目（二期）“雅安韧性城市建设创新项目”于芦山地震六周年和第十一个国家防灾减灾日期间（2019年5月）正式启动，这也标志着我国风险管理机制对于韧性城市建设理念与实践的进一步探索。

（四）社区韧性的概念和内涵

社区是城市的子系统，越来越多的专家学者开始结合韧性理论研究社区韧性的概念与内涵。虽然目前国际范围内尚未形成对社区韧性概念的统一界定，但它一般用来描述社区在面对各类突发公共安全事件时，能够充分组织内外部资源对危机做出积极响应和抵抗，使整个社区快速适应压力进入恢复阶段，并使其具有可持续的发展状态。因此，增强社区的韧性水平对于提高社区的自保自救能力乃至提升整个社会的风险管理水平都具有重要的意义。

近20年来，学界对韧性社区内涵的研究和探讨呈逐年增长之势，大部分学者将社区韧性定义为社区及其相关系统所具备的某种或几种能力，也有学者关注社区韧性的动态属性，将其视作社区能力提升或适应灾害压力的过程。其中，卡特尔（Cutter）构建了具有里程碑意义的地方抗灾（自然灾害）能力模型（DROP），着重考察了社会制度、生态环境、人口结构、经济水平、基础设施和社区能力六个维度的评价指标。[①] 诺里斯（Norris）等认为社区韧性由社区的经济基础、社会资本、信息与沟通以及社区利用自身资源的能力四大因素构成。[②] 施雷布（Sherrieb）将提升个体应对灾害的能力视为社区韧性建设的关键，并以此为核心，提出了由灾难特性差异、信息传递、经济状况、社会资本和社会支持等要素构成的社区韧性网络模型。[③]

吴晓林和谢伊云回顾了既有研究后发现国外自 1999 年就有文章讨论社区、韧性与灾害的关系；而我国学界最早以韧性社区为题的学术文献发表时间不仅比国际学界晚了十余年，且到目前为止成果数量依然相对较少。[④] 我国学者朱华桂面向自然灾害把构成社区抗逆力的关键指标归为四大类，包括物理因素、制度因素、人口因素和经济因素。[⑤] 另有学者提出，除了自然灾害，社区韧性理论也适用于更具复杂性和群体性的突发公共卫生事件，如传染病、食物中毒等疫情。该理论为评价社区应对突发公共卫生事件以及向公众提供卫生服务的能力

---

① CUTTER S L，BARNES L，Berry M，A Place-based Model for Understanding Community Resilience to Natural Disasters [J]. Global Environmental Change，2008，18 (4)：598－606.

② NORRIS F H，STEVENS S P. Community Resilience as a Metaphor，Theory，Set of Capacities，and Strategy for Disaster Readiness [J]. American Journal of Community Psychology，2008，41 (2)：100－112.

③ SHERRIEB K，NORRIS F H，GALEA S. Measuring Capacities for Community Resilience [J]. Social Indicators Research，99：227－247.

④ 吴晓林，谢伊云. 基于城市公共安全的韧性社区研究 [J]. 天津社会科学，2018 (3).

⑤ 朱华桂. 论社区抗逆力的构成要素和指标体系 [J]. 南京大学学报（哲学·人文科学·社会科学版），2013，50 (5).

指明了新的方向。[①] 事实上，如前文所述，无论是自然灾害还是公共卫生事件，包括生产安全事故和社会安全事件都属于我国公共安全的范畴。[②] 除此之外，更多的国内文献仍以梳理和评述国外社区韧性的理论研究或总结英、美、日等国家的韧性社区发展经验为主要内容。[③④] 由此可见，虽然国内学界已经认识到社区韧性理论为完善城市社区治理模式提供了新的视角并指明了新的行动方向，但是到目前为止，我国学者在该领域的探索尚处于起步阶段。

当社区韧性的理论研究发展到比较成熟的阶段之后，学者们开始将注意力转向对这一理论概念的操作化处理，也就是说，他们基于社区韧性的理论原理，结合实践经验，研发了大量结构和功能上各具特点且源自不同社会、政治和文化背景的社区韧性评估工具，得以对社区的抗灾能力及其可持续发展水平进行定性描述或量化评价。[⑤] 与此同时，我国学者胡曼等鉴于准确评价社区韧性对于改善和提高社区韧性水平，促进社会风险管理的重要意义，不仅系统比较分析了国外已开发的社区韧性测评工具[⑥]，还将俄克拉荷马大学健康科学研究中心设计的社区韧性评价量表（The Communities Advancing Resilience Toolkit，CART）[⑦] 翻译成中文版，并基于四川省 4 个城乡社区的

---

① 郑彬，宁宁，郝艳华，等．社区抗逆力：基于应对突发公共卫生事件新视角 [J]．中国社会医学杂志，2017，34（4）．

② 龚维斌．当前社会治理的新特点新趋势 [N]．北京日报，2019-04-29（014）．

③ 彭翀，郭祖源，彭仲仁．国外社区韧性的理论与实践进展 [J]．国际城市规划，2017，32（4）．

④ 向铭铭，顾林生，韩自强．韧性社区建设发展研究综述 [J]．美与时代（城市版），2016（7）．

⑤ SHARIFI A．A Critical Review of Selected Tools for Assessing Community Resilience [J]．Ecological Indicators，2016（69）：629-647．

⑥ 胡曼，郝艳华，宁宁，等．应急管理新动向：社区抗逆力的测评工具比较分析 [J]．中国公共卫生管理，2016，32（1）．

⑦ PFEFFERBAUM R L，PFEFFERBAUM B，HORN R L V，et al．The Communities Advancing Resilience Toolkit（CART）：an Intervention to Build Community Resilience to Disasters [J]．Journal of Public Health Management and Practice，2013，19（3）：250-258．

居民调查检验了该量表的信效度，结果显示良好。[①] 尽管如此，我国城市社区面对自然灾害或其他公共安全事件的抗逆性或恢复力如何体现？主要受哪些因素影响？通过哪些中介变量可以提升城市社区的韧性水平？这些都是亟待进一步研究探讨的理论和现实议题。

（五）国外韧性社区建设的政策行动与实践经验

在国际上，以韧性城市的理念为指导，韧性社区建设迅速成为城市发展的新导向，韧性社区也被视为城市公共安全的基础单元。[②] 英国政府在构建应急管理体系的过程中重视社区防灾减灾能力的提升，具体内容包括政府统一指导社区规划、推动社区自救的应急理念、完善社区服务中心的功能，以及建立社区为本的防灾数据库等。21 世纪伊始，建设韧性社区的理念便成为美国国家安全战略和国家卫生安全战略中不可或缺的一部分，相关要求和目标在美国疾病控制与预防中心（Centers for Disease Control and Prevention，CDC）制定的公共卫生应急准备合作协议以及美国联邦应急事务管理署（Federal Emergency Management Agency，FEMA）提出的“全社区规划”（Whole of Community Planning）等国家政策行动中均有所体现。与此同时，美国境内的非营利组织在 FEMA 的引领下开展了不同形式的社区建设项目，旨在提升社区对抗灾行动规划的参与度，提高公众对灾害风险的认识，以及如何保证安全并减轻损失。美国红十字会也在其许多项目中致力于社区韧性建设，其中一些项目将社区参与作为重要的组成部分。日本作为一个突发性自然灾害频发的国家，建设具备抗灾能力的社区成为其政府危机管理体制的基础。阪神大地震后，日本开始推行“防灾福利社区事业计划”，希望能够在与政府合作的基础上，发挥社区既有的社会组织或社区网络关系的能力和优势，通过开展防

① 胡曼，郝艳华，宁宁，等. 中文版社区抗逆力评价表（CART）信度和效度评价［J］. 中国公共卫生，2017，33（5）.

② 吴晓林，谢伊云. 基于城市公共安全的韧性社区研究［J］. 天津社会科学，2018（3）.

灾宣传、教育和训练等活动，提升社区自有的防灾救灾能力。比如，在兵库县神户市的长田区，社区组织居民与当地政府人员和专家以交流会的形式进行沟通，相互听取意见，共同制定社区安全地图和防灾手册等。

（六）我国韧性社区建设实践的发展与现状

我国是世界上受自然灾害影响最为严重的国家之一。党和政府高度重视自然灾害防治，发挥我国社会主义制度能够集中力量办大事的政治优势，防灾减灾救灾成效举世公认。就社区减灾而言，2007 年，国务院颁布了《国家综合减灾“十一五”规划》，把“加强城乡社区减灾能力建设”作为首要任务之一，提出在全国范围内创建综合减灾示范社区，提高社区灾害知识普及率。2010 年和 2013 年，国家减灾委员会办公室对《全国综合减灾示范社区标准》进行了两次修订，为持续推动全国综合减灾示范社区创建活动、不断提高社区防灾减灾能力和应急管理水平、增强城乡社区居民防灾减灾意识和避灾自救能力提供了执行依据，也取得了显著的成果。2011 年，国务院颁布《国家综合防灾减灾规划（2011—2015 年）》，明确将基层社区防灾减灾能力建设作为重点任务。截至 2018 年年底，全国综合减灾示范社区创建已有 1 万余个。

所有这些无不显示出以社区为本的防灾减灾救灾行动在我国灾害管理工作中的重要地位，也可以将其看作我国建设韧性社区的雏形。社区减灾固然重要，然而有学者认为，我国综合减灾示范社区的创建工作只是部分契合了社区韧性的内涵，因为前者推动的社区减灾行动仍以社区脆弱性的治理为主要路径，而缺少对社区自组织、社区既有资源与能力的发掘与调动，也未能体现韧性社区建设理论所强调的系统性思维，并且缺乏针对社区建设过程的长期动态评估体系。①② 与此同时，部分地区城市基层社区治理创新机制薄弱，导致社区仍拘泥于应付防灾减灾的任务，而并未真正提升居民的减灾意识或

① 吴晓林，谢伊云. 基于城市公共安全的韧性社区研究［J］. 天津社会科学，2018（3）.

② 廖茂林，苏杨，李菲菲. 韧性系统框架下的城市社区建设［J］. 中国行政管理，2018（4）.

使社区主动投入风险治理行动，“重救灾、轻减灾”的思想仍为主流。社区社会组织、企事业单位等多元主体在社区减灾工作中的参与机制亦有待探究，社会力量和市场机制的作用尚未得到充分发挥。这些问题与我国对国际社会推行的韧性城市和韧性社区理论原理的本土化研究尚处于起步阶段不无关系，体现在公共政策行动上就是缺乏有效的韧性社区建设、监督与评估机制。

三、 案例陈述

（一）案例背景

2012 年美国国家科学研究委员会年度报告把提升韧性作为国家应对灾害的重要举措，并对社区韧性展开论述。然而，在国家政策要求美国地方公共卫生局必须在当地制定的公共卫生应急准备合作协议中对建立或提升社区韧性的任务予以回应的同时，也使它们面临新的挑战，即地方政府职能部门应如何将社区韧性的概念操作化为具体的减灾行动，进而明晰自身在这些行动中的角色和任务。[①] LACCDR 项目（2010—2014 年）的发起旨在回应这一现实问题。概括地讲，它是一项在美国洛杉矶县实施的以提升社区灾害韧性为目标的地方性社区建设项目。

该项目由洛杉矶县公共卫生局主导，并与非营利性政策研究机构、公共卫生与医疗保健领域的研究中心、社区应急响应组织以及美国地质调查局等政府或非政府机构与民间团体合作，共同参与项目各部分内容的设计、实施和评估。LACCDR 项目主要由政府资助，项目资金来源于美国疾病控制与预防中心和美国精神卫生研究中心，民间基金会亦提供了部分资金支持。

---

① Schoch－Spana M，SELL T K，MORHARD R. Local Health Department Capacity for Community Engagement and its Implications for Disaster Resilience ［J］. Biosecur Bioterror，2013，11：118－129.

（二）案例内容

如上文所述，LACCDR是一项在美国洛杉矶县实施的由当地公共卫生局主导的多部门协同公共卫生项目，其过程可以划分为以下六个阶段。

1. 第一阶段：定义社区韧性，明确概念框架

LACCDR项目首先进行了系统的文献研究和社区调研，确定了社区韧性在美国公共卫生安全背景下的内涵及其五项核心构成要素，包括：（1）社区的社会与经济发展水平了，（2）社区居民的身心健康，（3）有效的风险沟通，（4）社区成员之间的联结度，（5）政府与非政府组织在减灾规划、应急救援和灾后恢复工作中的合作与参与程度。[①] 针对这五项要素，钱德拉（Chandra）等人进一步提出了与各要素相对应的八个“杠杆点”（Levers），也就是提升社区韧性的可塑性因素，或可称为中介变量，这就为地方公共卫生局及其他相关组织提供了较为明确的行动方向或目标。这八个“杠杆点”分别是：（1）健康（Wellness），促进灾前和灾后社区居民的健康水平的提高，包括生理、心理和社会健康状况；（2）机会/权利（Access），确保社区居民能够公平地获得高质量的公共卫生服务和社会福利服务；（3）减灾教育（Education），保证社区居民知晓在面对突发事件时应该如何自救，以及到哪里为自己或邻居寻求帮助，从而避免或减轻事件对社区造成的影响；（4）社区参与（Engagement），推动防灾规划、应急救援和灾后恢复等行动过程中的社区参与式决策；（5）自救互救能力（Self-sufficiency），使社区居民能够在应急准备阶段或紧急情况发生时清楚自己的角色并承担起相应的责任，同时能够充分利用社区内部资源，顺利完成自救和互救任务；（6）协同合作（Partnership），在政府与非政府组织内部或之间建立强有力的合作伙伴关系；（7）能力（Quality），指社区收集、分析和使用数据的能力，这些能力对于监控和评估社区韧性建设进程至关重要；（8）效率（Efficiency），主要体现在资源合理配置以及资源效用最大

---

① CHANDRA A, WILLIAMS M, PLOUGH A, et al. Getting Actionable about Community Resilience: the Los Angeles County Community Disaster Resilience Project [J]. American Journal of Public Health, 103 (7): 1181－1189.

化等方面。

2. 第二阶段：成立委员会，制定项目规划

在洛杉矶县公共卫生局的召集下，来自各合作机构的负责人以及当地社区组织的代表共同组成了“LACCDR 指导委员会”（Steering Committee），负责项目从设计、执行到评估、推广等环节的主要任务。首先，委员会组织社区论坛、举办工作坊和开展社区调研，共同讨论确定与韧性相关的社区需求与资源，进而制定出项目的逻辑模式（Logic Model）。① 逻辑模式通常用来描述一项干预行动的目标、投入和结果之间的关系，它是建立在问题理论基础之上的。② 如图 1 所示，指导委员会最终选择了四项提升社区韧性的“杠杆点”，用以指导项目具体的行动计划与目标设置，它们是由社区韧性的问题理论发展而来的。与此同时，LACCDR 项目特别强调了扩大社区参与和发展组织间合作伙伴关系是提升社区韧性的关键因素。

3. 第三阶段：编制工具手册，选择示范社区

LACCDR 项目以委员会成员为主导，多次组织当地政府机构、社区志愿组织以及社区居民参与社区会议，并定期开展小组形式的专题讨论会，共同建议并确立需要优先考虑的社区需求及相应的行动方案，进而编制了《社区韧性工具手册（1.0 版）》。③ 该手册是工具书也是培训教材，旨在为洛杉矶县当地社区提供与社区韧性相关的实用性知识和技术，协助社区建立或提升其

---

① DAVID E，ANITA C，STELLA F，et al. The Los Angeles County Community Disaster Resilience，Project — a Community-Level，Public Health Initiative to Build Community Disaster Resilience [J]. International Journal of Environmental Research and Public Health，2014，11 (8)，8475－8490.

② 安秋玲. 干预研究：如何开发社会项目 [M]. 上海：上海教育出版社，2018：64～67.

③ WELLS K B，TANG J，LIZAOLA E，et al. Applying Community Engagement to Disaster Planning：Developing the Vision and Design for the Los Angeles County Community Disaster Resilience Initiative [J]. American Journal of Public Health，2013，103：1172－1180.

面对灾害等公共卫生事件时的应对和适应能力。手册内容包含六个主题模块，即了解什么是社区韧性、识别或挖掘社区资源、绘制社区灾害风险地图、评估弱势群体及其需求、心理创伤症状的筛查与干预，以及通过社区工作实现可持续发展。值得注意的是，这些主题及其内容的设置分别与 LACCDR 项目在第二阶段选择的四项社区韧性提升“杠杆点”中的一项或几项对应。比如，培训社区居民识别社区灾害风险并绘制风险地图这一主题内容就同时涉及减灾教育、自救互救能力和社区参与三项内容（如图 1 所示）。

资源投入	“杠杆点”	活动/服务	项目产出	项目成效
· 洛杉矶县公共卫生局 · 学术合作伙伴 · 美国地质调查局 · 洛杉矶应急网络 · 媒体顾问 · 社区联盟 · 资助方	· 减灾教育 · 社区参与 · 自救互救能力 · 协同合作	· 指导委员会编制工具手册，创建地图绘制网站，开发社区韧性评估量表 · 指导委员会为社区联盟提供技术支持，并培训公共卫生专员 · 公共卫生专员培训社区居民认识社区韧性并掌握工具手册的使用方法 · 社区联盟制订年度行动计划 · 社区媒体宣传活动	· 可供推广使用的《社区灾害韧性提升工具手册》 · 用于指导社区联盟制订行动计划的《社区韧性建设步骤清单》 · 一批受过培训的社区公共卫生专员 · 扩大的社区联盟成员规模与部门多样性 · 社区自主实施的加强社区灾害韧性的各项活动	· 各个社区内部的组织网络数量得到增加 · 社区联盟掌握了更多提升社区韧性的技术 · 增强了韧性社区建设活动的社区参与度 · 提升了社区的自救互救能力 · 增加了可参与灾害治理的社会网络型组织

图 1　LACCDR 项目的逻辑模式

《社区韧性工具手册（1.0 版）》编制完成之后，LACCDR 指导委员会决定通过实验组—控制组前测后测的实验研究，检验这套手册在当地社区的适用性和有效性。首先，洛杉矶县公共卫生局连同其他社区领袖在整个县域范围内根据既定标准（包括社区人口规模、是否存在社区联盟或协会等网络型社区自治组织、灾害风险的暴露程度等）选取了数十个备选社区。随后，委员会从备选社区中选择了 16 个社区作为示范项目点，且这 16 个社区在人口结构特点和灾害风险特征方面是相互匹配的。接着，委员会基于实验设计的原则，将这16个社区随机归为实验组或控制组，每组8个社区。其中，实验组社区推行的是以韧性理念为指导的项目计划，控制组社区推行的是传统的以家庭备灾为主的行动，后者不涉及推动社区参与或扩展组织合作关系等内容。下文第四和第五阶段阐述的是LACCDR项目在8个实验组社区开展的工作，同时也是本文研究和讨论的核心内容。

4. 第四阶段：动员社区组织，培育行动联盟

组织间强有力的合作关系是社区韧性的核心要素之一，其中政府与非政府组织间的协同合作尤其重要。因此，洛杉矶县公共卫生局以社区韧性的理念为指导，致力于通过发展其与社区组织间的协同合作关系，最终将社区作为关键主体之一纳入当地灾害应急救援与恢复重建的行动框架。鉴于此，当地社区组织和社区居民等利益相关者从最开始便有机会参与LACCDR项目的具体工作，包括《社区韧性工具手册（1.0版）》的编制等。同样，在第三阶段的实验设计方案提出之后，LACCDR指导委员会再次组织工作坊，邀请社区组织负责人与社区居民参与讨论，共同对方案内容提出意见或建议。

8个实验社区确定之后，LACCDR指导委员会接着在每个社区寻找已有的社会服务组织，并积极动员这些组织加入社区行动网络以组建社区联盟（Community Coalition），进而共同开展社区活动。洛杉矶县公共卫生局为每个已组建的社区联盟指派一名公共卫生专员，他们需提前接受基于《社区韧性工具手册（1.0版）》的专题培训。这些专员的主要任务是为各自所在的社区联盟提供培训，通常每月一次，以协助社区联盟成员认识社区韧性及其构成要素，知晓如何通过加强组织间协同合作、社区参与、减灾教育和社区自救能力以提升社区韧性，了解手册涵盖的六项主题内容并能够培训其他社区成员，同时掌握扩展社区联盟成员规模及其部门多样性的工作技巧。LACCDR指导委员会也会在必要的时候为社区联盟的培训和实践提供技术支持或咨询。具体来说，各个社区联盟在地方公共卫生专员的支持下将初步掌握以下知识或技术：运用网络工具等辅助技术绘制社区的风险和资源地图，

识别社区内的高风险人群或弱势群体，社会与心理创伤的筛查与干预，调动社区组织和居民积极参与社区减灾活动。

5. 第五阶段：实施行动计划，完善工具手册

基于上述培训的内容和过程，每个社区联盟将着手为各自的社区因地制宜地制订一份社区韧性建设年度行动计划。该行动计划要求以社区内部的资源或已有的网络结构为基础，并充分考虑当地社区最迫切需要解决的问题来制订。这里便体现了以社区韧性理念为指导的社区治理所遵循的一项重要原则：将针对突发公共安全事件的应急准备工作与其他常规社区公共服务紧密联结。随后，洛杉矶县公共卫生局负责评审每个社区提交的行动计划，评审通过后，还将为每个社区提供 15000 美元的资助，专门用于计划的实施，资助期为一年。

不同的社区依据各自的需求分别制定了各具特点的行动方案。比如，卡尔弗城社区联盟为招募更多新成员和开展社区减灾教育，通过张贴海报、发放宣传册和播放视频等方式，向居民展示卡尔弗城有哪些灾害风险，以及哪些区域和居民更容易遭受灾害。阿克顿社区联盟资助社区居民参与非专业型无线电技术培训，期望他们能够运用所学技术与那些在紧急情况下或灾难事件发生时可能失去联络的独居人士或长者取得联系。该联盟还举办了数次社区论坛，并特意邀请不同社区组织或机构的代表参与其中，让他们有机会了解社区联盟的行动，同时对特定领域的问题为社区联盟提供技术咨询，以此扩大联盟的成员规模和部门多样性。亨廷顿公园社区联盟则积极推动 CERT（Community Emergency Response Team）培训项目，以期建立一支社区自有的应急响应队。CERT 培训项目自 1994 年起被美国联邦应急管理署纳入其培训课程体系，旨在通过系统的课程培训，使社区居民能够在灾害发生的第一时间保护自己、家人和邻里社区，进而形成可靠的灾害响应资源。任何身体健康且有志于服务社区的社区居民都可以参加该项目。政府部门是 CERT 项目的主管单位，如消防局、警局和地方应急办等。同属于实验社区的维尔灵

顿市社区联盟就与洛杉矶消防局一起在当地社区举办了 CERT 培训。

此外，在各个社区联盟以《社区韧性工具手册（1.0 版）》为基础，设计并实施行动方案的同时，他们也持续不断地为 LACCDR 指导委员会提供源自实践的经验反馈，指导委员会再基于这些反馈继续为社区联盟提供培训和技术支持；同时，这些源自社区实践的反馈信息又被用于指导项目组及时对工具手册中的主题模块及其具体内容作出修改和完善。基于这样一个类似行动研究（Action Research）的持续性循环活动过程模式①，LACCDR 项目组编制并发布了最终版的《社区灾害韧性提升工具手册》（*Resilience Builder*：*Tools for Strengthening Disaster Resilience in Your Community*），并免费提供给社区联盟、群体和居民使用，继续协助他们开展多样化的行动实践以提升社区韧性，实现社区可持续发展。

与此同时，属于控制组的 8 个社区联盟也参与了一系列培训和工作坊，主题涵盖个人和家庭备灾，弱势群体的特殊需求，链接当地非营利组织、宗教组织和小型企业的资源等。同样，这些社区联盟也制订了自己的行动计划，并据此为社区居民开展备灾宣传和教育活动。如上文所述，LACCDR 项目在控制组社区施行的是传统的以家庭备灾为主题的减灾行动，不涉及推动社区参与或扩展社区合作网络关系等内容。比如，兰卡斯特社区联盟由当地的家庭服务中心组成，旨在为低收入家庭、孕妇或产妇以及低龄儿童家庭提供优质的福利服务。与此同时，该联盟还将应急准备与家庭安全的内容纳入他们的家庭服务，特别是居住在农村郊区的家庭。

6. 第六阶段：评估项目成效，审视执行过程

LACCDR 项目成效评估的目的在于从不同层面识别社区韧性指标的改进情况。该项目采用了混合多种研究方法的纵向研究（Longitudinal Research）

---

① KEMMIS S，MCTAGGART R. The Action Research Planner [M]. 3rd ed. Geelong，Australia：Deakin University Press，1999.

策略，主要检验了三个层面的改变：第一，社区网络结构的改变；第二，居民行动与意识的改变；第三，社区行动联盟对社区韧性相关知识和技术掌握情况的改变。这三个改变目标的设定同样是基于项目前期选择的社区韧性理论框架中对于韧性社区构成要素及其中介因素的阐释而制定的，即减灾教育、社区参与、自救互救能力与组织间协同合作。以此为目标，项目组分别采用社会网络分析法、人群调查法以及桌面演练法对项目成效展开了多层次的评估。图 1 最后一列展示了成效评估的主要结果，可以参看。

LACCDR 项目在开展效果评估的同时还实施了系统的过程评估，旨在考察促进社区联盟扩展以及影响其作为媒介提升社区韧性的诸因素，也就是审视社区联盟如何运用韧性的概念实施社区减灾行动的，包括过程中遇到的障碍与有利条件。过程评估同样采用了定性和定量相混合的研究方法，主要包括参与式观察法、团体访谈法和文档资料分析法等。

四、 案例分析与讨论

虽然《美国国家安全战略》（*National Security Strategy of the United States of America*）和《国家卫生安全战略》（*National Health Security Strategy of the United States of America*）等政策指令早已确立了社区韧性的理念是不可或缺的指导原则，但如何在基层公共安全问题治理的行动中践行社区韧性的理念以达到预期的效果一直是困扰地方政府及其职能部门的难题。LACCDR 项目便是对这一现实需求的回应，它本质上是一项由地方政府部门也就是洛杉矶县公共卫生局发起并组织实施的行动研究项目，旨在探索以提升社区灾害韧性为目标的地方社区治理模式。因此，无论是 LACCDR 这一行动研究项目本身还是其在实验社区施行的韧性社区建设活动，都为我国基层政府探索建立以社区韧性理念为指导原则的新型社区治理模式提供了有价值的参考。

（一）地方政府职能部门的管理是核心

从案例陈述中不难看出，洛杉矶县公共卫生局是整个 LACCDR 项目的核心，在项目实施的全过程中扮演了管理者的角色。简单地说，项目管理指的是把知识、技能、工具和技术应用于项目活动，以实现项目的特定目标的管理方法，一般包括项目启动、计划、实施、控制和收尾五个工作过程。当把项目管理代入政府公共服务的领域中，项目管理就是政府为了解决某些特定的社会矛盾或问题，满足社会公众某方面的公共需求，动用政府的行政权力，集中必要的资源而进行的专门活动，具体表现为政府设立某一项目并付诸实施。①

那么，政府以管理者的角色解决社会问题是否与从“管理”向“治理”发展的国际潮流背道而驰呢？在我国推进国家治理体系和治理能力现代化，创新社会治理体制机制的广阔视野下，LACCDR 项目由地方政府部门主导运作的方式是否失去了借鉴意义呢？其实不然。首先，从概念上看，斯托克（Stoker）认为治理意味着一系列来自政府但又不限于政府的公共机构和社会行为者，在为社会和经济问题寻求解决方案的过程中，与政府形成合作关系，分担政府的管理责任。②洛杉矶县公共卫生局作为 LACCDR 项目的管理者，充分发挥了其作为地方政府部门在统筹和协调资源方面的优势，积极发动当地的非营利组织、高校科研人员、私人部门以及社区社会组织等利益相关者成为政府的合作伙伴而非政府管理的对象。其次，从行动上看，治理中的所有利益相关者，包括各种公立机构、私人部门和个人都是治理的主体，他们通过采取联合行动管理公共事务。洛杉矶县公共卫生局在项目启动之初便召集上述合作伙伴的代表成立了“LACCDR 指导委员会”，为项目确立了多元

① 杨国鹏，杨玉武．转型期政府项目管理能力与我国政府管理创新［J］．理论与改革，2006（6）．

② STOLER G．Governance as Theory：Five Propositions［J］．International Social Science Journal，2010，50（155）：17－28．

主体共同参与的行动原则。项目的合作伙伴各有所长，如高校科研人员在项目实验方案的设计、工具手册的编制以及项目的效果和过程评估等环节发挥了主导作用。此外，即使在多元主体参与的社会治理中，政府的作为依然可以被称为“社会管理”，而其他非政府组织的作为就只是社会治理。① 与此同时，政府与非政府组织间强有力的协同合作关系也是韧性社区的基本特征之一，是提升社区韧性的关键因素。

（二）社区多元主体的参与和互动是关键

根据钱德拉（Chandra）等人对社区韧性的定义，社区居民之间的社会联结度（Social Connectedness）是韧性社区的核心构成要素之一，这种联结度在资源交换、社区凝聚力和灾后恢复中发挥着关键作用。如何增强这种存在于社区居民之间的社会联结度呢？钱德拉等人建立的社区韧性概念框架中有明确的说明。首先，从理论上讲，社区应该具备调动居民并推动参与式决策的能力。LACCDR 项目实施过程中的各个阶段都非常重视社区参与式决策，如项目指导委员会多次邀请社区组织的代表和普通居民参与研讨会或工作坊，动员他们为项目方案的制定和执行提出意见或建议，《社区灾害韧性提升工具手册》的编制也充分听取了社区组织和居民反馈的有关社区的现实问题或需要。其次，社区应为不同利益相关者增能赋权，包括个人、家庭和社区组织等，确保他们在备灾或紧急情况发生时清楚自己的角色并承担起相应的任务，使得社区能够充分利用自有资源，顺利完成自救互救的任务。这一点可以“自上而下”从两个层面来分析：其一是洛杉矶县公共卫生局指派公共卫生专员为每个实验社区的行动联盟提供培训和技术支持，其二是社区联盟基于培训的内容为各自所在的社区制订行动计划。从实践上看，社区实施的行动大都以教育宣传和居民应急能力培训为主要内容。

除此之外，无论是参与式决策还是社区自救互救能力的提升都要求社区

① 童星．中国社会治理［M］．北京：中国人民大学出版社，2018：25—29.

具备的关键素质是：能够调动社区多元主体形成合作网络，共同参与社区事务。这也是洛杉矶县公共卫生局为社区行动联盟提供培训的能力之一，要求各实验社区掌握扩展社区联盟成员规模及其主体多样性的工作技巧。洛杉矶县公共卫生局对“主体多样性”也提出了明确的要求，认为社区行动联盟为提升社区韧性需要持续不断地将 12 个不同部门的观点纳入其行动规划，包括企业、社区领袖、文化和宗教团体/组织、应急管理、医疗保健、社会服务、住房、媒体、精神/行为健康、老年人服务、学校和儿童保育。我国学者童星也强调了网络型组织结构是多元灾害治理的关键，他认为网络型组织结构可以满足风险治理的一系列要求，包括决策主体多元、去中心，信息网路四通八达，动态的自组织、自适应、自协调，等等。① 由此可见，韧性社区建设的过程其实质是社区围绕公共安全事务，使不同的利益主体得以调和并采取联合行动的持续的过程。这就意味着建设韧性社区离不开构建完善的社区多元主体协同合作机制，在公共安全事件发生前后，各主体能够相互信任、职责明确、共同合作，使得社区能够最大限度地调动内外部资源，将灾害损失降至最低，实现社区快速恢复并取得进一步发展。党的十九大报告指出要“实现政府治理和社会调节、居民自治良性互动”，即强调社区建设需要政府、社会、居民三种力量的协同共治。

尽管如此，地方政府在某些韧性问题上的领导力依然被视为核心，如牵头制定切实可行的韧性社区建设议程、直接提供公共设施和服务，或者向社区社会组织提供财政资金和技术支持等，从而为社区创造更多的机会来制定和实践自己的解决方案。这里的社区社会组织指的是由社区居民发起成立，在城乡社区开展为民服务、公益慈善、邻里互助、文体娱乐和农村生产技术服务等活动的社会组织。这些组织具有提供社区服务、扩大居民参与、培育

① 童星．中国社会治理［M］．北京：中国人民大学出版社，2018：132.

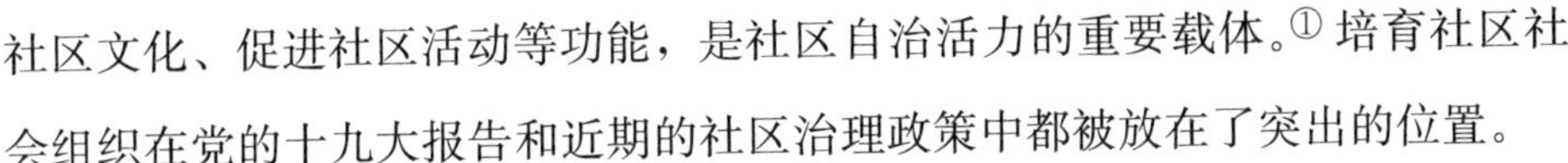

社区文化、促进社区活动等功能，是社区自治活力的重要载体。① 培育社区社会组织在党的十九大报告和近期的社区治理政策中都被放在了突出的位置。

五、 结论与展望

在美国，LACCDR 作为由地方公共卫生部门主导的旨在通过以社区为本的行动提升社区灾害韧性的项目是一次不寻常的举措。该项目的顺利完成及其显著成效表明，社区以韧性理念为指导并以提升社区韧性为目标而实施的各种活动能够增进社会整体的凝聚力，同时改善其他与居民福祉息息相关的重要方面。此外，LACCDR 在其项目成果之一《社区灾害韧性提升工具手册》中建议的各种程序化的行动路径，特别是有关拓展社区合作网络的实用技巧可以为其他社区提供借鉴或接受检验。与此同时，整个项目的执行过程还向我们展示了美国地方政府相关职能部门如何将国家层面对于构建韧性社区的政策指令逐步分解为详细的行动策略和规则，以及如何通过科学系统的评估和研究整合项目成果并向其他地区输出，“以点带面”地扩大公共服务的社会影响力。

展望未来，无论是在“韧性”这一系统框架下的城市创新治理，还是以提升韧性为目标的社区规划或社区营造之路都是国际社会的大势所趋。我国在实践中可以借鉴国外已有的成功经验，但同时也要充分考虑自身独特的文化属性、社会结构和行政背景，以及新时代中国社会创新治理的体制机制。其一，我国目前还没有从国家发展战略的高度确立社区韧性的理念在公共安全治理工作中的地位；其二，国内学界应加大对于社区韧性的理论和实证研究，急需形成本土化或情境化的社区韧性概念框架以指导具体的行动实践；

---

① 《社区营造及社区规划工作手册》写作小组. 社区营造及社区规划工作手册［M］. 北京：清华大学出版社，2019.

其三，韧性社区建设的关键之一是激发社区自治活力，这就要求在我国城乡社区治理创新进程中，地方政府应继续建立健全社会力量参与机制并充分发挥市场机制的作用；其四，保障公共安全是举国之大事，城乡社区治理建设应始终坚持党建引领、统筹推进的基本原则，充分发挥基层党组织的领导核心作用，引导社区居民参与社区发展治理，推动构建共建共治共享的社区发展治理新格局。

妇女能顶半边天吗？

——女性参与乡村治理的案例研究

李　丹　刘津秀①

一、 问题的提出

党的十九大报告提出，乡村振兴是新时代“三农”工作的重要战略，农民是乡村振兴的直接受益者和主要参与者。《中共中央国务院关于实施乡村振兴战略的意见》指出，乡村全面振兴需要坚持农民主体地位，切实发挥农民在乡村振兴中的主体作用，需要“健全自治、法治、德治相结合的乡村治理体系”。

一方面，在中国传统父权思想的影响下，农村妇女通常在社会和家庭中处于从属地位②；另一方面，农村妇女在农业生产发展、乡村治理支持网络构

① 李丹（1969— ）女，四川成都人，博士研究生导师，四川大学公共管理学院教授，主要研究领域为组织与人力资源管理、反贫困与社会保障。刘津秀（1996— ），女，四川内江人，四川大学公共管理学院社会保障专业硕士研究生。

② 海莉娟．从经济精英到治理精英：农村妇女参与村庄治理的路径［J］．西北农林科技大学学报（社会科学版），2019（5）．

建、社会主义乡村文化建构以及乡村治理公共参与等方面发挥着重要作用。①②③换句话讲，农村呈现“妇女化”的特征，农村妇女作为当下农村社会的重要主体，其参与程度在很大程度上决定着乡村治理的成效。

德孝文化通过对农村妇女个人、家庭与村庄的结合，来发挥女性在建设幸福家园中的重要作用，探索实现乡村振兴的有效路径。④乡村振兴给农村妇女的发展带来了不容忽视的机遇，同时也面临诸如受教育水平低、权利保障不足等问题。⑤⑥支持妇女的政策也在逐渐发生变化，女村民代表的比例越来越高、参加选举的机会增多等，这些都在体现社会性别平等与女性参与普遍化的趋势。⑦总之，改善农村妇女参与乡村治理的现状，实现乡村善治的治理目标，首先要保证她们现有的社会政治权益不受损害，并逐步改善她们在参与乡村治理中权益诉求的话语体系。⑧

现有研究大多从农村妇女家庭角色的社会性延伸出发探讨农村妇女参与乡村治理的多维度：妇联承揽性别平等公共服务职能以及将农村妇女参与乡村治理简化为村委选举等表征；鲜有从个案中探讨妇女的主体地位本身所拥有的社会性权利，应当将政治、制度、文化以及历史等因素纳入权利的分析。

---

① 刘筱红，周鹏程．前村民自治时期农村妇女参与村庄治理研究［J］．华中师范大学学报（人文社会科学版），2014，53（3）．

② 吴亦明．留守妇女在乡村治理中的公共参与及其影响——来自苏、鄂、甘地区的一项研究报告［J］．南京师大学报（社会科学版），2011（2）．

③ 辛逸，赵月枝．乡村春晚、女性主体性与社会主义乡村文化——以浙江省缙云县壶镇为例［J］．妇女研究论丛，2019（2）．

④ 张嘉凌，董江爱．乡村振兴视角下农村妇女参与乡村治理路径研究——以运城雷家坡村德孝文化建设为例［J］．中共福建省委党校学报，2019（2）．

⑤ 沈丹．新时代乡村振兴与妇女参与问题研究［D］．南昌：南昌大学，2018．

⑥ 李琴．应用规则模型下农村妇女参与村级治理的规则分析［J］．妇女研究论丛，2014（3）．

⑦ 李琴，张仁汉．30年来农村妇女参与村级治理的主要政策梳理［J］．观察与思考，2013（7）．

⑧ 吉志强．现代乡村治理视域中的农村妇女政治参与［J］．中共山西省委党校学报，2013，36（3）．

本文以参与式发展理论为研究视角，从改善妇女福利出发，以妇女的“主体地位”为研究重点，把妇女的发展从福利中心主义扩展到妇女主体能动作用的发挥，从而改善妇女的生活福利和促进妇女的发展：一是促进妇女克服生活困难增能和发挥生产性、社会性主动能力相统一；二是依靠妇女自身努力，通过自身在发展经济、参与社会管理等各个方面能力的提高和主体性的增强来改善妇女的生活福利和提高社会地位。本文的主要研究问题为：在“妇女能顶半边天”的四川农村，女性如何参与乡村治理？其参与现状、成效如何？在乡村振兴背景下，如何引导妇女增强其主体意识与权利意识？本文选取了成都市双流区乡村振兴示范村黄龙溪镇B村为案例，以该村妇女参与乡村治理为研究对象，从性别视角考察了农村妇女参与乡村治理的动机、过程、成效、问题及其环境条件，探寻在乡村振兴背景下，激发农村女性参与乡村治理的活力、创造力，从而推进乡村社会治理的深入发展。

二、 理论视角与案例分析

（一）理论视角

发展是当今世界性的主题。参与式发展理论是从人本管理的视角对区域性的发展问题进行研究的经典理论之一，其思想形成于20世纪60年代早期，源于西方国家在对第三世界国家实行发展援助时所采取的“社区发展战略”，后来被逐渐用于投资项目尤其是乡村发展的项目，成为国际上广泛使用的农村工作模式，并于20世纪90年代引入我国。参与式发展理论将发展看作一个自下而上的“赋权”过程，发展干预的过程是由传统发展模式下的干预者主导，向各方平等参与形态转变①；它强调尊重差异、平等协商，在“外来

① 毛绵逵，李小云，齐顾波．参与式发展：科学还是神化？[J]．南京工业大学学报（社会科学版），2010（2）：68—73.

者”的协助下，通过当地社区成员积极、主动的广泛参与，实现其可持续的、成果共享的、有效益的发展。①

乡村振兴是党的十九大对新时代“三农”工作的战略安排，农民是乡村振兴的直接受益者和主要参与者。农村留守妇女作为实质上的农民主体、现阶段农村的“守候者”和农业的“生产者”，将在乡村振兴战略中发挥举足轻重的作用。② 乡村振兴必须以“健全自治、法治、德治相结合的乡村治理体系”为基础，乡村治理的关键一定是以农民群众为主体，通过确立他们的主体性地位，来发挥和调动其参与的主动性和发展的积极性，让他们“唱主角”，通过切身的参与感，主动找出和分析自身存在的问题，并根据当地资源状况和现实条件来解决其发展面临的各种困难和问题，进而实现参与式发展。农村妇女作为当下农村社会中极为重要的主体，其参与程度在很大程度上决定着乡村治理的成效。

（二）案例分析

B村位于四川省成都市双流区，辖8个村民小组，其中有6个小组被列入镇级城镇新区规划范围，建有派出所、农业服务中心、文化站、公立卫生院等行政部门，两所高等院校（科研所）落户此村。该村为镇级交通枢纽，是双流区实现城乡统筹发展的典型代表。该村在党建引领下，以党群服务中心为载体、以两委班子为带头人，通过孵化社会组织和自组织的培训模式，名声大噪，文化影响力已经辐射省会城市的其他区县；因产业兴旺、生态宜居、干部亲民、乡里和谐，故被评为省级乡村示范村。两委班子、社会组织带头人、女子彩龙队和老年人志愿服务队等发挥着举足轻重的作用。为了解妇女参与乡村治理的情况，本文选取了村干部/妇女主任、乡村文卫事业管理者及

---

① 陈建平，林修果．参与式发展理论下新农村建设的角色转换问题探析［J］．中州学刊，2006（3）．

② 杨雪艳，罗丞．乡村振兴中留守妇女的角色和作用［N］．中国人口报，2018－03－21．

社会组织/自组织带头人作为主要访谈对象。

乡村治理场域中尤其强调党员的先锋模范作用，要充分发挥村两委班子的带头作用。B村村委的X主任就是这样一位女性代表。X主任为本地人的媳妇，从外地远嫁过来。婚前在外地经商，做过酒店管理，社会经历丰富，眼界开阔，能言善辩。因为家庭原因，辞去外地工作回乡。X主任参与村干部竞选情况、工作情况如下：

因为我是本地人的媳妇，所以大家都对我很了解，当时村委干部通过长期了解和对我的组织谈话，给我做思想工作让我参加竞选，觉得我政治素养和个人能力都合格。我自己也觉得我可以或者有能力担任村干部：一方面组织找我谈话其实已经在培养我和肯定我，认为我具备这方面的能力，家庭关系处理和谐，在村社中人际关系好，也受到大家的一致好评。另一方面则是我自己也比较有意愿。考虑到就地就近工作，可以照顾家庭，兼顾小孩；而且当年我也年轻嘛，多少都有点事业心，很想为大家做点实事，实现自我价值。经过几番考察，时机成熟，我就参与了村干部竞选，自己手写了讲稿上台竞选，最后全票通过。

我从2008年开始进入村委班子，经过11年的历练，我现在非常热爱我的工作。最初几年我主要负责团委工作，工作内容涵盖文本的各种搜集整理、资料的撰写等方面，主要是和材料文本打交道，完成领导分配交付的工作。这样慢慢成长起来，工作经验也积累起来，现在处理事情就得心应手了。这几年逐渐走向群众，走向基层，四处借鉴，学习参观，见识视野也开阔了，通过对比示范区，看到了自己村很多不足和未来改进的方向，很有干劲。今年是基层减负年，评选考核机制也有很多改善，这样就有很多时间用来学习和交流，也可以看到自身不足，从而提升竞争能力和改进工作方式。通过实干的方式，如多市多区展示评选，可以直接看到自己的工作成果，这种结果导向机制对我们很有激励作用，自身动力和干劲非常足，工作方法和流程都是实打实的，经得起时间和实践的检验。省去很多形式工作后，我更有时间和精力去为村民谋福利、参加评优评奖，通过 PPT 等多种方式来展示成果，我学到了很多东西，我很愿意去做这种能看到实效的事情。拿奖拿优，大家都打心里高兴，觉得工作很有意义，尤其是看到村民越过越好，物质精神都有很大改善，我非常开心。我独立开展工作，主要负责文稿撰写、核对、审批，项目跟踪管理，组织孵化落地指导等方面的工作。

X 主任早年工作经验较为丰富，具有胆识与战略眼光，家庭角色、社会角色均扮演得十分成功，具备开展群众工作和处理社会事务的工作能力。从女性的社会分工上看，X 主任就地就近工作，表现出离土不离乡的乡土情结，也体现出家庭联系对女性工作选择的影响。由访谈可知，X 主任参与村干部竞选经历了如下动态过程：被动推动→个人能力凸显→自我参与意识觉醒→主动参与。X 主任在工作方面最初没有考虑过村委会，而是经过他人多方劝导和思想工作的疏通，被动地参与村干部竞选；而后在岗位中逐渐打磨，个人能力与工作的联结越来越契合，内心自我暗示越来越强，由此激发出内生动力，自我权利意识觉醒，从而形成良性循环，更加积极、主动地投入村委管理工作。

在 B 村还有一支特别的老年人志愿服务队伍，负责村社大小事务的督查。该志愿队由 S 书记组建和管理，是村里有名的“夕阳红”队伍。

我以前是妇女主任。虽然我不当妇女主任了，但是大家有事都还会来找我反映，尤其是老年人。我就想着既然大家都这么积极，干脆就组建一支老年人志愿服务队，专门负责村务民风督查。我们村干部在大家心里的威望权重都非常高，在这方面是有历史沿革和文化传统的，干部队伍走的是亲民化路线，经常和群众一同搭台演出，如举办乡村春晚，为此，我们还组建了一支覆盖所有年龄层的文化宣传队伍。基于“老有所为、老有所乐”，借助老年人志愿服务队，村里的老年人就“忙”起来了，既丰富了他们的老年生活，也进一步改善了我们村的整体乡风。这支志愿队平时会有少量的补助，但是老人们根本不在意物质上的补助，更在意的是志愿服务带来的精神上的满足和丰富的晚年生活。我是大队长，把老人们分为几个意见小分队，负责搜集群众意见。我主持召开会议，小会大会都开，从提高思想素质、改善精神面貌、增强社会融入等方面让老人进行再学习与再培训。我们村里乡里和谐，基本没有邻里矛盾，从来没有上访事件。我们也经常去看望留守老年人，给他们带去政府、群众的温暖。

以小窥大，该村群众工作扎实，干部威信高。原有干部利用已有的社会资源和体制威望组建新的乡村服务队，从而实现了社会资源的迁移和整合。女性和母性光辉闪烁，即使不在其位，仍谋其事，尽其能，发展公益，孝老爱亲，建设文明乡风，从而实现了妇女生活福利、幸福感及社会地位的提升。那么，女性在基层社会治理工作中是否存在性别优势呢？H 主任说道：

目前 B 村正在进行新村建设，设立两个新村点位，农民搬迁、治安、城乡环境等各方面矛盾较多，都要男同志去调解、监督施工，现在办公室的所有事务基本都由女同志接替。女性的亲和力较男性强，在接待来访群众、解读奖扶及惠民政策方面更有优势。另外，在做群众思想工作方面，男同志处理不了的，我们就可以通过做妻子方面的思想工作，妻子再去做家里男性的工作，从而保证做好群众工作。而且女性比较有协作天赋，在文案工作方面也很占优势。

三、 B 村女性参与乡村治理的现状及成效

（一）女性参与乡村治理现状概述

1. 女性参与农村自治村务

在村两委承担行政事务的农村妇女，一般在当地交际广泛、人缘良好，而且自身素质良好，具有某些特长，如写作、宣传等。由于女性在性格上自带天然的亲和力和细腻感，因此一般分管需要耐心和细心的工作，如财务管理、日常接待、文件处理等。B 村村两委 12 人中，女性 5 人，男性 7 人，虽

然女性整体占比不低，但因分管内容的不同，女性的话语权并不算高。

2. 女性参与农村文化事业

乡村文化建设旨在提高乡村人民的精神文明和生活质量，内容包括各种文体、科普、教育和娱乐活动，通过建设文化设施、开展文体活动，使居民获得对社区的认同感和归属感，进而形成相同的价值观与社区凝聚力。B村有关文化活动的社团组织，如女子彩龙队、腰鼓宣传队、快板宣传队、文艺宣传队、冰壶兴趣队、舞蹈队、合唱团等，其组织成员几乎都是女性，在每年的乡村春晚中都表现得十分亮眼。

3. 女性参与农村公益活动

B村总人口为4638人，其中60岁以上老人有959人（2018年），占比20.7%，“老龄化”程度较为严重，而且不乏孤寡老人、优抚老人、低保老人等弱势人群。妇女是参与该类社会救助和福利服务的主要行动者，为弱势老人的生活排忧解难。例如，B村养老服务站承接了全镇的居家养老服务工作，以志愿者服务为主，为老人们理发、过集体生日、举办敬老活动、提供上门服务等，所有这些活动的组织者和参与者绝大多数为女性。

4. 女性参与农村产业活动

实现生活富裕是乡村振兴的出发点和落脚点。B村女性参与的产业活动分为两个方面：一是以土地为生产要素的第一产业，如葡萄和草莓种植，这部分的生产经营者主要是男性，负责管理工作，不定期参加政府组织的培训和去发达地区考察取经，更新品种和经营理念；而女性生产经营者极少，大多数是作为产业工人参与这类经济活动。二是以资源和技术等为要素的第三产业，如B村的嘉乐文化服务中心，以女子彩龙队为主体，从事宣传和表演业务，这部分的致富带头人几乎都是女性。

（二）女性参与乡村治理的成效分析

1. 促进了女性的价值实现和全面发展

传统农村女性几乎都从事农业生产活动，日常生活也是以家庭事务和农业生产为主，但随着农村经济的发展和社会观念的变迁，农村女性的社会和经济参与方式越来越多样化。笔者在访谈中了解到，无论是村委会还是协会组织中的女性，她们都很感谢能有这样一个平台，让她们能够在照顾好家庭的同时，还可以通过社区参与公共事务，扩大交际范围，丰富自身角色。女性通过工作中的外出交流考察和评选活动，找到了更多展示自己的平台，从而增强了获得感和成就感，使自身素质和能力不断提升。

2. 促进了基层的队伍建设和民主管理

"在我国的村民自治体制内，以村委会为核心的自治组织是国家认可的乡村治理的合法权威，但它承担着乡镇政府延伸下来的行政工作，行政功能日益强化，自治功能日益衰退，难以适应社会发展需求，也难以满足农业、农村、农民的多样需求。"① 当前我国农村"空心化"与"妇孺化"相互交织②，而妇女作为农村留守人员中主动性最强的群体，积极参与社区治理，能够壮大基层队伍，弥补男性为政的不足，增强乡镇政府、村两委、社会组织、村民等多方主体之间的互动，加强彼此之间的沟通和交流，激发乡村各治理主体在乡村治理网络中的积极性，促进村民自由顺畅地表达利益诉求，从而形成多元治理主体之间的良性互动，推动乡村的有效治理和基层民主化。

3. 促进了乡村的乡风文明和邻里和谐

文明的乡风能营造良好的农村人文社会氛围，创造充满活力的经济发展环境，引导人们崇德向善、爱国爱乡、孝老爱亲，进而促进社会和谐稳定。农村女性通过广泛的社会参与，在内外因素的共同作用下能够不断加强自我修养和学习进步，进而在家庭、邻里和村庄里发挥出凝聚、协调和价值导向作用，以小家带大家、以家风促乡风，努力带动农民精神新风貌、乡村文明新气象，为乡村振兴注入精神文化正能量。例如，B 村的村委会日常接待处

① 杨琴，黄智光. 新型社会组织参与乡村治理研究——以乡贤参事会为例［J］. 理论观察，2017（1）.

② 郭晓鸣. 乡村振兴战略的若干维度观察［J］. 改革，2018（3）.

有专门的工作人员（主要为女性）负责村民的意见收集和矛盾处理，及时解决村民生活中的困难，化解矛盾、理顺关系，这样不仅增强了村民的凝聚力和民主意识，强化了村民对村委会的信赖感，也增强了他们对乡村社会的依赖感和归属感。

4. 促进了乡村自组织发展和乡村发展活力

B 村的各类自组织数量众多，运作规范，成果突出，成为乡村建设中的主体，激发了乡村发展活力。例如，女子彩龙队是文化性自组织之一，表演的代表节目《鼓越龙腾》先后获得区群众文化艺术节汇演一等奖、成都市民俗闹春二等奖，演出费用累计 50 多万元。该组织将农村社区闲散在家的女性组织起来，发掘农村妇女价值，推动农村女性积极参与社区文化建设及社区治理。该组织已具备独立演出能力，且议事会成员均为女性。女子彩龙队、老年志愿队等自组织均具备完备的议事制度，实施科学管理，通过议事协商制度，实现组织自我整合、自我治理、自我规则化的过程，从而建构了农村社会的自组织力、自创造力和自我演化力机制，推动了乡村发展从外力驱动型向内力驱动型的转变。

5. 促进了乡村的有效治理和全面振兴

农村留守妇女作为实质上的农民主体，既是乡村振兴战略中的获益者、享有者，也是不可或缺的参与者、建设者。她们活跃于农村社会经济中的各个方面，在盘活和整合社区资源、促进自身和社区发展过程中表现出很强的主动性和创造性，是产业兴旺的人才基础、乡风文明的重要推动者和有效治理的积极参与者。例如，B 村基于当地葡萄和草莓种植发展的采摘业和农家乐、基于女子彩龙队发展而来的嘉乐文化活动中心以及以女性为主体的“乡风文明纠察队”、老年人志愿者服务队等，正是由于农村妇女的参与和推动，才更具活力和动力。

由此可见，占了“半边天”的农村妇女在乡村建设治理中具有重要作用。B 村妇女参与乡村治理实现了其在建设乡村中的“主体地位”，经历了从被动推动到妇女主体能动作用唤醒的过程，改善了妇女的生活福利，提高了妇女的社会地位，促进了妇女的发展，进而使乡村治理水平与能力不断提升。

图 1 为女性参与乡村治理的路径与成效分析。

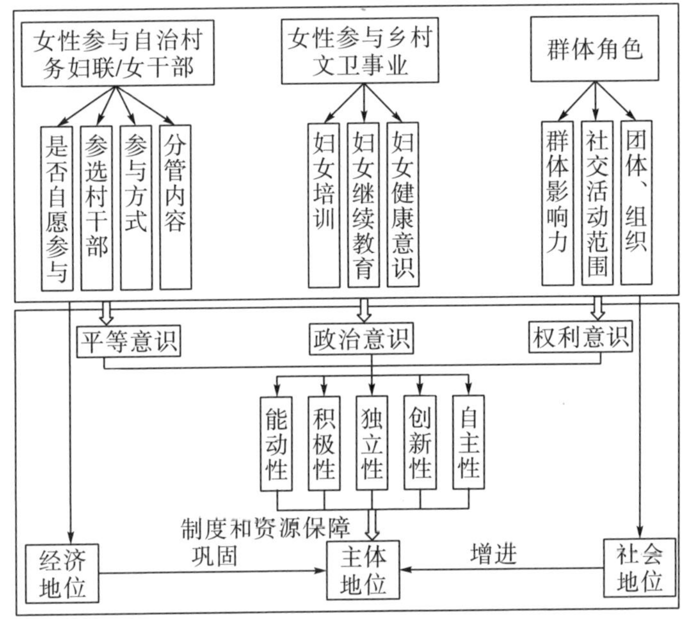

图 1　女性参与乡村治理的路径与成效分析

四、 B 村女性参与乡村治理的政策优化

（一）完善政策和法律支持，增强农村妇女权益保障

农村妇女的发展进步是衡量农村发展的一大标尺，保障其合法权益是社会发展进步的必然要求，也是推进乡村治理现代化的重要因素。从政策层面，政府应相应地加大立法和执法力度，保障农村妇女的政治合法权益，如借助法律使农村妇女能够无歧视地享有土地承包权和使用权等①；在财政上，不断

① 林安红. 我国农村社会泛女性化与乡村治理［J］. 中共福建省委党校学报，2008（3）.

加大支农力度，加大对农村妇女工作的财政政策支持，尤其对于女性个人创业的支持，地方政府应当制定政策给予适当的照顾和优待，为女性创业创造一个好的外部环境，如，设立农村妇女发展专项基金、创业贷款优惠等；从宣传层面，政府相关部门或村委会应加大农村法治宣传力度，在农民群体中普及基本法律知识，让农村妇女有保障自身合法权益的认知和能力。笔者在访谈中了解到，B 村的女性创业带头人 S 书记（前妇联主任）就是在当地村委的支持下接手了一家日益衰落的民营养老院，在政策优惠下她大力改善养老院的基础设施和服务质量，才得以重塑竞争优势，最终实现自负盈亏、略有结余；之后，她又带领大家通过承包土地、种植葡萄、开设餐厅，为老人及其子女提供休闲娱乐和餐饮住宿场所，从而形成了一条完善的产业链。

（二）深入推进简政放权，为女性参与乡村治理增权

简政放权不仅是社会治理理念的进步，也是政府治理手段的变革。农村的自组织、协会等团体类型多样、规模不一、群众基础广泛，其中有的团体发展得较好，但是他们需要申报为民办社会组织却十分不易。例如，B 村的女子彩龙队在申报民办社会组织时便遇到了文件烦琐、程序不清等问题。当前民间以女性为主体，因兴趣、利益等结合起来的自组织还会不断出现，需要给予鼓励和支持。因此应继续深入推进简政放权，优化、精简办事流程，激活和培育农村妇女自组织，利用组织载体将农村分散的女性力量凝聚为集体力量，为乡村妇女社会组织的发展创建一个良好的政策和制度环境。此外，还要有效落实基层减负，完善工作绩效考核机制，破除基层的“文山会海”，让她们摆脱烦琐的文书工作，回归自己的主责主业，有更多的时间走出办公室，服务群众，更好地发挥制度对农村女性社会参与的保障作用，增强她们的话语权和社会影响力。访谈中 X 主任（负责社区发展治理）提及未来工作展望时说，应该还要减负，办公室人员应该更少，让我们有更多的时间走到老百姓身边去，充分利用我们的资源、政策等来解决老百姓的困难，我们在这些方面应该花更多的时间。

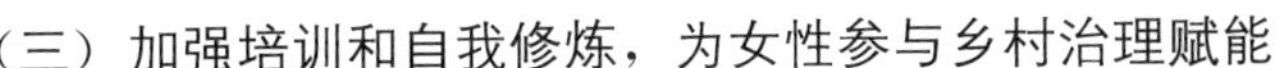

（三）加强培训和自我修炼，为女性参与乡村治理赋能

参与意愿和参与能力是女性参与乡村治理过程中不可分离的两个部分，在调动和维持女性参与社区治理意愿、实行制度保护和政策推动的同时，当地村两委、社会组织中的负责人等也要采取“请进来”和“走出去”的方式，在理论和实践上增强她们的参与能力，实现农村女性的自我转型，将女性人力资源转化为人力资本。一方面，邀请专家学者、技术能人等，通过座谈交流、专题讲解等方式，组织当地女性学习掌握党的方针政策、社会治理等方面的知识，增强其理论素养和解决问题的能力。另一方面，定期组织对村两委中的女干部、社会组织中的女性负责人、当地女性创业者等的学习培训、外出考察、比赛等，让她们摆脱一村一户琐事的限制，把工作业绩放在更多的平台上去展示和比较，开阔她们的视野，拓展她们的治理思维，提升她们的治理能力。此外，农村女性自身也要转变观念，主动参与村务管理和决策，学会在乡村治理中表达自己的思想主张和利益诉求，积极适应不断变化的角色需要和新时代对农村女性的新要求。

（四）扶持各类自组织发展，提升农村妇女的社会地位

农村建设实质上就是一个乡村组织化的过程。① 例如，访谈中的B村养老服务站、女子彩龙队、腰鼓宣传队、快板宣传队、文艺宣传队、冰壶兴趣队、舞蹈队、合唱团、柔力球队、老年人协会等，均是出于兴趣、服务或权益等的不同需求成立的，其中主体成员多为女性。这些自组织一方面可以为妇女提供休闲和学习交流的园地，丰富她们的日常生活；另一方面又可以把广大农村妇女组织起来，形成集群效应，为她们参与社会事务提供一个载体和平台，提高主体意识和参与能力。因此，应激活和培育农村妇女自组织，积极鼓励和扶持农村中品德好、头脑活、人缘广的女乡贤，建立、发展和巩固各

① 陈建平，林修果. 参与式发展理论下新农村建设的角色转换问题探析［J］. 中州学刊，2006（3）.

类社会中介组织，利用组织载体将农村分散的女性力量凝聚为集体力量，在凝聚兴趣共同体的同时，积极打造利益共同体，探索组织的产业化经营之路，使得农村妇女闲置的资金、劳动力等生产要素得到优化配置，从而增强妇女在社会生活中的主体地位。例如，B 村 2018 年在村党委的支持和带领下，整合女子彩龙队、舞蹈队、锣鼓队等队伍组建了嘉乐文化服务中心，中心内设有创作组、舞美组、化妆组、服装组等，在展现和传承本土文化的同时，还对外承办市县各种文艺活动，成立短短一年时间，演出订单额便已超过 100 万元，实现了当地文化传承和村民增收的有机结合。

五、结语

女性是乡村发展不可忽视的力量，是参与乡村治理的重要主体。从参与式发展的性别视角，B 村的案例分析表明女性参与乡村治理经历了从被动推动、自我参与意识觉醒到权利意识增强及社会实现的动态过程，随着参与乡村治理的广度与深度的加大，妇女的获得感、幸福感不断提升，从而直接促进了基层治理水平和治理能力的提高及社区整体福利的改善。在新时代乡村振兴背景下，应通过对女性增能赋权的多元方式，激发女性主体意识、权利意识、平等意识的觉醒；加大女性组织培训，完善组织制度保障，扶持各类自组织发展，增强女性在乡村治理中的社会地位，拓展女性参与乡村治理的空间；发挥女性的母性光辉，为乡村振兴建设注入亲和、包容和温暖。

第二编　社会稳定治理

社会稳定风险评估机制的实践经验和优化策略

李华强①

一、引言

社会风险防范体系是现代社会治理体系的重要组成部分。我国当前正处于改革深化时期，民生诉求日益提高，利益格局趋于多元化，社会竞争加剧，各种社会风险不断产生，社会治理难度加大，对社会稳定和社会秩序构成了潜在的巨大威胁。传统的社会稳定维护以事后处置为主，维稳成本较高，效果不佳，因此从源头来治理社会稳定风险的创新机制——社会稳定风险评估机制应运而生。

我国社会稳定风险评估机制发端于"遂宁经验"。遂宁自"汉源事件"之后便率先建立了重大工程项目社会稳定风险评估和防范化解机制，之后向全国推广。目前各个省份、地区都出台了相应的社会稳定风险评估办法，对社会稳定风险评估的领域、内容、流程、责任等进行了规定，并开展了社会稳定风险评估实践。但从实践情况看，社会稳定风险评估在科学性、专业性、规范性和风险防范机制等方面还存在一定的现实障碍，有待继续优化完善。本文拟通过对国内外社会稳定风险评估理论的梳理，深入分析社会稳定风险

① 李华强，西南交通大学公共管理与政法学院副教授，研究方向为社会风险和行为科学。

评估的典型案例，从中挖掘优秀的经验，并分析其不足，提出优化社会稳定风险评估机制的策略，促进社会治理水平的提升。

二、理论回顾

当对决策事项或项目引发的矛盾冲突处理不当，发生公众参与的有一定组织和目的，如围堵党政机关、请愿静坐、阻塞交通、集会、聚众闹事、群体上访等行为时，就会造成社会稳定风险，威胁政府管理和社会秩序。①

（一）社会稳定风险形成的影响因素

社会稳定风险的形成是多种主客观因素共同作用的结果，包括社会、经济、政治、文化和心理动因。已有研究形成了两种视角：第一，基于利益相关者的内生视角。利益相关者包括抗议者、地方政府、运营商及环评公司、环保类无政府组织（Non-Governmental Organizations，NGO）、大众媒介等。内生视角认为参与主体的构成、心理和行为特征、角色、策略、关系都是造成冲突的重要因素。②国内学者认为从众心理、信任缺失③、焦虑心理和风险认知④、技术和社会文化风险因素等易形成连锁反应并演化为社会稳定危机。国外学者关注利益相关者的心理行为特征及其与环境、政治、社会文化因素的交互作用对社会稳定风险形成的影响。⑤第二，基于项目特征和危机情境的

① 刘德海，王维国．维权型群体性突发事件社会网络结构与策略的协同演化机制［J］．中国管理科学，2012（3）．

② 侯光辉，王元地．邻避危机何以愈演愈烈——一个整合性归因模型［J］．公共管理学报，2014（3）．

③ 张乐，童星．重大决策社会稳定风险评估的问题、回应与完善［J］．江苏社会科学，2015（4）：7－16．

④ 谭爽，胡象明．邻避型社会稳定风险中风险认知的预测作用及其调控——以核电站为例［J］．武汉大学学报（哲学社会科学版），2013（5）：75－81．

⑤ MCBEATH G A．NIMBY is Beautiful：Cases of Local Activism and Environmental Innovation Around the World［M］．Berghahn Books，2015．

外生视角。项目的类型、规模、风险类型、社区距离与负外部性的程度等特征①，以及制度、社会、经济、文化背景，尤其是相关管理制度的缺失都会影响居民的接受度和抗议行为。② 国内学者将影响环境冲突的外生因素归结为多方补偿、决策程序、社会公平、社会压力、社会经济、投资运营商的信誉度等。③ 国外学者认为程序公平、公众参与权利、信息可获得性等会影响接受度和抗议行为。④

（二）社会稳定风险评估

社会稳定风险评估作为一项具有政治前瞻性的国家风险管理机制，在统筹考虑发展与稳定、保障民众利益、协调整体与局部的利益等方面具有重要意义。因此，为确保决策的科学性、民主性和合法性，使其达到维护社会公共利益，促进社会文明进步的目的，应该不断完善和加强社会稳定风险评估机制。

为完善社会稳定风险评估机制，众多专家学者围绕风险评估体系、评估流程设计、公众参与机制、政策建议反馈展开了细致的研究，使社会稳定风险评估机制在流程设计上日趋成熟。⑤ 从评估内容看，当前的社会稳定风险评估机制主要包括合法性评估、合理性评估、可行性评估、可控性评估和安全

① COTTON M，DEVINE－Wright P. NIMBYism and Community Consultation in Electricity Transmission Network Planning［J］. Renewable Energy and the Public：from NIMBY to Participation，2010，115.

② Groth T M，Vogt C A. Rural Wind Farm Development：Social，Environmental and Economic Features Important to Local Residents［J］. Renewable Energy，2014，63：1－8.

③ 吕书鹏，王琼. 地方政府邻避项目决策困境与出路——基于“风险—利益”感知的视角［J］. 中国行政管理，2017（4）.

④ Sun L，Yung E H K，Chan E H W，et al. Issues of NIMBY Conflict Management from the Perspective of Stakeholders：A Case Study in Shanghai［J］. Habitat International，2016，53：133－141.

⑤ 朱正威，石佳，刘莹莹. 政策过程视野下重大公共政策风险评估及其关键因素识别［J］. 中国行政管理，2015（7）.

性评估。在实际操作中，一般采取对利益相关者群体进行问卷调查或访谈的方式，获得他们的看法和态度，进而结合历史案例和专家经验，判断被评估的决策事项是否会造成社会稳定风险，以及对社会稳定的影响是否可控。但在获取利益相关者的真实利益诉求和态度时，他们可能由于各种原因，在接受调研时隐瞒真实想法，导致基于这种方法判断社会稳定风险可能存在一定的偏差。另外，部分重大决策在执行之前具有保密性，以防止公众机会主义行为，那么，在该情景下采取公开调研方式就存在很大的弊端。现有的风险评估方法还存在领导体制不健全、评估主体单一、评估内容不完整、风险研判标准不统一、信息不透明、社会监督乏力、防范缺少长期性和系统性等问题①，对社会稳定风险防范的长期性和系统性造成了一定的制约。

三、 案例选择

本文采用案例分析法进行研究。笔者在收集重大工程项目、景区开发项目、环境设施建设项目、重大活动项目、重大行政区划调整等社会稳定风险评估项目资料的基础上，重点选择 GH 航空航天展览会（简称 GH 展览会）社会稳定风险评估项目作为本文的案例研究对象。

GH 展览会以“大规模、高水平、国际性、专业性”为方向，打造行业主管部门、地方政府部门、民航管理部门、国内外通用航空产业制造商、供应商、运营商以及投融资机构、航空航天及军民融合领域专家学者、广大航空航天爱好者等共同参与的平台。展会时间共五天，前两天为机场飞行表演专业观展日，后三天为普通观众观展日。现场举办展会开幕式、飞行表演与飞机静态展、企业形象展示、展览会高峰论坛、项目签约暨成果发布会等

① 张乐，童星．重大决策社会稳定风险评估的问题、回应与完善［J］．江苏社会科学，2015（4）．

活动。

GH 展览会属于重大活动，涉及时间长，参会企业、表演团队多，观展群众数量达数万人，涉及人数众多，现场组织和管理活动复杂且要求高，隐藏的风险点多，一旦出现安全问题，可能会造成重大社会影响，引发社会稳定风险。因此本文选择该展览会作为重大决策事项的典型案例。

在数据来源方面，本文搜集了大量不同类型社会稳定风险评估项目的资料，并重点围绕 GH 展览会这一典型案例，从第三方社会稳定风险评估机构获得评估方案和报告全文，从政府相关部门和企业获得展览会相关资料，针对当地群众通过调研和访谈等各种途径搜集资料，用于本文的分析。

四、 案例分析

（一）社会稳定风险评估流程分析

根据搜集的资料，GH 展览会的社会稳定风险评估工作可总结为以下步骤。

（1）成立专项社会稳定风险评估工作领导小组。

（2）制定社会稳定风险评估工作方案。

（3）资料搜集与分析：搜集与 GH 展览会相关的政府审批文件、活动执行方案、安保预案、新闻媒体信息发布情况、信访维稳等方面的资料，并进行了整理和分析。

（4）现场踏勘和访谈：走访调研政府相关部门、企业和事业单位，了解政府和企业对本展览会实施的意见和态度；现场勘察，了解展览会的举办条件、场地情况，对受影响的居民进行现场深度访谈，以了解其对展览会的看法和意见。

（5）群众问卷调查：设计群众调查问卷，收集群众对该展览会的态度和看法。

（6）召开座谈咨询会：就本展览会可能导致的社会稳定风险因素、风险发生概率、影响程度等进行咨询，并就如何防范、化解社会稳定风险收集各方面的建议。

（7）风险识别与分析：社会稳定风险评估工作组根据搜集的相关信息对社会稳定风险因素进行识别、分析，确定社会稳定风险因素类别、概率、范围等。

（8）制定预防措施：根据社会稳定风险的识别结果，制定风险因素的预防措施。

（9）确定风险等级：根据分析论证情况，按照本展览会实施后可能对社会稳定造成的影响程度确定风险等级，风险等级分为高风险、中风险、低风险三类。

（10）确定评估结论：社会稳定风险评估工作领导小组和相关主管审核部门根据本展览会的社会稳定风险等级评定出可实施、暂缓实施、不实施的评估结论。

（11）报告的编写与公示：对群众调查结果和座谈咨询意见进行综合把握，编写完成社会稳定风险分析报告；就社会稳定风险评估工作情况在受影响的区域公示，征求群众意见。

根据上述流程和所搜集的资料分析，GH 展览会的社会稳定风险评估符合基本流程，相对规范。从实际操作看，GH 展览会的社会稳定风险调查和评估工作委托第三方的社会稳定风险评估中介机构组织开展和实施，政府相关机构协助提供各类资料，并组织专家团队进行社会稳定风险评估。

目前，国内社会稳定风险评估大多采用第三方中介机构来开展和实施，中介组织包括高校社会稳定风险评估科研机构、中小企业的社会稳定风险评估机构和各类工程咨询机构等，专业水平参差不齐。因此，第三方中介机构的资质、能力和专业水平对于社会稳定风险评估的客观性和准确性具有重要影响。一些中介机构以盈利为导向，则可能导致社会稳定风险调查过程不深入，调研和访谈趋于流程化，影响数据搜集的真实性和客观性。

本案例中第三方中介机构的评估流程相对其他一些中小型机构更为科学、规范，但仍存在可以改进的地方。该展览会所采用的社会稳定风险调查方法偏于传统方式，主要采用现场勘察、针对群众的问卷调查和针对相关机构的文件资料收集方法，尚未采取网络舆情分析、同类案例的历史数据研究等方式，使得社会稳定风险调研局限于目前的单一事件本身，未从更深更广的角度进行风险调查。所以在调研中，如果公众隐瞒真实想法，或者主办方和协办方在风险点的识别和控制方面存在问题，可能导致社会稳定风险评估产生较大偏差。

（二）社会稳定风险评估的内容和指标体系

关于社会稳定风险评估的对象，根据国家和各省市关于社会稳定风险评估的相关文件，凡涉及利益相关者的切身利益、容易引发社会稳定风险的项目或决策事项，都应纳入评估范围。GH 展览会的社会稳定风险评估对象涵盖拟举办重大活动准备前期、开展期间和后期可能产生负面影响的范围。根据搜集的资料和现场调查情况，调查对象是与该重大活动利益相关的通用航空、商业航天、无人机等制造商、运营商、供应商、飞行院校、航空产业园、政府相关部门、行业主管部门等，以及受展览会影响的周边社区居民、企业和社会组织。

根据有关社会稳定风险评估文件要求，GH 展览会社会稳定风险评估的内容和指标主要包括合法性、合理性、安全性、可行性、可控性五个方面。

（1）合法性评估，从活动的内容、形式及组织实施是否符合国家的相关法律法规，以及主管部门对活动的组织是否具有批准权两个方面进行评估，分为法律风险和政策风险。

（2）合理性评估，包括群众工作生活影响风险、社会影响风险、安保合理性风险，具体是指该活动的组织实施是否会给群众带来过重的经济负担或者对群众的生产生活造成过多不便，活动的组织实施是否对社会有负面效应，以及活动的组织实施拟采取的安保措施和手段是否必要、适当。

（3）安全性评估，主要评估该活动的实施是否存在国家安全、公共安全等隐患。具体包括实施安全风险、社会治安风险、恐怖袭击风险、涉外风险、医疗卫生风险。

（4）可行性评估，从经济条件风险、群众支持风险、水电气热安全风险、设施安全风险、天气风险、周边环境安全风险、交通拥堵风险等方面进行评估和分析。

（5）可控性评估，指活动组织过程中可能存在的安全隐患或各类社会矛盾是否可控，是否成立了专门的安全隐患排除或矛盾纠纷化解组织，责任是否得到有效落实，维稳管控措施是否到位，相关风险能否得到有效防范和化解。可控性评估主要包括：突发群体性事件风险、社会舆论风险、风险防范化解预案有效性、维稳组织机构设置、风险防控责任落实与监督。

参照国家发展和改革委员会印发的《关于印发〈国家发展改革委重大固定资产投资项目社会稳定风险评估暂行办法〉的通知》（发改投资〔2012〕2492 号）、《中央办公厅、国务院办公厅关于建立健全重大决策社会稳定风险评估机制的指导意见（试行）》（中办发〔2012〕2 号）和相关省市发布的如《四川省社会稳定风险评估办法》（省政府令 313 号）等文件的规定，社会稳定风险评估内容通常包括合法性、合理性、可行性、可控性四个方面或合法性、合理性、安全性、可行性、可控性五个方面。本案例中，从大维度看，已经从五个方面涵盖了社会稳定风险评估内容。从具体指标体系方面看，由于不同类型项目存在一定的差异，法规文件尚未作出明确规定。本案例中的具体指标体系包括 22 个风险类型，指标的针对性和完整性较好。但根据调研资料，实践中也有一些项目的社会稳定风险评估具体指标体系的明确性和完整性不足，还存在一定的改进空间。

（三）社会稳定风险评价方法

在社会稳定风险因子评价方面，该案例中，参考行业标准，可将社会稳定风险分为高、中、低三个等级。

高风险：该活动的合法性、合理性存在问题，存在不可预见、不可防控的重大隐患或风险较多，大部分群众对活动有意见，反应特别强烈，可能引发大规模群体性事件。

中风险：该活动的合法性、合理性不存在问题，但存在明显的安全隐患或风险且一时不能有效解决，部分群众对活动有意见，反应强烈，可能引发矛盾冲突。

低风险：该活动的合法性、合理性不存在问题，存在的安全隐患或风险是可预见、可防控的，动态管控措施或维稳措施是到位的，多数群众理解支持但少部分人对活动有意见，可通过有效工作防范和化解矛盾。

在社会稳定风险等级计算评估方面，实践操作中，本案例基于风险调查资料，综合采用专家法设定各个指标的权重以及各风险因子的风险值，通过加权汇总得到总体社会稳定风险评价值。评价方式具有相对的科学性，但对于参与评价的专家人数、专家对该领域的熟悉程度等未作清晰阐述，仍存在一定的主观成分。

例如，案例中对于GH展览会的合法性评估主要包括法律风险和政策风险。根据社会稳定风险调查资料，发现该展览会的前期审批工作已经完成，展览会相关外部支持性文件均通过审查或已获得相关行政部门批复，符合现行法律法规要求。政策方面，由国务院办公厅印发的《关于促进通用航空业发展的指导意见》和省市印发的政府规划文件可知，本次活动符合国家和省市的航空业发展规划。因此，评估认为本展览会的合法性风险较小。

案例中对于GH展览会的合理性评估主要包括群众生活工作影响风险、社会影响风险和安保合理性风险。评估结果认为，举办该展览会，对于进一步提升我国的国际影响力，提高航空制造业的水平，加快军民融合发展，促进航空产业发展，带动地区旅游业及相关产业的发展具有重要意义。但在展览会准备和开展期间，可能因为长时间的准备和大规模的展出活动影响周围居民正常工作和出行，可能因为安保不合理、不全面导致活动中出现治安问题，可能由于活动期间风险防御化解措施不当引发社会舆论，影响地区形象和航空产业的正面形象。总体而言，GH 展览会的合理性风险较小。

GH 展览会的安全性风险主要包括活动实施安全风险、社会治安风险、恐怖袭击风险、涉外风险和医疗卫生风险。针对这些风险因素，展览会主办、协办、执行、承办单位多次沟通、协作和配合，制定了针对以上每项风险因素的专项风险防范和化解工作预案，并落实执行。针对飞行表演、社会治安和卫生防疫等可能发生的突发风险事件制定了应急处置预案。在制定了风险防范和化解工作预案、应急处置预案和采取了本报告的风险防范和化解措施后，展览会的活动安全性风险得到良好控制，经过分析和评估，认为本展览会的安全性风险较小。

实践报告中对于风险因子的等级评定主要采用定性描述作出推断，没有客观的数据支撑，因而可能导致最终的项目风险等级计算存在一定的偏差。可见，如何发展出更科学的指标体系和更精确的风险计算方法仍是需要继续探讨和完善的内容。

（四）社会稳定风险的防范化解策略分析

本案例中，对于 GH 展览会合法性的社会稳定风险，建议的防范和化解策略是在展览会后续准备和实施阶段，认真落实相关主管部门的批复意见，加强监管，继续保证各项手续合法，注意活动符合国家和地方相关政策，将本活动合法性风险化解为微小风险。

本案例中，对于 GH 展览会合理性的社会稳定风险，建议的防范和化解策略是针对群众工作生活影响风险、社会影响风险和安保合理性风险，在活动准备阶段和实施期间均制定具体详细的风险防范化解措施和应急处置预案，落实这些措施后，将最大限度地减少对群众正常工作生活的影响，保证安保工作实施过程中的合理性，增强活动的社会正面效应。

例如，针对群众工作生活影响风险，报告中指出社会稳定风险防范和化解措施包括以下内容：在活动准备期间，（1）在活动设施搭建和施工前期，和当地居民充分沟通，使其了解施工目的、时间周期和作业方式，使居民在心理上有所准备。（2）活动执行方和政府相关部门沟通，成立专门的信访处，接受活动施工附近的群众来信来访，解决因活动引起的矛盾纠纷和群众的利益诉求。（3）施工时，在法定时间施工作业，施工现场周围注意防护栏和警戒线的设置，不影响周围居民的日常生活起居。（4）由于活动开展中观众流量较大，应提前做好宣传工作，告知交通、治安、餐饮、住宿等相关安排措施，使周围居民在活动前对活动举办造成的变化有所准备。

在活动开展期间，（1）在活动场地附近居民小区设置告示牌，小区保安加强出入管理，限制游客、观众随意出入。（2）保安、警察等加强小区、街道治安巡查，防止出现盗抢事件，防止当地居民与外来游客出现矛盾纠纷。（3）活动展览按时结束，有序引导观众离场，确保活动开展不影响周围居民日常休息。

对于GH展览会的可控性风险的防范和化解策略主要体现在对突发群体性事件、社会舆论是否制定了风险防范化解预案，是否成立了专门维稳机构，风险防控责任是否落实并得到有效监督等方面。该展览会在活动准备前期已成立专门的维稳机构和专项保障工作组，每个工作组均明确设定组长、副组长、成员并明确制定了各自的工作职责和内容，需进一步将社会稳定风险落实到具体单位和个人。

其中，在维稳组织机构设置优化措施方面，展览会主办方和执行单位已经针对展览会存在的各种风险成立了专门的维稳工作机构，组建包括组织保障工作组、安全保障工作组、卫生防疫保障工作组、食品安全保障工作组、交通保障工作组、宣传保障工作组、人员保障工作组、接待保障工作组、气象保障工作组、供电和通信保障工作组、飞行表演应急救援工作组等专项维稳工作保障小组，可进一步制定如下风险防范和化解优化措施：（1）明确和优化各个不同维稳工作保障小组的工作内容和范围，在保障每个活动的每个风险都有相应的维稳工作小组负责的情况下，也允许跨职能范围的协作和调度，以配合其他工作组的维稳工作。（2）为了使各个维稳工作小组能够信息共享、充分沟通、互相辅助和协调工作，各个维稳保障工作组要明确专人负责与其他工作组的沟通对接工作，防止维稳工作出现漏洞。

在风险防控责任落实和监督方面，展览会的组织形式分为组委会、执委会和承办单位三层，明确了责任分工，保障展览会的顺利组织与实施。在风险防控和责任落实监督方面，各个维稳保障工作组确定了小组组长、牵头单位和配合单位，明确了各负责人员和单位的工作职责，保障风险防控措施的具体落实。进一步的优化措施如下：（1）针对多个部门协同工作的情况，沟通协调后明确负责人，保证权责一致，统一指导行动。（2）安排专门监督人员对风险防控措施的落实情况进行监督，保障责任落实不到位情况得到及时修正。（3）成立机动调度组，制定临时风险事项的责任落实方案，即在落实执行现有风险防范化解预案的情况下，还要分析和预测可能出现的新型不确定风险和其他不可预见的问题，及时制定风险应对方案，并明确责任和落实监督。

从以上内容可以看出，本案例对于社会稳定风险的防范与化解策略较为详细，针对每一个风险点逐个提出了具体的改进措施，建议较为全面细致。这些社会稳定风险的防范和化解措施如果得到良好的执行，的确会有助于减少社会稳定风险，促进项目良好进行。但是，这些措施的实施涉及多个部门，需要在考虑现实资源约束的情况下，获得相关部门的配合、落实和执行。然而在实际操作中，社会稳定风险评估小组与相关执行部门的沟通仅限于几次会议或与少量人员的交流，且沟通深度不足，配合衔接度不够，责任分配有待明晰，导致建议措施能否得到充分实施存在疑问，这也是当前在社会稳定风险评估实践中普遍存在的问题。

五、 结论和建议

本文在搜集大量不同类型社会稳定风险评估项目资料的基础上，重点围绕GH展览会案例，分析社会稳定风险评估机制在实践中的经验和不足。据此，从社会稳定风险调查、社会稳定风险评估内容和方法、社会稳定风险防范和化解策略三个方面总结本文的结论和建议。

在社会稳定风险调查方面，首先，应遵循科学规范的社会稳定风险调查流程，从成立社会稳定风险调查小组，明确社会稳定风险评估工作方案，进行现场勘察、利益相关者深入访谈和问卷调查、专家意见征询、相关部门资料收集等方面进行深入的信息调查。其次，实际操作中的社会稳定风险调查大多局限于当前项目本身，建议拓展社会稳定风险调查资料的范围，从网络舆情、全国范围内类似案例的历史资料搜集等途径加大信息收集量，为更加充分全面地识别和合理评估风险奠定扎实的数据基础。

在社会稳定风险评估内容和方法方面，首先，现有的社会稳定风险评估内容主要从合法性、合理性、安全性、可行性和可控性进行评价，但在具体指标体系方面，不同评估机构的指标体系的针对性和完整性存在差异，建议相关部门根据行业和项目类型，逐步积累和完善指标体系和风险识别库，为后续类似项目的社会稳定风险评估提供指导；其次，在社会稳定风险评估方法上，实践中主要采取德尔菲法和定性资料分析设立指标权重和分析风险等级，此种做法尚存在一定的主观性，建议综合网络信息调研、历史案例研究、大数据分析等方法，加强风险评估的科学性和准确性。

在社会稳定风险防范和化解策略方面，当前社会稳定风险评估项目针对各个风险点制定风险防范和化解措施，具有较好的针对性和完整性，如果执行良好，对于切实降低风险具有重要价值。但这些策略还存在改进的空间：首先，加强沟通，协调相关部门和人员，在充分考虑现有人力、物力、时间等资源约束的前提下，通过双方沟通互动，使所提出的风险防范和化解措施具有可行性；其次，进一步明确责任部门，落实到责任人，将社会稳定作为考核相关部门的重要指标，确保各项社会稳定风险化解措施的执行；最后，在实践工作中密切关注各种风险的发展和变化，建立风险动态排查制度，并根据风险防范和化解措施的执行情况，评估其对风险的缓解程度，定期对风险点进行跟踪监测和更新，逐步完善社会稳定风险评估机制和化解策略。

超大城市社会稳定风险样态及治理研究

——基于S市2018—2019年群体聚集事件的分析

李晓梅　青　鑫[①]

一、 问题的提出

社会风险是城市的天然属性。城市是人类对自然环境的改造，人口和资源的空间集聚推动着城市朝向越来越复杂的系统形态演进[②]，功能的多样化使得城市中的功能系统与因子存在着更复杂的联系。[③]根据复杂性理论，城市社会系统的复杂化将导致城市不确定性迅速增加和风险不断扩大。[④]我国超大城市处于城镇化快速推进和经济社会转型的双重不确定背景下，城市治理系统的调节和缓冲功能滞后于城市发展，必然要遭遇超出一般逻辑的社会风险。

风险社会理论奠基人贝克认为，“要化解现代风险及其威胁，必须了解现

---

① 李晓梅，四川大学公共管理学院副研究员。青鑫，四川大学公共管理学院硕士研究生。

② 帕克. 城市社会学——芝加哥学派城市研究文集［M］. 宋俊岭，吴建华，王登斌，译. 北京：华夏出版社，1987：3.

③ 约翰·厄里. 全球复杂性［M］. 李冠福，译. 北京：北京师范大学出版社，2009：156.

④ 周利敏. 迈向大数据时代的城市风险治理——基于多案例的研究［J］. 西南民族大学学报（人文社科版），2016，37（9）.

代风险的成因及其运行”①。因此，有必要系统全面地梳理和分析当前超大城市社会稳定风险特征，认识超大城市社会稳定风险生成的新机制，进而重新审视和提高超大城市防范和化解社会稳定风险的治理能力。国外对社会风险的研究始于 20 世纪 50 年代，研究领域呈现出从经济往社会和政治扩散的过程。② 我国改革开放后，社会风险这一西方概念逐渐成为国内学术界关注的研究议题，此后由政府推动的社会稳定风险评估改革更是掀起了学术界对“社会稳定风险”这一本土化政治实践的研究热潮。现阶段国内研究聚焦于社会稳定风险的概念内涵界定、风险来源识别、评价指标体系、防控机制等方面，基于具体实践开展的社会稳定风险评估研究围绕评估的基本内容、评估主体、评估方法、评估指标和维度等展开讨论。③ 在从宏观社会系统层面开展风险研究的同时，一部分学者转向更为具体的城市空间内的风险治理研究，于是快速城市化进程中的城市社会风险问题也逐渐成为学界的重要研究议题。

针对城市社会稳定风险的生成，有学者详细阐释了中国城市社会风险的形成背景及原因④，也有学者从不同的理论框架入手探讨了城市社会风险的生成机理，譬如王光辉、刘怡君、王红兵等运用“耗散结构理论”，从城市发展与风险的交互耦合关系入手，对城市风险问题的形成和演化机理进行建模分析⑤；李友梅借助“周期理论”探讨了现实维度中特大型城市风险的生成机制

---

① 乌尔里希·贝克. 风险社会 [M]. 何博闻，译. 南京：译林出版社，2004.

② 高山，李维民. 国内社会稳定风险研究的十年理论考察：进路与展望 [J]. 湖南社会科学，2016 (6).

③ 文宏，陈路雪，李玉玲. 新中国成立 70 年来防范化解重大稳定风险的发展脉络与演化逻辑——基于 1949—2019 年政策文本的内容分析 [J]. 行政论坛，2019，26 (5).

④ 魏华林，万暄. 中国城市风险治理：形成背景与产生原因 [J]. 保险研究，2015 (6).

⑤ 王光辉，刘怡君，王红兵. 基于耗散结构理论的城市风险形成及演化机理研究 [J]. 城市发展研究，2014，21 (11).

与系统治理问题①；陈忠基于城市哲学与城市批评史的研究视角解构了现代性意义上的城市风险问题，并从城市空间、制度、教化与启蒙等维度提出了应对举措。②

对于城市社会稳定风险的治理，不同学者的研究视角有所不同。詹承豫在对三个典型案例进行文本分析和案例比较的基础上剖析了影响城市风险沟通决策质量的诸多因素，并据此提出了改进与完善的政策建议③；李颖从资源整合的视角出发，在强调资源整合对城市风险治理的重要性的基础上剖析了当前我国城市风险治理资源整合的不足，并据此提出了资源整合的有效路径④；木永跃从流动人口这一特定风险因素入手，在介绍超大城市流动人口现状的基础上剖析了流动人口风险的样态、具体表征及其内在属性，并提出了超大城市流动人口社会风险的公共治理路径⑤；洪大用与张斐男依据中国城市化的现有特点和已经显现的一些风险，试图概括城市社会风险的主要类型，并提出防范风险的若干路径⑥；詹承豫和宣言基于“沟通理论”，通过选取我国 30 部与城市风险治理相关的法律规范进行文本分析和定量研究，构建了政府、市场与社会间权利与义务互动的分析框架，试图通过风险沟通制度的重构来提升保障城市风险治理能力⑦；王俊秀从提升风险认知水平的视角出发提

---

① 李友梅. 城市发展周期与特大型城市风险的系统治理 [J]. 探索与争鸣，2015 (3).

② 陈忠. 城市现代性的风险逻辑及其伦理调适——基于城市哲学与城市批评史的研究视角 [J]. 社会科学辑刊，2014 (6).

③ 詹承豫. 中国城市风险沟通决策的影响因素研究 [J]. 治理研究，2019，35 (5).

④ 李颖. 基于资源整合的城市风险治理研究 [J]. 理论与改革，2016 (5).

⑤ 木永跃. 超大城市流动人口社会风险及其治理 [J]. 新视野，2018 (6).

⑥ 洪大用，张斐男. 快速城市化与城市社会风险的应对 [J]. 学习与探索，2013 (2).

⑦ 詹承豫，宣言. 城市风险治理中的风险沟通制度——基于 30 部法律规范的文本分析 [J]. 行政法学研究，2016 (4).

出了特大城市社会风险治理的诸多举措①；赵延东则从培育社会资本的视角出发，从社会网络构建和公众参与两个维度提出了应对特大型城市社会风险的举措。②

总的来看，国内学者聚焦于城市社会风险的生成机理及其风险治理领域的探讨，相关研究大都将城市的社会风险问题归结为城市化快速发展中的问题。国内学者当前研究的视角虽然较为丰富，但是研究范围拘泥于传统城市风险的几个领域，对新兴风险的研究较少。在研究内容方面，重视因果关系的大多数研究都是基于某种理论逻辑将城市化风险进行理想归类或者演进机理分析，在此基础上提出理论解读或应对措施的基本思路，实际上忽略了城市社会风险的复杂性和动态不确定性。在研究方法层面，当前普遍采用传统的风险研究方法，呈现出以规范研究和案例分析为主的特征，并且其中定性的规范性研究居多，也有从单案例描述或者多案例对比的角度出发进行案例分析的文献，但是相比之下纯粹定量研究的文献较少，采用大量案例数据进行定量剖析的研究更少。

找准问题是应对问题的前提，若要探索城市风险社会的治理策略，必然离不开对城市社会稳定风险的本质、特点、当代发展趋势的把握。当前学术界对城市社会稳定风险特征的分析聚焦于规范性阐释或者单案例与小样本案例描述，多数针对城市社会稳定风险典型事件的生成机理进行探析和事件的关键因素进行分析，缺乏基于大样本数据定量深描的研究。面对愈来愈凸显的社会风险问题，厘清城市社会稳定风险的特征，对全面把握城市社会稳定风险的历史转换与当代走向，推进社会风险治理理论的基础创新，探索适应时代需要的更为现实、合理、可行的社会风险治理方略具有基础意义。因此，本研究拟通过对超大城市 S 市 2018—2019 年全样本群体聚集事件的分析，科

① 王俊秀. 特大型城市风险治理的关键：提高风险认知水平［J］. 探索与争鸣，2015（3）.

② 赵延东. 培育应对特大型城市风险挑战的社会资本［J］. 探索与争鸣，2015（3）.

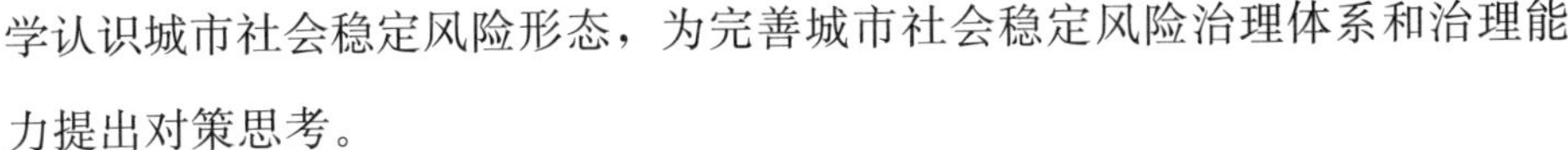
学认识城市社会稳定风险形态，为完善城市社会稳定风险治理体系和治理能力提出对策思考。

二、 超大城市社会稳定风险特征分析

在全球化、信息化和城镇化加速推进的背景下，城市人口、功能和规模不断扩大，城市发展方式、产业结构和区域布局发生着深刻的变化。在城市运行系统不断复杂化的同时，城市社会风险也在成倍增加。根据 2014 年国务院印发的《关于调整城市规模划分标准的通知》的分类，将城区常住人口在 1000 万以上的城市列为超大城市，由于各类要素集聚、经济高度发展、社会高度开放，使超大城市的社会稳定风险呈现出密集性、流动性和叠加性的特征，相比之下其社会风险危害性和破坏性远超中小型城市。作为全球人口排名靠前的超大城市，S 市人口高度聚集，城市规模不断扩大，功能系统日趋复杂，城市运行安全风险集聚，其风险源触点增多、燃点降低、破坏力增大，呈现复杂化、连锁性特点，已然成了“风险胶囊”。[①] 且近年来 S 市坚持创新开放，呈现出城市面积扩张、流动人口增长、居住密度增加、圈层融合治理、新经济新业态迅速发展的城市发展形态，面临着居民利益诉求多元异质、圈层融合发展模式失衡、新业态监管乏力等挑战，社会稳定风险治理体系和治理能力急需健全和提升。作为超大城市的典型代表，对 S 市当前城市社会稳定风险的特征进行全样本分析，有助于厘清同类型城市发展面临的社会风险问题，找准治理方向，把握防范和化解城市社会稳定风险的有效渠道。具体而言，通过对 S 市 2018—2019 年 748 例群体聚集事件的梳理和分析，S 市的社会稳定风险特征如下：

① 刘裕，蔡诗琪，田欢. 新时期城市安全风险防控实践探析——以成都为例 [J]. 安全，2019，40 (2).

（一）房产物业纠纷多发，集中于中心城区及近郊区

房产是我国城市绝大多数居民家庭最重要和最主要的财产，且是他们日常生活的空间载体，关注度和关切度一直很高，但由于我国房地产市场和物业管理市场发展快速而不健康，一些利益环节和领域尚有法律和制度空缺，极易引发冲突和纠纷。现实中，S市群体聚集事件中数量最多的也是房产物业服务纠纷，约占总数的41.44%。诱发事由主要是房屋的买卖、交接、产权问题，房屋装修及质量问题，房屋铺面的租用及租金问题，停车位的管理出租与费用收缴问题，物业管理及更换问题等。

房地产型物业纠纷主要集中在中心城区、近郊区，这两个区域内房地产型物业纠纷群体聚集事件的数量分别占本类型群体聚集事件总数的41.94%和48.71%；并且从区域内的群体聚集事件类型来看，房地产型物业纠纷事件分别占本地群体聚集事件总量的48.51%和65.37%。这一方面跟城市发展规划有关，近郊区是新住宅楼盘和商业楼盘的主要集中区域，此种类型的社区大都与专业物管公司签订长期合同，因此小区业主与开发公司和物业管理公司之间的利益纠葛涉及房屋修建、装修与维护的方方面面，特别是房屋产权、装修质量、停车费用收取以及物业管理服务等。除此之外，在房屋修建和装修过程中，拖欠工人工资和装修款项的问题也屡屡发生。中心城区则是长期以来的高居住密度区域，中心城区内的小区落成时间相比近郊区更为久远，因此问题更多地体现在老旧小区的搬迁改造层面，既有民工与建筑公司之间的工资款项拖欠问题，也有小区业主反馈的拆迁安置、施工扰民等一系列问题。此外，中心城区内，小区与其他城市规划间的矛盾也表现得很突出，如垃圾站修建问题、绿地区域划分问题、入学片区划分问题、路政设施建设问题等；原有小区的业主和物业管理公司之间的纠纷也是中心城区的既存问题，如更换物业公司、停车费收缴问题、环境设施维护问题以及水电气管理问题等。无论是哪一个层面的问题，都可以看出，相对于近郊区的房地产型物业纠纷群体聚集事件，中心城区中此种类型的群体聚集事件表现出的内在利益

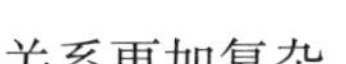

关系更加复杂。

（二）劳资纠纷规律性爆发，但呈现向制造业、服务业领域转移的趋势

当前我国正处于经济结构转轨和社会结构分化的转型时期，这个阶段的劳资关系已经转化为市场经济中企业主与员工间的利益关系，其表现出的劳资关系冲突形式也愈加激烈和复杂，由劳资矛盾引发的群体性事件已成为当今社会矛盾的焦点之一，严重影响了劳动者合法权益的实现和社会的稳定。S市劳资纠纷类型的群体聚集事件数量居第二位，约占总数的14.7%，主要涉及工资及福利待遇问题、工程款问题、“五险一金”相关问题等。

从所有劳资纠纷类型的群体聚集事件发生的时间点来看，共有46.61%的事件发生在春节前，几乎都是建筑工人或者民工讨薪事件，在事件爆发点上呈现出一定的规律性。虽然劳资纠纷集中发生在建筑领域，其数量占比超过29.6%，但是根据统计数据来看，涉及民工、企业员工等群体的聚集事件数量也较多，劳资纠纷领域的群体聚集事件已然出现了由传统建筑领域逐步向制造业、服务业等领域延伸的趋势。此外，牵涉退休职工、残疾职工以及死亡职工的群体聚集事件往往和“五险一金”息息相关，因此关注和规范劳资关系中员工的社会保障待遇也将成为未来防范社会风险问题的突破口。

从劳资纠纷类型群体聚集事件的归属地分布来看，由于中心城区就业密度大，涉及的劳资纠纷型群体聚集事件相对较多，占同类型事件总数的48.31%。而从属地内的事件类型来看，异地输入的群体聚集事件的暴发原因基本上源于劳资纠纷，占比达区域事件总数的26.32%，除此之外，中心城区、“三跨三分离”劳资纠纷群体聚集事件发生数量也较多，分别占区域事件总数的21.27%和17.1%。由此可以发现的是高发的劳资纠纷类群体聚集事件往往也与其归属地难以厘定的特质相关，归属“三跨三分离”和异地输入的劳资纠纷事件，由于涉事群体的居住地与其户籍所在地和事件发生地等相互交叉，其属地界定不清晰或者管辖无力，致使事件处理棘手。

（三）网约车和互联网金融等新业态监管事件呈多发趋势，主要表现为“三跨三分离”

发展新经济、培育新动能推进城市发展的同时，也为城市治理带来了新风险和新挑战。由于行业法规不健全，部分企业和人员脱离监管，行业内部竞争激烈，企业关停频繁等负面影响因素带来的群体聚集事件日益增多。

近年来，互联网飞速发展所带来的金融结构的变化和调整使新兴融资理财行业拓展迅速，线下投资理财公司数量猛增，线上融资信贷平台和工具也日益多样化，市场监管明显滞后，S 市 2018—2019 年由于投资受损引发的投资理财纠纷类型群体聚集事件占所有类型群体聚集事件的 10.56%，排在第三位。与此同时，互联网的发展也催生了出租车行业新业态——网约车，由于准入门槛较低，法律监管空白，管理细则和条例不规范，不可避免地造成了车辆管理层面的诸多问题。S 市交通管理问题类型的群体聚集事件也明显增多，牵涉的具体事由有：车辆购买及保险问题、车辆营运问题、网约车管理问题、路政建设问题等，其中涉及网约车管理问题的事件数量占比超过 55%，主要涉及司机与平台公司之间的签约和经济纠纷问题，以及网约车运营问题等。

从事件发生的属地来看，无论是投资理财纠纷还是交通管理问题，无一例外都高发于“三跨三分离”，分别占本类型事件总数的 69.62%和 66.67%，并且“三跨三分离”群体聚集事件属于投资理财纠纷的最多，占比为本地事件总数的 36.18%。“三跨三分离”事件所涉及的发生地、群体的户口所在地和居住地等各不一致，由于其跨地域的属性，其属地无法在短期内厘清，因此涉事群众几乎都倾向于直接到政府机关聚集，在 2018—2019 年的数据统计时间段内，归属“三跨三分离”且到政府机关进行聚集的投资理财纠纷和交通管理问题类型事件占区域内到政府机关进行聚集的事件总数的 46.91%，这反映了涉事群众迫切希望问题能够得到及时回应与解决的心情，但这种不理性的行为无疑会加重政府的治理压力，如若不能及时反馈，则将带来更深重的信任危机与治理风险。

（四）约七成的聚集事件规模在50人及以上，大规模聚集事件多发于私域空间

群体聚集事件牵涉的群众越多，说明问题越集中，当中的利益关系便愈加复杂，如若不能妥善处理解决便会招致民怨沸腾，损害群众利益，带来更大的社会问题。而不同的群体聚集事件其参与人数、规模存在差异，研究将S市群体聚集事件的规模划分为7种，S市的群体聚集事件呈现出参与群体规模较大的特征，群体聚集事件参与人数达50人及以上的事件约占全部群体聚集事件的70%。

在群体聚集事件发生时，涉事群众普遍都会选择合适的聚集地点展开行动。当群体聚集事件规模为10～49人时，超过50%的群体聚集事件都发生在政府机关所在地；当群体聚集事件的规模达到50人和100人及以上时，绝大部分聚集事件都发生在小区、工厂和公司等私域空间内，分别占同一规模群体聚集事件总数的41.62%和45.7%。将群体聚集事件的规模、聚集地点与事由类型结合起来可以发现，S市的群体聚集事件规模大都在50人及以上，而这部分群体聚集事件的发生很大程度上源于房产物业服务纠纷和劳资纠纷，由于这些纠纷涉及的主要地点为小区、工厂和公司，因此大规模群体聚集事件多发于私域空间。综合而言，S市需要应对的群体聚集事件规模各异，状况复杂，因此要将风险预警和监控体系落实到最底层，关注社区等基层治理空间的风险防范工作，尽力化解私域空间内的各类矛盾，即使在群体聚集事件发生后也应当竭力缩减其规模，使风险处在可控范围之内。

（五）群体聚集地多发于政府机关和私域空间，表达诉求的方式以集体上访和单纯聚集为主

由于某些风险因子的存在，群体聚集事件一旦暴发，势必伴随着群体的规模性聚集，但是不同的事件在聚集地点的选择上又存在多样性差异，要防范化解重大风险问题，有必要集中关注群体聚集事件聚集高发的场所，加强

常态化监管预警机制建设，及时捕捉风险因子，在事件发生之前开展矛盾化解工作。总体来看，S市2018—2019年群体聚集事件的聚集地点多集中在私域空间和政府机关，共有36.76%的群体聚集事件发生在政府机关，占比最高；其次是聚集在小区、工厂、公司等私域空间的事件，占事件总数的34.9%；此外，还有17.25%的群体聚集事件倾向于直接在涉事区域门口进行聚集；有5.61%的群体聚集事件将聚集地点选择在公共场所，如广场、商场、医院、学校等平时人口密度相对较大的场域以吸引目光，2.41%的群体聚集事件将聚集地点选择在道路口，以妨碍公共交通运转的形式来赢得较大关注。

由不同的事由类型引发的群体聚集事件，其选择聚集的地点也会存在差异，因此事前的风险防控除了做到事件发生地的常态化监测预警之外，还应对事件发生的原因进行归纳总结，以便找出规律，制定类型化、专门化的风险矛盾化解机制。房产物业服务纠纷、交通管理问题、经济纠纷、劳资纠纷、邻避设施反对等类型的群体聚集事件由于涉及的矛盾纠纷大都发生在社区、工厂、公司等相对私人化的空间，因此事件发生后群体选择聚集的地点也主要是私域空间，分别占各类型群体聚集事件总数的40.32%、45.45%、47.06%、47.46%、36.84%。而教育管理问题、军人待遇问题、投资理财纠纷和征地拆迁问题等引发的群体聚集事件，由于牵涉公共管理问题，或者其内在的利益组成结构较为复杂，无法依靠个人或群体的简单力量得到及时解决，因此聚集者往往倾向于到政府机关进行聚集，分别占各类型群体聚集事件总数的42.31%、78.26%、62.03%和52.05%。此外，从不同聚集地点频发的群体聚集事件事由类型来看，一般到门口进行聚集的群体聚集事件，其事由往往是房产物业服务纠纷和劳资纠纷，这两种类型均牵涉利益群体方与物业公司或者企业的矛盾纠葛，因此他们一般直接到公司或者企业所在地门口采取行动。这两类群体聚集事件到门口聚集的数量分别占门口聚集事件总数的52.71%和20.16%。

在不同的聚集地点，群体聚集事件涉事群众表达诉求所采取的行为模式存在很大差异，而这种差异也决定了其对社会的危害性也有所不同。在道路口，72.22%的群体聚集事件中，群众聚集采取围堵道路的行为方式，严重危害了社会公共安全。而在广场、商场、医院、学校等公共场所，由于人流量较大，群体聚集事件的煽动性与危害性往往会被成倍放大，因此采取过激行为和聚集两类行为的群体聚集事件较多，分别占公共场所中发生的群体聚集事件总数的 47.62%和 28.57%。选择在公司或企业所在地门口和社区、工厂等私域空间进行的群体聚集事件，则主要表现为单纯聚集的行为模式，分别占各自区域内群体聚集事件总量的 66%和 86%。而在政府机关场域内发生的群体聚集事件，其行为模式基本上都是上访，占政府机关区域发生群体聚集事件总数的近 95%。根据分析结果可以看出，发生在道路口、公共场所等区域的群体聚集事件往往会采取非理性的行为举措，危害公共安全与社会稳定，应针对性防范化解。

（六）冲突打斗、过激行为和危害公共安全的聚集占近两成

在群体聚集事件发生过程中，涉事群体为表达诉求，往往会采取各种形式的具体行为，就 S 市的实际状况而言，呈现出冲突打斗、过激行为、单纯聚集、集体上访、危害公共安全等几种行为状况。具体而言，采取单纯聚集行为的群体聚集事件最多，占比达 43.45%；其次有 35.83%的群体聚集事件惯用集体上访的行为方式来表达群体意愿；再者，11.1%的群体聚集事件在发生过程中采取了诸如统一着装、呼喊口号、拉横幅、张贴标语等较为过激的具体行动；而在聚集事件中存在冲突打斗行为的，冲突双方多为社会利益相关方，此类群体聚集事件占比为 3.74%；此外，还有 2.54%的群体聚集事件的聚集者在聚集过程中采取了围堵道路口的行为，严重危害了公共秩序与安全。因此综合来看，在 S 市群体聚集事件的发生过程中，聚集者采取较为温和的聚集和上访形式的事件占绝大多数，特别是归属“三跨三分离”和异地输入的群体聚集事件由于其真正的属地难以界定，因此聚集者相对倾向于直接到省或市的信访部门上访表达意愿，希望由直管部门解决自身问题。采

取集体上访行为的群体事件在“三跨三分离”和异地输入区域内的数量占比达49.34%和86.84%，足见这一现象的普遍性。但是不能忽略的是，仍有部分群体选择采取过激和暴力行为表达自身意愿，特别是在中心城区以及近郊区等地，尤其要注意防范风险矛盾的演化升级，在风险治理过程中要针对群体聚集事件的具体行为表现及其危害性给予不同的疏导和治理举措，引导群众采取正确的方式和途径表达自身意愿，降低群体聚集事件对公共安全的威胁。

群体聚集的事件类型与聚集地点和行为方式等相关。房产物业服务纠纷、交通管理问题、经济纠纷、劳资纠纷、邻避设施反对等几种类型的群体聚集事件多发于私域空间，并且规模一般较大，能够通过聚集的行为方式向利益相关方施压，使涉事群众多选择聚集的行为方式，其数量分别占同类型群体聚集事件总数的48.06%、57.58%、47.06%、61.86%、42.11%；而教育管理问题、军人待遇问题、投资理财纠纷问题、征地拆迁问题以及其他类型的群体聚集事件，涉事群体一般选择到政府机关所在地进行聚集，通过上访的形式表达意愿，其数量分别占同类型群体聚集事件总数的46.15%、73.91%、59.49%、53.42%、36.36%。

群体聚集规模与行为方式也有关联。规模达50人及以上的群体聚集事件由于大部分发生在私域空间，因此其中超过50%的事件的涉事群体采取的行为方式是聚集，其次是上访，另外还有一些过激行为。不能忽视的是，采取危害公共安全、冲突打斗、过激行为等具体措施的群体聚集事件，其规模集中在30人及以上，而这些行为方式呈现出一定的暴力性与激烈冲突性，其危险性质与庞大规模两相叠加，处理应对稍有不慎便会损害双方利益，甚至威胁公共安全，尤其需要注意。

（七）群体聚集事件现场得到有效处置的持续时间平均约7个小时

群体聚集事件发生后，需要有关部门迅速做出回应，采取行动防止或制止暴力冲突行为的发生，致力于事发现场社会秩序的恢复，以及事后矛盾纠纷的妥善调处，而群体聚集事件的平息从事前、事发到事后都需要耗费时间。一般来说，事件处理的时间越长，利益群体的不满情绪积累越深，极有可能诱发更加重大的社会风险问题，威胁社会和谐稳定。根据已有数据来看，S市群体聚集事件都能够在事件发生20个小时之内得到较好的控制，63.9%的群体聚集事件能够在事发7个小时以内得到妥善处置。总体上讲，S市针对群体聚集事件的现场处置较为及时，耗费时间较短，能够从侧面展现出其风险防范与控制工作的效率比较高。

由于群体聚集事件的聚集地点与涉事群体的行为状况不同，其对社会的危害性存在差异，因此在处置发生在不同地点，采取行为方式不同的群体聚集事件时，S市往往从轻重缓急的角度出发从权处置，因此耗费的处理时间也存在差异。

从聚集地点来看，发生在道路口的群体聚集事件，由于其阻碍了正常交通运行，威胁到公共安全，往往能够得到及时解决，因此超过44%的此类群体聚集事件都能在3个小时内得到妥善解决，最多耗时也仅为7个小时。与此类似，发生在政府机关的群体聚集事件一定程度上扰乱了政府的正常办公与运行，在采取相应的行为举措之后，很容易引起相关部门的重视，从而得到及时的回应与处理。表现为冲突打斗、过激行为等的群体聚集事件，由于其对社会的危害性极大，处理耗时相对较短。但是，表现为温和的聚集行为的群体聚集事件，其处理耗时便相对比较久。值得注意的是，如若聚集人数规模较大，相关部门不能及时回应问题，则温和聚集的行为模式也有可能变质激化，带来更大的社会风险问题。虽然S市在处理群体聚集事件的时候需要甄别事件的严重程度与级别，但是也应当根据轻重缓急的不同给予对应的治理举措，不能放任事件影响放大。

由于群体聚集事件发生的具体地点不同，其事件处理耗费的时间、事件总体规模、引发的事由类型、聚集的地点以及采用的行为模式等都存在差异。对于不同规模的群体聚集事件，涉及的群体规模越大，处理耗时便相对越长；

研究还发现，由于不同聚集地点以及不同行为方式给社会安全带来的危害程度不同，其处理耗时也会有差异，矛盾突出且行为过激的群体聚集事件会获得更多的关注和治理资源。

三、 超大城市社会稳定风险治理思考

（一）转化城市社会稳定风险治理理念

应正确认识城市社会稳定风险的长期性、复杂性、必然性、规律性和系统性，坚持问题导向、底线思维，把防范化解风险转变为深化改革开放、倒逼转型升级、推进城市治理体系和治理能力现代化的机遇窗口。

（二）健全城市社会稳定风险治理体系

第一，城市社会稳定风险治理的组织体系。一是加强党委领导和统筹。经济体量大、社会资源丰富、开放有活力是超大城市的资源优势，但要想资源优势转变为治理优势，需要强有力的领导主体来推进优化配置和实现有效治理。应充分发挥党委总揽全局、协调各方的领导核心作用和资源统筹作用。二是构建政府和社会协同治理体系。加强应急救援、矛盾调解等社会组织的培育力度。发挥职能部门指导作用，引导相关重点企事业单位，组建安全稳定的管理机构或专业队伍。完善社会组织有偿征用办法，构建“平时保自身、急时能征用、事后有补偿”的协同机制。规范政府购买服务行为，探索将决策咨询、标准制定、行业调查、风险评估等职能转移或委托给具有相应资质和专业能力的社会组织和社会企业。三是动员群众参与。依托调查、统计、信访等部门以及高校科研院所，建立社情民意专业调查机构，健全重大事项全流程民意调查制度，主动、科学、精准地掌握民情动态。建立人民群众防范风险奖励办法，弘扬表彰见义勇为行为，提高群众参与积极性，带动群众参与共建共治共享。

第二，城市社会稳定风险治理的防控体系。一是完善矛盾风险源头防范

机制。成立城市社会稳定风险评估工作中心，推动风险评估工作科学化系统化开展；建立风险评估工作信息化平台，实现资料存储、备案审查、过程跟踪的信息化管理，提升风险评估质效；健全风险评估专家库、第三方机构库，发挥第三方居中评估的积极作用；制定完善系列配套制度，规范行业秩序，提升管理水平。加强基本权益保障，完善特殊利益群体关爱帮扶制度体系，切实提高保障水平。完善流动人口就业、社保、医疗、教育、法律援助等基本公共服务，促进充分融入城市发展。探索建立社会预期引导和心理危机干预体系，积极引导社会预期，努力构建社会认同，增强城市居民安全感、获得感、认同感、荣誉感、责任感。二是完善矛盾风险多元化解机制。加强和改进人民信访工作，强化突出信访问题攻坚化解，集中化解积案难案。完善矛盾纠纷多元化解，加强人民调解、行政调解、司法调解有机衔接，鼓励社会组织和人民群众参与人民调解。

第三，城市社会稳定风险治理的监管体系。严格落实《重大行政决策程序暂行办法》，规范重大决策出台前的征求公众意见、专家论证、风险评估、合法性审查、集体决策等措施，提高科学、民主、依法决策水平，从源头预防和减少风险隐患。落实政府主要领导第一责任和分管领导主要责任，全面厘清部门监管职能，健全跨区域、跨部门信息共享和应急联动机制，以乡镇（街道）区划调整为契机，探索建立乡镇（街道）综合执法、综合治理等综合性管理机构，提升监管效能。充分发挥人大代表、政协委员、民主党派、人民团体以及新闻媒体的作用，强化民主监督作用，规范新闻媒体监督，开辟电视问政、网络问政等监督新渠道，推动党委政府决策落实。充分发挥各民主党派、人民团体在特定领域对特定群体的特殊影响力，主动获取各层面、各界群众的呼声和诉求，协助党委政府做好政策宣传和舆论引导。

（三）提升城市社会稳定风险治理能力

第一，强化科技信息支撑。依托城市智慧治理中心，健全各部门公共数据资源开放共享机制，推动城市安全风险数据融合；依托大数据技术，建立城市风险治理案例库和各领域风险防控模型，提升风险防控的科学性、规范性；建立城市安全风险管理地图，按照“分类排查、行业监管”“分级管理、属地负责”“信息集成、智能预警”原则，完善安全隐患定期排查；建立风险等级评价制度，规范预警提示、应急处置，实现治理资源科学调度。

第二，治理重心向基层下移。针对大多数群体聚集事件是发生在居民小区的房产物业服务纠纷，在积极建议推进相关法规条例完善的同时，要注重依托社区，发挥社区贴近居民、了解信息的优势，提早识别风险，及时干预调解，有效化解矛盾。

邻避风险演化机理的系统仿真模拟研究

衡　霞　陈鑫瑶①

一、问题的提出

在风险和不确定性条件下，经济主体追求“效用最大、风险最小”而不是“货币最大、风险最小”原则，这也是理性经济人假设的基本前提之一。然而，由于信息的不完全和人的有限理性，经济主体只能接触和处理有限的信息，这又会导致决策和行为的非理性，加剧风险发生的概率。②笔者曾经通过模糊综合评价法计算出社会风险演变的临界点为3.569，并由此显示社会风险演进遵循的是不确定性条件下的静态演进路径。然而，社会风险向社会危机和社会冲突演进的道路上还会不断叠加政治、经济、文化的风险，以及全球化、城市化、现代化的风险，甚至是新的社会风险。在这种耦合效应的影响下，社会风险的演进边界具有很大的不确定性。贝克、吉登斯和卢曼等人偏重于从制度视角对社会风险概念与内涵进行论述，认为人类面临的风险是

---

① 衡霞（1973— ），四川大学公共管理学院副教授，硕士研究生导师，研究方向为风险管理。陈鑫瑶（1996— ），四川大学公共管理学院硕士研究生，研究方向为风险管理。基金项目：国家社科基金重大专项课题“国家治理现代化场域中的社会治理问题”（编号：17VZL007），四川省社科重大课题“共建共治共享社会治理格局构建的战略要点与关键环节”（编号：SC17EZD001）。

② 衡霞. 农业产业化经营风险防范机制研究［M］. 成都：四川大学出版社，2011.

由其生存的社会所制造的，但该观点受到拉什等人的批判，他们认为风险的存在与增加都源于社会主体的主观建构。国内学者宋林飞[①]和郑杭生[②]等较早地对社会风险的内涵与外延展开了研究，其他学者对社会风险的形成原因、类型、评估进行了探讨，但极少有人像郝豫[③]和季闯[④]那样运用突变极数法和 Multi－Agent 模型对重大工程社会风险演化机理进行仿真模拟。事实上，社会风险的内涵与外延的大小决定了研究方法与路径，只有弄清楚社会风险向社会危机和社会冲突演化的内在逻辑与机理，才能确定风险治理主体介入的时机并实施有效治理。邻避风险作为社会风险，具有发生频率较高、影响较广、参与人数较多等特点，公众的抗议越来越频繁地升级为群体性事件，而地方政府则难以跳出“决定—宣布—辩护”的行政逻辑，无法摆脱“摆平—妥协”的路径依赖，深陷邻避困境之中。[⑤]因此，本文将以邻避事件为基础探讨在确定性背景和不确定性逻辑下邻避风险演化的仿真模拟路径，从而为国家在现代化场域中的有效治理提供可靠依据。

二、 案例来源与研究方法

（一）案例来源

本文所选案例为 2018 年 3 月 18 日至 4 月 30 日发生在四川省天府新区成

---

① 宋林飞．中国社会风险预警系统的设计与运行［J］．东南大学学报（社会科学版），1999（1）．

② 郑杭生，洪大用．中国转型期的社会安全隐患与对策［J］．中国人民大学学报，2004（2）．

③ 郝豫．环境敏感性重大工程社会安全风险机理分析及量化模型研究［D］．武汉：中国地质大学，2018．

④ 季闯．基于计算实验方法的重大工程社会风险评估与治理研究［D］．南京：东南大学，2016．

⑤ 王佃利，王玉龙，于棋．从“邻避管控”到“邻避治理”：中国邻避问题治理路径转型［J］．中国行政管理，2017（5）．

都直管区的邻避风险，属于二手资料编撰。事件起因于2008年成都市某街道办事处在新安河下游兴建垃圾中转站和扩容污水处理厂的规划，此规划直到该街道办事处整体划入天府新区的2018年才正式启动。然而，在新安河下游区域变更行政区划之前，该规划区域周边已经兴建了诸多的高档楼盘，政府和开发商均没有就该规划有可能启动的风险对购房者进行预警。随着天府新区入住人口的急剧增加，垃圾和污水处理问题日益严峻，对此，天府新区启动了2008年的旧规划，在缺乏真正“业主”参与的情况下，将两个项目打包进行听证，随后进行了招标比选公告。正是听证会对真业主的屏蔽，导致该邻避事件持续一个多月。

该邻避事件从最初的数十人知晓和参与逐渐扩大到数千人参与，从最初的网络参与到现实的抗议，从温和的信访和省市长信箱投诉到寻求媒体帮助、阻挠施工和组织城市中心地带的“快闪”，邻避风险迅速加大，居民从提出诉求到观望者转化为抗争者的时间仅仅17天，社会风险向社会危机转化；而业主中的组织者被拘留和某街道办事处工作人员的高档穿着等信息被疯狂传递，成为邻避危机的直接触发剂，从4月4日开始到4月16日的12天里，抗争居民数量达到顶峰，整个事件大约持续了两天才趋于平息。为了具象化地展示出邻避风险的演化机理，本研究采用Multi－Agent系统对其演化路径和演化机理进行解析。

（二）研究方法

1. Multi－Agent系统

Multi－Agent系统是多个Agent系统组成的集合，各个Agent成员既独立活动、不受其他成员限制，又相互协调服务，最终通过竞争和磋商等手段协商和解决相互之间的矛盾和冲突，该系统主要适用于解决超出Agent个体能力的大规模复杂问题。该系统的使用必须具备以下基本条件：社会环境及其成员表现，成员行为变化条件及其影响因素等。有了这些信息才能设定

Anylogic 软件运行所需要的各条件变量值，并结合现实情况进行对比分析。从目前对社会风险演化机理进行的研究来看，学界大多采用系统仿真模型或可计算的一般均衡模型。由于本研究所选案例是由业主的行为策略决定的，业主参与对抗的时间和活动具有随机性等特点，而 Multi－Agent 来源于 ABM，恰好又适用于决策主体之间存在非线性、动态不连续性和复杂性等特点，所以本研究选择了 Multi－Agent 模型，并遵循了学者盛昭瀚关于重大工程社会风险演化机理的建模思路（如图 1 所示），对公众行为策略和演化条件进行假定，然后将系统运行结果与实际结果进行对比分析。

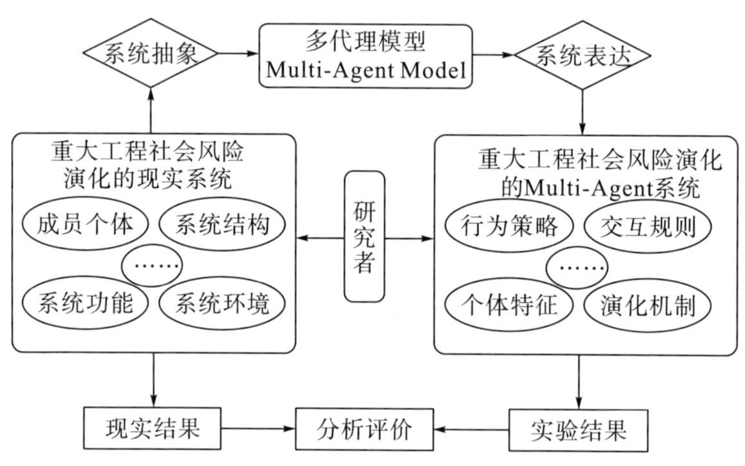

图 1　重大工程社会风险演化 Multi－Agent **模型建模思路**

2. 公众行为策略

该案例的风险事件涉及各层级政府、招标方、业主和媒体等利益相关方，相关公众人数超过 3000 人；公众的个体特征为经济状况优越的群体，但在整个风险演化过程中，公众在不同阶段、环境和条件下的行为有所不同，参与人数也呈现诸多变化，主要有观望、诉求、潜在抗争、抗争、退出五种状态，行为方式以集体行动为主。从社会心理角度看，公众对邻避设施的风险感知往往会经历从“不怕”到“我怕”的认知重构过程，对负外部性的聚焦、对政府和专家的不信任都会推动这一认知的转变。[①] 案例中，观望者多有搭便车心理，对邻避风险的认知也在不断的重构中，因而不论其他业主的行为怎样，始终静观其变，除非最后的胜利果实可得，否则不会参与行动；诉求者多有环境正义心理和自身健康权益维护需求；潜在抗争者多有诉求但会根据自身工作、其他业主行为和政府态度等社会环境而决定是否参与；退出者是指那些曾经积极参与，后来因为诉求无望或政府的分化而退出的业主。五种类型业主的决策过程如图 2 所示，共有 9 种路径，如果把业主的一次行为转变状态进行叠加，9 种行为决策路径将演化为 11 种，而每一种公众行为决策状态面临 2～3 类固定的向前或向后的行为转变选择集，选择条件受制于个体特征、个体心理状态等内在环境和其他公众行为选择、政府回应等外在环境以及决策时间的影响。对公众行为转变进行仿真模拟拟合，并给出其内在解释框架是后续研究的关键所在。

（三）公众行为决策和演化条件设定

公众行为决策的 11 种可能状态是社会风险演化的基础（如图 2 所示），但同时也需要对其进行详细分析和条件设定，条件变量设定主要从自身倾向、时间影响以及其他公众的信息传递等三个方面综合考虑。

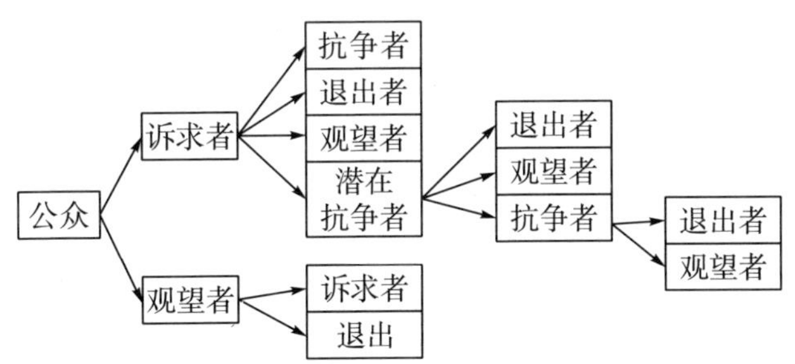

图 2 邻避冲突事件社会风险演化过程中公众行为决策树

---

① 何艳玲，陈晓运. 从“不怕”到“我怕”：“一般人群”在邻避冲突中如何形成抗争动机［J］. 学术研究，2012（5）.

1. 以事件起始为起点，即有 transition 0：起始→观望；起始→诉求

当公众刚对邻避冲突事件有所感知时，可能会由初始状态变为选择采取“观望”或者“诉求”。假定其行为概率在 0 到 1 之间，即 $P_{诉求} \in [0, 1]$，用 $P_{诉求}$ 表示公众进入“诉求”状态的可能性；0 表示观望状态，0.5 表示行为策略变化的中间数或阈值，1 表示诉求状态。①

根据中心极限定理可知，如果一个事物受到多种因素的影响，不管每个因素本身是什么分布，它们加总后，结果的平均值就是正态分布。

因此在系统中，公众的选择虽然受到各种因素的影响，但在此我们可以根据中心极限定理将其理解为服从正态分布，即设 $P_{诉求}$ 服从正态分布，正态分布中的参数 μ 是遵从正态分布的随机变量的均值，认为公众选择诉求行为的倾向值为 0.5。

故设 $\mu=0.5$，即 $P_{诉求} \in \text{absNormal}(0.5, 1)$。则当 $0 \leqslant P_{诉求} < 0.5$ 时，执行“起始→观望”行为，当 $0.5 \leqslant P_{诉求} \leqslant 1$ 时，执行“起始→诉求”。

2. 以观望状态为起点，即有 transition 1：观望→退出；transition 2：观望→诉求

在 transition 0 的基础上，当起始转为观望状态后，以观望为起点考虑。

一般处于观望状态的公众在观望过程中对事件没有过多的期望和要求，自身的 P 诉求倾向与第一种的设定同理，是随机不确定的。而现实情况中处于观望状态的公众多是受其他公众的影响即退出者、诉求者、潜在抗争者、抗争者传递的信息而发生行为转变。

设 m 退出表示退出者传递的信息对公众行为决策的影响；m 诉求表示诉

① 通过现实环境中对业主行为倾向的总体判断，将其划分为 11 个等级，分别从极低、非常低、很低、较低、低、一般，一直到极高，其中极高的行为值设定为 1。因此当业主行为值为 0～0.5 时，处于观望到不参与或退出状态；为 0.5～1 时，处于诉求状态。但当其他因素介入时，业主行为策略仍可能会转化为观望或退出，相关的社会风险也可能由风险/危机/冲突转向恶化，或转向消解转化。

求者传递的信息对公众行为决策的影响；$m_{可能抗争}$表示潜在抗争者对公众行为决策的影响；$m_{抗争}$表示抗争者传递的信息对公众行为决策的影响。公众与公众间互相传递自己行为的信息，“退出”“诉求”“可能抗争”“抗争”四种信息向观望状态的公众传递进而影响观望公众的下一步决策。

当系统中诉求者和抗争者为0时，观望者即自动转变为退出者。设观望者退出的天数为$d_{退出}$，$v_{退出}$表示观望者退出的速度，则

$$v_{退出}=\frac{观望者总数}{d_{退出}}$$

3. 以诉求状态为起点，即有 transition 3：诉求→退出；transition 4：诉求→观望；transition 5：诉求→可能抗争

在 transition 0 的基础上，当起始转为诉求状态后，以诉求为起点考虑。

当公众表达诉求后，其会因为自身的诉求是否得到满足、政府的相关回应态度等各种外界因素的影响而作出不同的行为决策，所以此时需要纳入公众可能抗争的概率来加以考虑，即设参数$P_{可能抗争}$表示公众行为转变为“可能抗争”的概率（$P_{可能抗争}\in[0, 1]$），而$P_{可能抗争}$的数值大小决定了公众的行为路径。

根据成本风险理论，不同类型的风险所形成的风险性成本概率不同，没有办法在这样一个复杂的系统中将每一项具体活动所造成的影响都体现出来。因此，英国学者 Stephen Grey 等人为解决这个问题所作的研究发现可以通过三教分型分布的形式以简化风险性分布问题。给出每个项目具体活动的“最小值”“最可能值”“最大值”以及“最可能值”的概率，就可以通过方阵从而得到各项目活动的期望值。

因此，设$P_{可能抗争}$服从三角形分布函数，即$P_{可能抗争}\sim$triangular（0，1，最可能值）。公众在诉求状态下选择退出行动的倾向值为0.2；选择退出行动的倾向值为0.5，则：当$P_{可能抗争}<0.2$时，则诉求状态转变为退出状态（transition 3：诉求→退出）；当$0.2\leqslant P_{可能抗争}<0.5$时，则诉求状态转变为观

望状态（transition 4：诉求→观望）；当 $P_{可能抗争} \geqslant 0.5$ 时，则诉求状态转变为可能抗争状态（transition 5：诉求→可能抗争）。

而同时，在此状态下，除了公众自身的倾向，以及潜在抗争者、抗争者、退出者等对公众的信息传递影响，还需要考虑纳入选择不同决策行为的时间因素。

设 $t_{可能抗争}$ 表示公众作出转变行为决策所用时间的天数，$t_{可能抗争} \in [0, \infty)$；根据本文的案例可知，当其在可能抗争状态中迟疑不决的时间越长，就越不会采取抗争行动，因此 $t_{可能抗争}$ 和 $P_{可能抗争}$ 成反比关系，即公众选择可能抗争的概率越大，其所需采取的时间也就越短。因此，设两者间符合自然对数函数关系，即 $t_{可能抗争} = -b \ln P_{可能抗争}$。已知根据前文的设定，当 $P_{可能抗争} = 0.5$ 时，则进入可能抗争状态，即 $P_{可能抗争} = 0.5$ 时，$t_{可能抗争}$ 则为进入可能抗争状态临界点所需的时间，那么将其他状态下的时间设为 $X_{可能抗争}$。根据公式，当 $P_{可能抗争} = 0.5$ 时，

$$t_{可能抗争} = \frac{b}{\ln 0.5}, \quad X_{可能抗争} = \frac{t_{可能抗争} \ln 0.5}{\ln P_{可能抗争}}$$

4. 以可能抗争状态为起点，即有 transition 6：可能抗争→退出；transition 7：可能抗争→观望；transition 8：可能抗争→抗争

在可能抗争的状态下，公众的行为转变存在退出、观望以及抗争三种可能。与前文的设定同理，受自身倾向、行为决策时间以及来自抗争者、观望者以及退出者传递信息的影响。

设 $P_{抗争}$ 表示公众行为转变为“抗争”的概率（$P_{抗争} \in [0, 1]$），而 $P_{抗争}$ 的数值大小决定了公众的行为路径，$P_{抗争} \sim$ triangular（0，1，最可能值）。公众在可能状态下选择退出的倾向值为 0.2，选择抗争行动的倾向值为 0.8，则：当 $P_{抗争} < 0.2$ 时，由可能抗争状态转变为退出状态（transition6：可能抗争→退出）；当 $0.2 \leqslant P_{抗争} < 0.8$ 时，由可能抗争状态转变为观望状态（transition7：可能抗争→观望）；当 $P_{抗争} \geqslant 0.8$ 时，由可能抗争状态转变为抗

争状态（transition8：可能抗争→抗争）。

类似于 $t_{可能抗争}$ 的设定，则有 $t_{抗争}=-b\ln(P_{抗争})$。已知根据前文设定，当 $P_{抗争}=0.8$ 时，则进入抗争状态，即 $P_{抗争}=0.8$ 时，$t_{抗争}$ 则为进入抗争状态临界点所需的时间，那么将其他状态下的时间设为 $X_{抗争}$。根据公式知，当 $P_{抗争}=0.8$ 时，

$$t_{抗争}=\frac{b}{\ln 0.8},\quad X_{抗争}=\frac{t_{抗争}\ln 0.8}{\ln P_{抗争}}$$

5. 以抗争为起始状态，即有 transition 9：抗争→观望；transition 10：抗争→退出

在抗争的状态下，公众的行为转变存在观望以及退出两种可能。与前文设定同理，公众行为的转变受其自身倾向、行为决策时间以及来自退出者传递信息的影响。

设 $P_{退出}$ 表示公众行为转变为“退出”的概率（$P_{退出}\in[0,1]$），$P_{退出}$ 的数值大小决定了公众的行为路径，$P_{退出}$ 同样服从三角形分布，即 $P_{退出}\sim$ triangular（0，1，最可能值）。公众在抗争状态下选择退出的倾向值为 0.8，则：当 $P_{退出}<0.8$ 时，由抗争状态转变为观望状态（transition 9：抗争→观望）；$P_{退出}\geqslant 0.8$ 时，由抗争状态转变为退出（transition 10：抗争→退出）。

类似于 $t_{可能抗争}$ 的设定，则有 $t_{退出}=-b\ln P_{退出}$。已知根据前文设定，当 $P_{退出}=0.8$ 时，则公众选择退出，即 $P_{退出}=0.8$ 时，$t_{退出}$ 则为公众从抗争到退出状态临界点所需的时间，那么将其他状态下的时间设为 $X_{退出}$。根据公式知，当 $P_{退出}=0.8$ 时，

$$t_{退出}=\frac{b}{\ln 0.8},\quad X_{退出}=\frac{t_{退出}\ln 0.8}{\ln P_{退出}}$$

三、 仿真模拟与演化过程分析

（一）系统仿真模拟平台建立

系统仿真模拟是利用模型复现实际系统中发生事件的本质过程，并通过对系统模型的实验来研究已经存在或可能出现的事实。据上述变量的函数关系、模型路径转变条件的设定，笔者在 Anylogic 软件中建立了邻避风险演化机理仿真平台（如图 3 所示），设定参数或输入变量后，该平台开始运行。观察者可根据业主参与人数随时间和决策变化而呈现不同的动态分布可视化视图，包括 11 种路径中公众行为转化的社会网络图和 5 种类型公众的变化与转化情况。

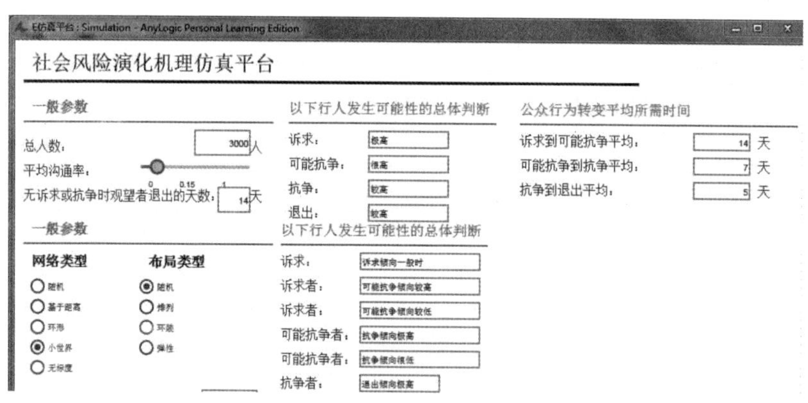

图 3　邻避冲突事件演化机理仿真平台设置

（二）实验系统环境条件设定

根据系统仿真模拟平台建立的条件，需要对该实验系统中的各个条件进行具体的设定和判断，才能模拟一套观望的公众、诉求的公众、可能抗争的公众、抗争的公众以及退出的公众数量随条件变化而变化的社会风险演化规律。

首先，需要考虑一般参数的设置，即公众的总人数、平均沟通率、公众关系网络类型等。

从本研究选择的案例来看，涉及风险议题的楼盘中有两个别墅楼盘和一个大平层高层电梯公寓，三个小区分属广福社区和麓湖社区。三个小区的居民选择在此处居住除了财力因素，更看重了天府新区的长远规划和可靠的空气质量。然而垃圾中转站的修建将导致每天400吨以上的垃圾在三个小区中间的市政道路循环，使得污染物可能对周边道路造成污染，还会带来垃圾处理过程中的大气污染。由此，本研究设定的系统环境条件为：业主“诉求”行为发生的可能性“非常高”，由于天府新区管委会不是一级政府机关，其回应能力可能欠缺，这导致业主“抗争”行为发生的可能性极高，但由于三个小区居民多为政府、商业和学界精英，又极有可能因其理性决策而随时退出。从三个小区参与维权的数个500人微信群来看，高峰期时参与总人数超过了3000人，但由于三个小区距离主城区较远，投资型居民较多，数千人的参与者有很多没有亲临现场，因此本研究假定参与总人数为3000人。虽然整个事件持续的时间长达40多天，但为了计算方便，本研究的实验模型模拟时间为30天。

由于整个事件中的联络人除了三个小区的五位负责人经常见面以外，更多的是以微信群消息动态更新为主，因此公众关系网络类型为小世界型；由于网络沟通的无缝隙，因而平均沟通率和随机连接概率非常高，更加接近于区间（0，1）中的值1；参与邻避事件的小区和居民相互间距较小，因此假定其步长为0.1，随机连接率也接近0.1。正是邻避事件中居民无缝隙地发生着现实与网络联系，非常符合小世界效应，因此，设公众参与总人数为3000人、公众关系网络类型为小世界型、平均沟通率为0.15。

其次，需要判断公众状态的转变所需平均时间和发生某种状态的可能性。

公众一旦进入邻避事件的环境，其从观望状态转变为诉求状态的可能性非常高，而当公众诉求行为发生后，由于对得到的结果不满或政府应对不当、风险感知扩大等各种其他原因，其直接转变为抗争的可能性较高，犹豫不决可能抗争的可能性很高。随着事件的演化，后期政府或社区采取了一定有效的应对措施后，公众从各状态转变为退出的可能性较高。而从事件持续的时间来看，一般邻避冲突从公众知晓的起始状态到冲突阶段不会有很大的跨度。因此，根据本文的案例进展，假设从诉求到可能抗争所需的平均时间为 14 天，可能抗争到抗争所需的平均时间为 7 天，抗争到退出所需的平均时间为 5 天。

另外，还需要结合前文变量条件，将设计的函数与数值转化为文字描述以更好地理解公众行为的转变条件，即当在起始状态，公众的诉求倾向一般时会选择诉求，若为诉求者，则当可能抗争的倾向较高时会选择可能抗争、可能抗争的倾向较低时会直接退出；若为潜在抗争者，则抗争倾向极高时会直接抗争，而抗争倾向极低时会选择退出；若已为抗争者，则退出倾向极高时会选择退出。

（三）社会风险演化机理的仿真模拟

根据前文的一系列设定，执行平台运行后，在软件中可以动态呈现出公众状态逐渐变化的情况，如图 4、图 5、图 6 所示。每一个人代表一个公众，黑色的线表示他们之间的社会网络联系。

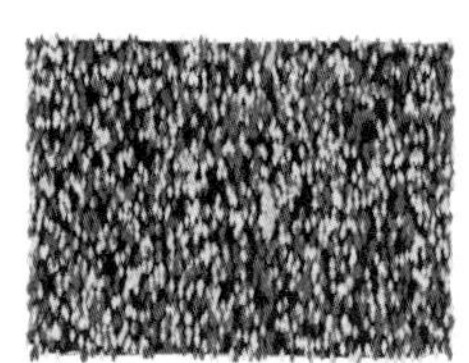

图 4　社会风险聚集阶段

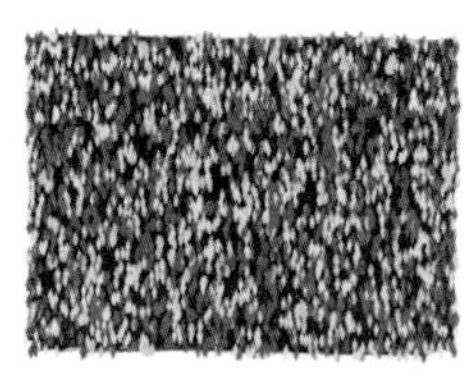

图 5　危机演化阶段

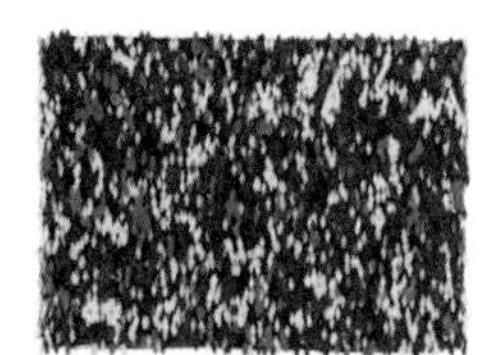

图 6　冲突消解阶段

将该图像动态过程制作成随时间变化的折线图，周期为一个月。其中横坐标代表天数，纵坐标代表人数，各个状态的公众随时间变化的折线图也就能够呈现出来，如图 7 所示。从仿真模拟的折线图可以看出，在邻避风险演化过程中，公众行为决策人数随时间变化有较为明显的状态临界点和阶段划分，基本与前面假定的 14 天、7 天和 5 天的实施系统环境条件一致。

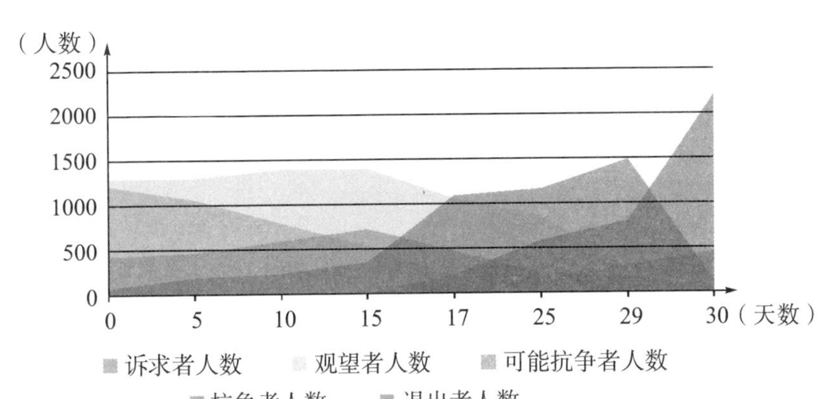

图 7 公众状态随时间变化折线图

四、 社会风险演化机理分析

社会风险的演进大致可以分为三个阶段：第一阶段是社会风险恶化后向社会危机演进；第二阶段是社会危机在突变后引发社会秩序混乱导致社会冲突；第三阶段是社会冲突使得社会处于失衡状态，将严重危及政权的合法性基础。从图 7 可以看出，社会风险以时间为单调递增自变量、以社会结构平衡状态为驱动机制、以空间结构为客体因素，三者在同时集聚后使社会风险向三个方向演进。一是在地方社会风险预警体系的作用下自行消除，因为这时的社会结构仅仅是失去韧性并没有达到要断裂的程度，人们对风险的感知在缩小与放大之间徘徊，且认为风险是可以转移的。二是社会风险在利益相关者的可容忍范围内，不论地方政府和非制度化组织是否发挥作用，群体在表达了利益诉求后自行解散。尽管此时的社会结构出现断裂现象、社会风险只要有助燃剂触发就可能引爆，但风险却没有在空间范围内产生扩散效应和突变效应，因而社会风险在容忍区间内蓄积待发。三是社会风险在遭遇利益结构断裂和非社会领域风险叠加后，个体在群体情绪感染下，其“去个性化”

行为更加不能自已，便容易采取群体行动的策略施加外部压力，从而打破社会风险与社会危机的边界，促使社会风险直接或间接向社会危机转化，并完成第一阶段的演进。图 8 为社会风险演进阶段示意图。

该案例的动态演化机理显示，邻避风险并非不可控风险，也不是社会结构断裂下的公众利益表达。

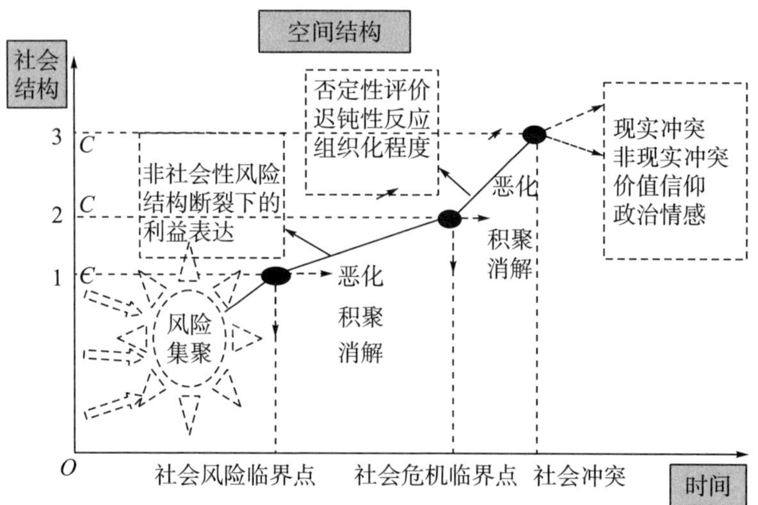

图 8　社会风险演进阶段

（一）“社会风险”演化的驱动机制与环境特征

2018 年 3 月 18 日，施工方在未取得听证会同意开工的意见和环评结果的情况下开始拆围、深挖，随后政府通知了少量“不敢公开身份的业主”参加听证会，数百名业主在听闻该消息后，为了争夺邻避决策的话语权，带着极大的愤慨赶到会场并要求组织方给予说明，从最初驱离业主到工作人员进行解释，再到与会现场最高级别领导出面才及时制止了会议现场的集群行为。但是社会风险并未因此消解，反而因为施工方言论，即他们是通过招标比选中标后进入现场施工的，从而导致业主的质疑持续扩大，一小时内三个 500 人的业主微信群爆满，随后又陆续推出几个微信群方便业主沟通。显然作为真实存在的邻避风险，其分配与生产是同时进行的，业主以抗争的“最小抵抗路径”来应对政府规划的“最小成本”。直到4月4日，数百名业主聚集到该区管委会办公区大门口时，邻避风险的临界点已经突破。根据社会风险临界点评估值来看，案例所显现的风险属于生存性风险，是四类风险中发生概率最高的，业主未能有效反映诉求后，业主迅速拉出横幅占领公路并阻碍交通。

在生存性风险中排第一位的生存保障风险的临界值最高，为0.396，此时叠加了政府治理风险的临界值0.313，以及社会信任风险的临界值0.365，三类风险叠加后的风险临界值已经超过最高警戒值1了；从时间来看，邻避风险的临界点突破的时间距离3月23日的听证会有10天；从事件的组织者来看，抗争者也只有寥寥几人；从事件参与人数来看，从最初的上百人发展到数个微信群的业主参与，诉求者和观望者非常多，这部分群体的行为策略将在外部环境和其内心对事件的认同度增加的影响下积极转变为潜在抗争者和抗争者。这表明案例中的邻避风险已经具备向社会危机转化的全部基础条件，不会停留在积聚阶段，更不会自行消解。

（二）“社会风险→社会危机”演化的触发机制

业主等待政府的答复一周无果后，于2018年4月12日晚开始进驻施工现场轮流值守。随后，微信群里出现了当晚在现场解释的政府官员的随身“行头”，进一步强化了业主对政府有关人员的反感；与此同时，业主第二天邀请的众多新闻媒体里只有一家媒体进入现场报道，社会风险进一步叠加社会认同（0.341）、生态环境（0.396）、劳动者权益（0.353）等诸多风险因素，风险值同样超过1，甚至高于社会风险集聚阶段的临界值，观望业主的风险感知明显提升，并迅速加入抗争队伍，这也初步达到了社会危机暴发的条件，构成社会危机的直接触发机制。五种行为状态的业主由于每天在邻避设施周边的密切接触增加了沟通频率、提升了随机连接率，使事件组织者由社会风险积聚阶段的2人转为6人；社会风险积聚阶段的观望者、诉求者等积极向抗争者转化，使得抗争群体人数急剧增加。该危机并没有到此中止，还在持续发酵中。

4 月 14 日 10 时，政府派出相关单位代表各一名到现场解答业主疑问。此时，现场业主又接到微信群里的通知，要求确认 13 日晚间被带走的一名组织者的回家时间，现场业主被意外事件刺激后又陷入混乱，业主情绪被同情心理感染，从而达成进一步行动计划，即 4 月 15 日集体到天府广场和省委门口反映诉求并配合“快闪”行动以吸引公众和媒体的注意。从仿真模拟的折线图可以看到，这时抗争者人数还在进一步扩大，观望者人数减少，但还没有一名退出者出现。如果政府不迅速采取相应的举措，该邻避风险将有可能向社会冲突阶段演化。

（三）“社会危机→社会冲突”演化机理分析

从瓮安事件、乌坎事件等群体性事件的演化机理来看，在公众情绪被调动到高度一致时，破坏性集体行动似乎成为理所当然，从而出现种种疯狂行为，围观者的呐喊也会起到助威作用。社会冲突在特定助燃剂的作用下持续发酵，邻避危机一触即发，社会由此失衡、失序。以本研究的四类风险为例，当生存性风险叠加价值性风险，且两类风险的最高子风险可能部分叠加和完全叠加，若没有得到政府的及时有效回应，则会放大秩序性风险，使其越过 3.58 的临界值继续向 4 甚至 5 的最高值迈进。

但该案例并没有朝着上述群体性事件的方向演化，而是逐渐消解。主要原因在于，社会危机阶段的诸多抗争者受到两方面因素的分化：一是政府两天之内分别拘留了两名组织者，对其他参与者产生了威慑作用；二是三个小区业主对于 4 月 14 日的“春游费”是否可以挪用到两名组织者的律师诉讼费上产生了分歧，这件事降低了其他组织者的积极性。还有一个重要原因在于，风险与财富的分配具有反向重叠性，三个小区均属于高端楼盘，外地购房者和投资者居多，时间和精力等交易成本过高，也会迫使这部分群体通过其经济实力逃避风险。总之，诸多因素的共同作用下，该案例形成的社会风险仅仅完成了向社会危机的转变，并没有形成社会冲突。显然，外部力量是促使该邻避风险没有越过社会危机的临界点而向社会冲突演进的重要原因。

改革开放以来，伴随着经济体制的变革，我国社会结构也发生了巨变，社会治理体制与方式也不断创新，社会和谐稳定的同时也不断提升着社会的活力。截至目前，“党委领导、政府负责、社会协同、公众参与、法治保障”的社会治理体制与“共建、共治、共享”的社会治理格局基本形成，不仅能够有效化解社会矛盾、增强社会风险防范能力，还调动了社会的广泛参与，有效降低了社会治理成本。从公安和信访系统公布的数据来看，暴力犯罪案件、群体性事件和非正常上访事件等关系到社会秩序的关键性指标持续下降；从中国社会科学院对社会状况的综合调查结果来看，城乡居民的社会安全感不断上升。尽管如此，在“赶超式”和“跨越式”的现代化进程中，社会治理仍然面临着复杂多样的社会问题，尤其是社会主要矛盾向人民日益增长的美好生活需要与不平衡不充分发展之间的矛盾转化后，人们从过去对生命财产安全的高度关注扩大到对食品安全、公共卫生安全、生态环境等的关注，更加注重意识层面的主观感受和价值追求，对现代性引发的风险、对可以预知的可能发生的风险有较大的焦虑和压力，再加上国际社会的风险传递，给人们带来普遍的紧张和不安。本文通过对邻避风险演化机理的仿真模拟，有助于保障邻避风险在社会分配中的正义性，设计、运作和维护正义的分配程序和分配规则①；有助于管理者提升社会治理现代化能力，从各个环节消除公众的不安和焦虑，将社会风险控制在萌芽阶段，从而促进社会的和谐稳定。

---

①　王佃利，王庆歌，韩婷．“应得”正义观：分配正义视角下邻避风险的化解思路［J］．山东社会科学，2017（3）．

第三编 公共服务治理

基本公共服务质量管理体系构建与实证研究

——以成都市为例

陈朝兵①

一、问题的提出与研究回顾

全面加强基本公共服务质量管理，不断改善和提高基本公共服务质量，不仅是当前我国保障和改善民生的政策需要，也是深入推进我国基本公共服务体系建设的现实需要。一方面，党的十九大报告提出“决胜全面建成小康社会”“满足人民日益增长的美好生活需要”“使人民获得感、幸福感、安全感更加充实、更有保障、更可持续”，着力点是向人民群众提供高质量的基本公共服务。为了保障和提升基本公共服务质量水平，2018 年 1 月，国务院印发《国务院关于加强质量认证体系建设促进全面质量管理的意见》，明确要求加强基本公共服务质量认证体系建设，全面实施基本公共服务质量管理。另一方面，自 21 世纪以来，我国基本公共服务体系建设始终把“有没有”“够不够”“全面不全面”“公平不公平”等作为优先解决的问题和重心问题，很大程度上忽视了或者说还没来得及解决“好不好”的问题，导致“质量不高”成为我国基本公共服务的突出短板。随着我国国民经济和社会发展从“十二

① 陈朝兵，西南财经大学公共管理学院讲师，研究方向为公共服务、社会治理与数字政府。

五”规划转向“十三五”规划，基本公共服务体系建设既要继续处理好普惠性与公平性问题，更要及时将高质量发展确立为工作的中心与重点。这就迫切需要政府部门加快构建基本公共服务质量管理体系，全面开展基本公共服务质量管理工作，不断实现提供优质基本公共服务的重要目标。上述表明，基本公共服务质量管理是“十三五”规划乃至更长一段时期我国值得开展的一项研究课题，对于服务政府部门科学决策、助力保障和改善民生、推动基本公共服务发展转型等均具有十分重要的意义。

公共服务质量是当今公共行政学科中方兴未艾的一项前沿性研究议题。学术界对该议题的研究表现出三个显著特征：一是国外的研究已经取得长足进展，而国内的研究尚处于起步阶段；二是公共服务质量研究与公共部门质量、行政服务质量、公共服务绩效、公共服务满意度等议题的研究紧密交织，直接关于公共服务质量的研究并不多；三是公共服务与基本公共服务（也称狭义的公共服务）并未得到明确区分，专门针对基本公共服务质量的研究十分稀缺。进一步考察公共服务质量管理方面的研究文献，可以发现，学者们对公共服务质量管理中的控制、评价、改进等单一环节的研究相对较多，而对公共服务质量管理的整体研究明显偏少，至于对公共服务质量管理体系的研究更是少之又少。其中，关于公共服务质量管理体系的理论框架主要有三个：一是 Chen 等将私人部门中的顾客导向原则引入公共部门构建的顾客导向服务增强系统（customer-oriented service-enhancement system，COSES）①，二是肖陆军借鉴 ISO 9000：2000 标准质量管理体系构建的政府公共服务 ISO 质量管理体系②，三是陈振明和耿旭基于西方国家公共服务质量管理与改进实

① CHEN C K，YU C H，YANG S J，et al，A Customer-Oriented Service-Enhancement System for the Public Sector [J]. Managing Service Quality：An International Journal，2004 (5).

② 肖陆军. 论政府公共服务质量管理体系建构 [J]. 宁夏社会科学，2008 (4).

践构建的公共服务质量管理“推动—反馈”框架①。这三个公共服务质量管理体系的理论框架，一方面，对于本文构建基本公共服务质量管理体系具有积极的参考和启发意义；另一方面，由于其在主体上未直接聚焦基本公共服务，在内容上未完整反映公共服务质量管理的内容与职能体系，在结构上未有效关联公共服务质量管理体系的内在要素，因而还存在进一步完善的空间。

鉴于以上实践需要和研究现状，本文拟专门探讨基本公共服务质量管理体系构建这一命题，不仅实现从广义公共服务向狭义公共服务（即基本公共服务）的主体转换，而且深入挖掘质量管理学科中的理论知识，以为实务部门提供决策参考，推进本领域的研究进程。

二、 基本公共服务质量管理体系的概念界定与构成要素

（一）基本公共服务质量管理体系的概念界定

厘清基本公共服务与质量管理体系的两个子概念是界定基本公共服务质量管理体系的必要前提。一般认为，基本公共服务是狭义层面的公共服务，指“建立在一定社会共识基础上，由政府主导提供的，与经济社会发展水平和阶段相适应，旨在保障全体公民生存和发展基本需求的公共服务”②，而不包括经济调节、市场监管、社会管理等广义层面的公共服务内容。③质量管理体系的概念在 ISO 9000：2000 标准中有统一、权威的界定，指“在质量方面指挥和控制组织的管理体系”。ISO 9000：2000 标准还进一步界定了“管理体系”和“体系”，它们分别指“建立方针和目标并实现这些目标的体系”和

① 陈振明，耿旭. 公共服务质量管理的本土经验——漳州行政服务标准化的创新实践评析［J］. 中国行政管理，2014（3）.

② 国家基本公共服务体系“十二五”规划［N］. 光明日报，2012-07-20（9）.

③ 郁建兴，吴玉霞. 公共服务供给机制创新：一个新的分析框架［J］. 学术月刊，2009（12）.

“相互关联或相互作用的一组要素”。①

综上，本文把基本公共服务质量管理体系的概念界定为：在基本公共服务质量方面指挥和控制基本公共服务提供组织的旨在实现基本公共服务质量目标的一系列相关过程、活动、资源、制度等要素的总和。基本公共服务质量管理体系的内涵包括：第一，中心任务是确立并实现基本公共服务质量目标，即根据基本公共服务质量方针来确立基本公共服务质量目标，以及围绕基本公共服务质量目标的达成来安排和确定相关的过程、活动、资源、制度等要素；第二，作用对象与方式是对基本公共服务提供组织予以指挥和控制；第三，形式特征体现为由与基本公共服务质量管理相关的过程、活动、资源、制度等全要素有机关联而成的“总和”，而非其中单一或部分要素，也非要素间的简单相加。

（二）基本公共服务质量管理体系的构成要素

有学者指出，一种活动（或过程、行为）的体系的构成要素一般包括该种活动（或过程、行为）的环境、主体、客体、内容、动力、目标、手段、结果等。②据此，作为一种活动（或过程、行为）的基本公共服务质量管理体系，其构成要素包括：基本公共服务质量管理主体，指负责、从事和开展基本公共服务质量管理的组织与个体；基本公共服务质量管理目标，指基本公共服务质量管理活动拟达到的目的与效果；基本公共服务质量管理内容，指与基本公共服务质量相关的各种要素（如组织、政策、资金、流程、设施、信息、关系等）；基本公共服务质量管理手段，指基本公共服务质量管理主体运用于质量管理的方法、技术、工具等；基本公共服务质量管理职能，指基本公共服务质量管理主体开展质量管理所进行的策划、控制、评价、改进等

---

① 张勇，柴邦衡．ISO9000 质量管理体系［M］．3 版．北京：机械工业出版社，2017：44－45．

② 史云贵，刘晓燕．县级政府绿色治理体系的构建及其运行论析［J］．社会科学研究，2018（1）．

活动；基本公共服务质量管理环境，指基本公共服务质量管理活动所发生的背景与条件因素；基本公共服务质量管理动机，指驱动基本公共服务质量管理活动发生与进行的动力；基本公共服务质量管理绩效，指基本公共服务质量管理活动所产生的结果或成效；等等。

以上基本公共服务质量管理体系的构成要素依次回答了“谁开展质量管理”“为什么开展质量管理”“质量管理‘管理什么’”“依靠什么开展质量管理”“怎么开展质量管理”“在什么环境下开展质量管理”“靠什么驱使质量管理活动”“质量管理效果怎么样”等一系列与基本公共服务质量管理紧密相关的问题。从问题重要性的角度考察，不难发现，“管理什么”和“怎么管理”是基本公共服务质量管理相关问题中相对重要的两个问题。正是在此意义上，本文把与这两个问题相对应的基本公共服务质量管理内容和基本公共服务质量管理职能列为基本公共服务质量管理体系的核心要素（如图1所示）。

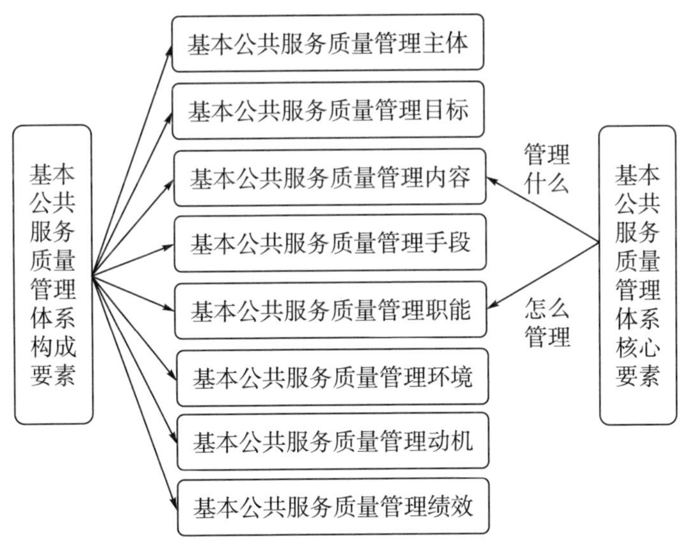

图1　基本公共服务质量管理体系的构成要素及核心要素

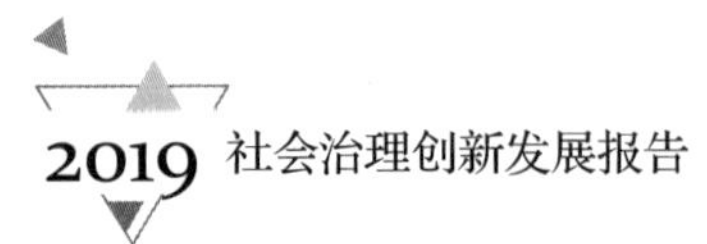

三、 基本公共服务质量管理体系框架的逻辑依据与构建过程

（一）工商领域中质量管理体系的构建依据及其借鉴意义

质量管理体系在工商领域中得到了比较成熟的发展与应用。考察工商领域中已经形成的质量管理体系的构建依据，可为公共领域中基本公共服务质量管理体系的构建提供借鉴。

从质量管理体系构成要素的角度考察，可以发现工商领域中质量管理体系的构建依据分为三类。第一类是以质量管理内容为构建依据，可称为“质量管理内容型”质量管理体系。该类质量管理体系依据质量管理内容这一质量管理体系要素构建，具体体现为质量形成的过程、环节、要素或因素，旨在回答质量管理“管理什么”的问题。例如，朱兰（J. M. Juran）的质量螺旋曲线、桑德霍姆（L. Sandholm）的“质量循环圈”和全面质量管理（TQM）理论蕴含的全面质量管理“过程要素”模型、卡尔·艾伯修（Karl Albrecht）的服务“金三角”模型、格朗鲁斯（Gronroos）的顾客感知服务质量模型、帕拉苏拉曼等（Parasuraman，et al.）的服务质量差距模型等。第二类是以质量管理职能为构建依据，可称为“质量管理职能型”质量管理体系。该类质量管理体系依据质量管理职能这一质量管理体系要素构建，具体体现为相关质量管理职能的有机组合，旨在回答质量管理“怎么管理”的问题。例如，朱兰（J. M. Juran）的质量管理三部曲、戴明（W. E. Deming）的 PDCA 循环、ISO 9000：2000 标准阐释的质量管理职能等。第三类是以质量管理内容和质量管理职能的复合为构建依据，可称为“复合型”质量管理体系。该类质量管理体系依据质量管理内容和质量管理职能这两方面的质量管理体系要素构建，具体体现为质量形成的过程、环节、要素或因素与相关质量管理职能的复合，旨在回答质量管理“管理什么”和“怎么管理”两个问题。例如，朱兰（J. M. Juran）的服务质量环、ISO 9000：2000 标准的以过程为基础的质量管理体系模式、国际三大质量奖（美国波多里奇国家质量奖、日本戴明奖和欧洲质量奖）的评价标准蕴含的“卓越绩效”模式等（见表1）。①

表1　工商领域中质量管理体系的构建依据

体系名称	体系分类	构建依据	回答问题
质量螺旋曲线	“质量管理内容型”质量管理体系	质量管理内容（具体体现为质量形成的过程、环节、要素或因素）	质量管理“管理什么”
质量循环圈			
全面质量管理的“过程要素”模型			
服务“金三角”模型			
顾客感知服务质量模型			
质量差距模型			
质量管理三部曲	“质量管理职能型”质量管理体系	质量管理职能（具体体现为相关质量管理职能的有机组合）	质量管理“怎么管理”
PDCA 循环			
ISO 标准中阐释的质量管理职能			
服务质量环	“复合型”质量管理体系	质量管理内容和质量管理职能的复合（具体体现为质量形成的过程、环节、要素或因素与相关质量管理职能的复合）	质量管理“管理什么”和“怎么管理”
以过程为基础的质量管理体系模式			
“卓越绩效”模式			

工商领域中质量管理体系的构建依据对于基本公共服务质量管理体系的构建具有直接的借鉴意义。第一，可选取质量管理体系的核心要素作为构建依据。同工商领域中的质量管理体系一样，基本公共服务质量管理体系也可选择质量管理内容、质量管理职能、质量管理内容和质量管理职能的复合三种中的任意一种作为构建依据。具体选择何种构建依据，则取决于拟构建的基本公共服务质量管理体系所回答的问题。比如，回答“管理什么”，则选择质量管理内容作为构建依据；回答“怎么管理”，则选择质量管理职能作为构

① 陈朝兵，代佳欣. 从工商领域到公共领域：质量管理体系的“跨域”构建［J］. 企业经济，2017（6）.

建依据；同时回答“管理什么”和“怎么管理”，则选择质量管理内容和质量管理职能的复合作为构建依据。第二，可通过解析质量形成和确定质量管理职能类型的方式来呈现构建依据。基本公共服务质量管理体系在选择质量管理体系的核心要素，即质量管理内容和质量管理职能作为构建依据后，可通过解析质量形成和确定质量管理职能类型的方式来呈现该构建依据，这是工商领域中质量管理体系的另一启示。

（二）基本公共服务质量管理体系的构建依据选择

本文拟选择质量管理内容和质量管理职能的复合作为基本公共服务质量管理体系的构建依据，这主要有如下两方面的考虑。

其一，选择质量管理内容和质量管理职能的复合作为构建依据，可以同时兼顾基本公共服务质量管理体系的两个核心要素——基本公共服务质量管理内容和基本公共服务质量管理职能。单独以质量管理内容作为依据构建的基本公共服务质量管理体系，仅能回应基本公共服务质量内容这一核心要素。同样，单独以质量管理职能作为依据构建的基本公共服务质量管理体系，也仅能回应基本公共服务质量管理职能这一核心要素。

其二，选择质量管理内容和质量管理职能的复合作为构建依据，可以同时回答基本公共服务质量管理的两个核心问题——基本公共服务质量管理“管理什么”和“怎么管理”。单独以质量管理内容作为依据构建的基本公共服务质量管理体系，仅能回答基本公共服务质量管理“管理什么”这一核心问题。同样，单独以质量管理职能作为依据构建的基本公共服务质量管理体系，也仅能回答基本公共服务质量管理“怎么管理”这一核心问题。

综上可见，选择质量管理内容和质量管理职能的复合作为构建依据所构建的基本公共服务质量管理体系才更为完整，也更具解释力。

（三）基本公共服务质量管理体系的构建过程

在确定以质量管理内容和质量管理职能的复合为构建依据后，需要进一步确定基本公共服务质量管理内容和基本公共服务质量管理职能，并在此基础上将二者进行复合，从而实现基本公共服务质量管理体系的构建。

首先是基本公共服务质量管理内容的确定。基本公共服务质量管理以基本公共服务质量（同时包括基本公共服务质量形成的过程、环节、要素、因素等）为对象和内容。按照“质量要求—质量特性—满足要求程度”的“质量”内在框架，基本公共服务质量分为基本公共服务质量要求、基本公共服务质量特性、基本公共服务质量特性满足质量要求的程度。[①] 据此，基本公共服务质量管理的内容包括基本公共服务质量要求、基本公共服务质量特性、基本公共服务质量特性满足质量要求的程度三个方面。

其次是基本公共服务质量管理职能的确定。根据质量管理学的一般知识，质量管理的职能类型包括质量策划、质量计划、质量目标制定、质量组织、质量协调、质量领导、质量控制、质量保证、质量评价、质量分析、质量改进等。[②] 据此，结合基本公共服务的特质属性，可将基本公共服务质量管理职能确定为质量要求获取、质量政策制定、质量目标策划、质量标准制定、质量系统设计、质量特性生成、质量评价、质量奖励与问责、质量改进等。为了有效整合基本公共服务质量管理职能的多种类型，本文将基本公共服务质量管理职能类型划分为整体职能和细分职能。其中，整体职能包括基本公共服务质量决策、基本公共服务质量控制和基本公共服务质量监测。各整体职能包含的细分职能具体为：基本公共服务质量决策包括质量要求获取、质量政策制定和质量策划，基本公共服务质量控制包括质量标准制定、质量系统设计、质量特性生成，基本公共服务质量监测包括质量评价、质量奖励与问责、质量改进。

最后是基本公共服务质量管理内容和质量管理职能的复合。深入分析可知，基本公共服务质量管理内容与基本公共服务质量管理职能二者具有密切

---

① 陈朝兵．基本公共服务质量：概念界定、构成要素与特质属性［J］．首都经济贸易大学学报，2019（3）．

② 李家锋，刘智华．质量管理综述［J］．华南农业大学学报，1994（1）．

的内在关系，表现为：基本公共服务质量决策整体职能及其细分职能——质量要求获取、质量政策制定和质量目标策划，以基本公共服务质量要求为中心展开；基本公共服务质量控制整体职能及其细分职能——质量标准制定、质量系统设计、质量特性生成，以基本公共服务质量特性为中心展开；基本公共服务质量监测整体职能及其细分职能——质量评价、质量奖励、质量问责、质量改进，以基本公共服务质量特性满足质量要求的程度为中心展开。

至此可以构建以质量管理内容和质量管理职能的复合为依据的基本公共服务质量管理体系，简称为“复合型”基本公共服务质量管理体系（如图 2 所示）。

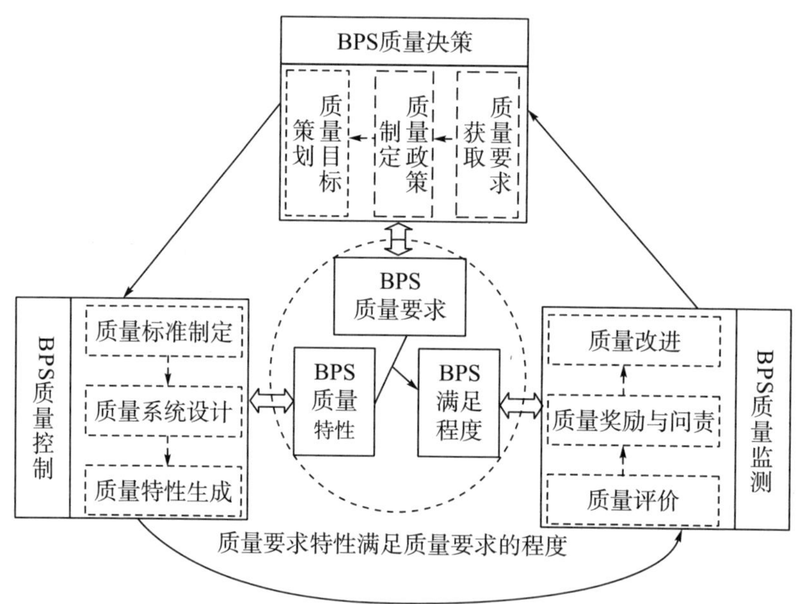

图 2　“复合型”基本公共服务质量管理体系的理论框架

注：图中“BPS”是“基本公共服务”的英文首字母缩写，“BPS 满足程度”指基本公共服务质量特性满足质量要求的程度。

四、“复合型”基本公共服务质量管理体系的构成内容与创新价值

（一）“复合型”基本公共服务质量管理体系的构成内容

由图 2 可知，“复合型”基本公共服务质量管理体系的构成内容分中心部分和外围部分。一是中心部分，包括基本公共服务质量要求、基本公共服务质量特性和基本公共服务质量特性满足质量要求的程度。这三者作为基本公共服务质量内在分解的结果，具有互相依存、缺一不可的关系，共同构成了基本公共服务质量管理的内容。中心部分对应的是基本公共服务质量管理内容这一基本公共服务质量管理体系的核心要素，回答的是基本公共服务质量管理“管理什么”的核心问题。二是外围部分，包括基本公共服务质量决策、基本公共服务质量控制和基本公共服务质量监测三大基本公共服务质量管理整体职能及其细分职能。外围部分对应的是基本公共服务质量管理职能这一基本公共服务质量管理体系的核心要素，回答的是基本公共服务质量管理“怎么管理”的核心问题。

基本公共服务质量决策、基本公共服务质量控制和基本公共服务质量监测是“复合型”基本公共服务质量管理体系的三大关键环节，有必要进一步深入分析。

首先，基本公共服务质量决策是指政府根据基本公共服务质量要求，通过出台公共政策的方式来决定提供哪些以及何种水平的基本公共服务质量特性的过程。基本公共服务质量决策以基本公共服务质量要求为中心，具体包括基本公共服务质量要求获取、基本公共服务质量政策制定和基本公共服务质量目标策划三个环节。其中，基本公共服务质量要求获取环节旨在尽可能准确和全面地获取社会公众对基本公共服务的质量要求，为基本公共服务质量的正式决策提供基础和依据。基本公共服务质量政策制定环节旨在通过出台公共政策的方式决定提供哪些以及何种水平的基本公共服务质量特性，以

回应社会公众表达和提出的基本公共服务质量要求。基本公共服务质量目标策划环节旨在通过制定基本公共服务质量目标和规定实现基本公共服务质量目标的必要运行过程和相关资源，为怎么提供基本公共服务质量政策规定的基本公共服务质量特性作出整体性的设计、安排和布置。

其次，基本公共服务质量控制是指基本公共服务提供组织根据基本公共服务质量的相关规定要求，通过控制基本公共服务质量特性的生成过程，以使实际生成的基本公共服务质量特性水平达到基本公共服务质量要求的过程。基本公共服务质量控制以基本公共服务质量特性为中心，其依据为法规类、政策类、标准类和管理制度类的基本公共服务质量相关规定要求，目标是使基本公共服务质量特性的水平达到基本公共服务质量要求，内容要素包括公共需求、公共政策、管理职责、服务标准、服务流程、服务人员、公共行为、组织文化、公共财政、服务设施、公共权力、公共关系、公共利益等①，一般过程为制定基本公共服务质量控制操作规程、编制基本公共服务质量控制计划、开展基本公共服务质量巡视与评审、分析基本公共服务质量问题、提出基本公共服务质量问题解决方案和存档基本公共服务质量控制信息。

最后，基本公共服务质量监测是指基本公共服务相关主体运用一定的方法、工具和技术手段对基本公共服务质量特性满足质量要求的程度进行多次的、持续性的、长时间的测评，进而加以监视的过程。基本公共服务质量监测以基本公共服务质量特性满足质量要求的程度为中心，其功能定位为科学、合理、准确地测评基本公共服务质量特性满足质量要求的程度，及时、动态地掌控基本公共服务质量的变化情况与趋势，为基本公共服务质量奖励、问责、分析与改进提供可靠依据。以基本公共服务质量监测的结果为依据，可对基本公共服务质量进行奖励、问责与改进。其中，基本公共服务质量奖励是指对那些提供了高质量的基本公共服务或提供的基本公共服务质量有显著

① 姜晓萍，陈朝兵．公共服务的理论认知与中国语境［J］．政治学研究，2018（6）．

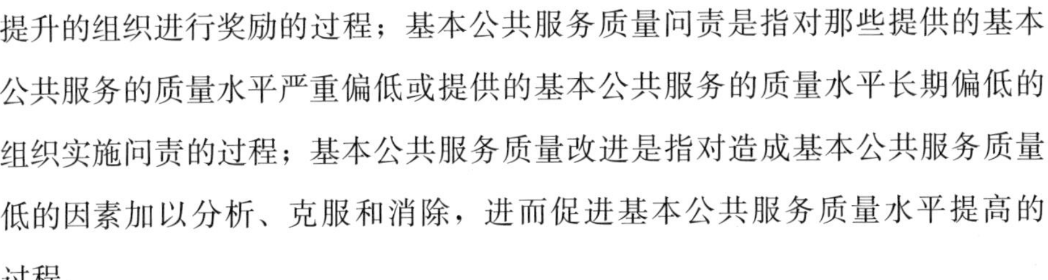
提升的组织进行奖励的过程；基本公共服务质量问责是指对那些提供的基本公共服务的质量水平严重偏低或提供的基本公共服务的质量水平长期偏低的组织实施问责的过程；基本公共服务质量改进是指对造成基本公共服务质量低的因素加以分析、克服和消除，进而促进基本公共服务质量水平提高的过程。

（二）“复合型”基本公共服务质量管理体系的创新价值

“复合型”基本公共服务质量管理体系实现了质量管理一般理论与基本公共服务的有机结合，主要具有三个方面的创新价值。

第一，较为系统、完整地回答了基本公共服务质量管理“管理什么”和“怎么管理”两个核心问题。“复合型”基本公共服务质量管理体系以质量管理内容和质量管理职能的复合为构建依据，对于基本公共服务质量管理“管理什么”和“怎么管理”两个核心问题具备较强的解释力。从对基本公共服务质量管理“管理什么”的回答来看，“复合型”基本公共服务质量管理体系表明其主要是围绕基本公共服务质量要求、基本公共服务质量特性和基本公共服务质量特性满足质量要求的程度三个方面来进行管理。从对基本公共服务质量管理“怎么管理”的回答来看，“复合型”基本公共服务质量管理体系表明其主要是通过基本公共服务质量决策、基本公共服务质量控制和基本公共服务质量监测三大整体职能及其各自包含的细分职能来实现的。

第二，创造性地建立起基本公共服务质量管理职能与基本公共服务质量管理内容之间的横向逻辑对应关联。“复合型”基本公共服务质量管理体系在分别回答基本公共服务质量管理“管理什么”和“怎么管理”的同时，建立了基本公共服务质量管理职能和基本公共服务质量管理内容二者之间的逻辑对应关联。具体为基本公共服务质量管理的三大整体职能（基本公共服务质量决策、基本公共服务质量控制和基本公共服务质量监测）与基本公共服务质量管理的三方面内容（基本公共服务质量要求、基本公共服务质量特性和基本公共服务质量特性满足质量要求的程度）形成了一一对应的关系，即基本公共服务质量决策与基本公共服务质量要求对应，基本公共服务质量控制与基本公共服务质量特性对应，基本公共服务质量监测与基本公共服务质量特性满足质量要求的程度对应。如此，有利于明确基本公共服务质量管理内容在整个基本公共服务质量管理中所处的位置与环节，也有利于基本公共服务质量管理职能聚焦作用对象、定位功能目标和提升执行效果。

第三，比较清晰地显现出基本公共服务质量管理职能以及职能构成环节之间的纵向递进及动态运作过程。“复合型”基本公共服务质量管理体系不仅直观呈现了基本公共服务质量管理的若干整体职能与细分职能，而且表明基本公共服务质量管理的若干整体职能与细分职能之间存在一种内在的依序递进关系，并从总体上呈现出各整体职能与细分职能之间的动态运作过程。具体来讲，对于基本公共服务质量管理的整体职能，基本公共服务质量决策为基本公共服务质量控制提供基础，基本公共服务质量控制为基本公共服务质量监测提供基础，基本公共服务质量监测为基本公共服务质量决策提供基础。对于基本公共服务质量管理整体职能中的细分职能，在基本公共服务质量决策中，基本公共服务质量要求获取为基本公共服务质量政策制定提供基础，基本公共服务质量政策制定为基本公共服务质量目标策划提供基础；在基本公共服务质量控制中，基本公共服务质量标准制定为基本公共服务质量系统设计提供基础，基本公共服务质量系统设计为基本公共服务质量特性生成提供基础；在基本公共服务质量监测中，基本公共服务质量评价为基本公共服务质量奖励与问责提供基础，基本公共服务质量奖励与问责为基本公共服务质量改进提供基础。

五、 基本公共服务质量管理体系的案例实证： 以成都市为例

成都市是 2007 年国家发改委批准设立的全国统筹城乡综合配套改革试验区，近十余年来成都市围绕城乡一体化和基本公共服务均等化做出了大量实

践探索。其中，作为成都市农村工作“四大基础工程”[①]之一的村级公共服务和社会管理改革，围绕提高农村基本公共服务供给和管理水平并进而缩小城乡基本公共服务差距这一目标，探索构建了颇具创新价值和鲜明特色的村级基本公共服务质量管理体系，在全国范围内均具有代表性和典型性。为此，本文选取成都市村级基本公共服务质量管理体系作为个案，对“复合型”基本公共服务质量管理体系进行叙事性解释和说明。

（一）成都市构建村级基本公共服务质量管理体系的背景与过程

作为我国西部地区唯一的特大城市，成都市具有典型的大城市带大农村的城乡格局。“尽管中心城区的发展水平较高，但总体上离现代化还有较大距离，特别是占全市60%的丘陵地区和山区发展缓慢、贫穷落后，城乡差距明显。”[②] 从2003年起，成都市开启了统筹城乡经济社会发展、推进城乡一体化和基本公共服务均等化的改革探索实践进程，先后开展了以“三个集中”、“六个一体化”、农村工作“四大基础工程”为主要内容的统筹城乡综合改革工作。成都市构建村级基本公共服务质量管理体系正是在这一改革背景之下进行的。

成都市实施村级公共服务改革，构建村级基本公共服务质量管理体系的过程大致分三个阶段。首先是奠定基础阶段。在该阶段，成都市根据《关于深化城乡统筹 进一步提高村级公共服务和社会管理水平的意见（试行）》等政策安排，对每个行政村（涉农社区）的村级公共服务和社会管理专项资金在2009年和2010年均按20万元标准实施，2011年上调至25万元以上，目前已提高至40万元。通过“财政下乡”的方式设立村级公共服务和社会管理专项资金，成都市得以在较短时间内加强了农村基础设施建设和公共服务供给

① 成都农村工作“四大基础工程”是指农村基层民主政治建设、农村产权制度改革、农村土地综合整治、村级公共服务和社会管理改革。

② 姜晓萍，黄静．还权赋能：治理制度转型的成都经验［J］．公共行政评论，2011（6）．

的力度。其次是巩固保障阶段。在该阶段，成都市将村级公共服务改革与农村基层治理机制相结合，做到村级公共服务项目由村级自治组织自主实施，村民（代表）会议依据民主决策、自主建设、严格监督的原则决定公共服务专项资金的使用、管理和监督，创新性地提出村级公共服务项目的民主化运作模式。最后是长效运行阶段。在该阶段，成都市沿着民生与民主相结合的思路，一方面，不断完善村级公共服务和社会管理的相关政策和制度体系，确保村级公共服务和社会管理专项资金足额、及时投入每一个村（涉农社区），同时使村级公共服务和社会管理专项资金的使用和村级公共服务项目的运作按照民意进行。另一方面，依托新型村级治理机制，不断健全村级公共服务项目民主化运作机制，确保村级公共服务项目运作的过程能够充分彰显村民的主体性和自主性，运作的结果最大化满足村民的实际需求。

（二）成都市“复合型”村级基本公共服务质量管理体系的关键环节

成都市村级基本公共服务质量管理体系涉及农村居民公共服务需求、农村公共服务供给内容、农村公共服务项目满足规定要求和村民需求的程度，以及农村公共服务供给决策、农村公共服务过程监督、农村公共服务结果评价等，不仅回答了农村基本公共服务质量管理“管理什么”的问题，而且回答了农村基本公共服务质量管理“怎么管理”的问题，因而在总体上是一种“复合型”村级基本公共服务质量管理体系。

1. 村级基本公共服务质量决策

成都市“复合型”村级基本公共服务质量管理体系中的村级基本公共服务质量决策环节主要体现为村级基本公共服务质量要求获取和村级基本公共服务质量民主决策。政策层面，《关于深化城乡统筹 进一步提高村级公共服务和社会管理水平的意见（试行）》规定：“充分尊重农民意愿、维护农民的民主权益。为农民提供的公共服务要充分征求农民的意愿，让农民充分参与和决策。”《村级公共服务和社会管理改革工作手册》《村级公共服务和社会管理专项资金管理办法（修订）》提出了“六步工作法”，其中宣传动员、收集民意、梳理讨论、议决公示这四步均是围绕村级基本公共服务质量要求获取和村级基本公共服务质量民主决策展开的。实践层面，村级基本公共服务质量要求获取一般由村民议事会成员或村两委干部通过问卷调查、入户走访的方式调查、收集和获取村民对基本公共服务的质量需求和意见。比如，大邑县晋原镇按照如下流程收集居民对公共服务的需求和意见：第一步，召开村、社区两委及议事会成员会议，提出年度拟实施公共服务项目建议；第二步，编制民意调查表，一户一表，采取实名制填表方式收集民意；第三步，由议事会成员负责走访联系农户，将民意调查表发放到每一户，进行民意调查，充分征求群众意见；第四步，组织召开以社区为单位的群众会、林盘会等，在充分宣传动员基础上，广泛听取群众意见，收回一户一表的民意调查表。① 在收集居民对公共服务的需求和意见的基础上，成都市构建的基本公共服务质量民主决策机制要求通过召开村民议事会或村民代表大会的方式，按照一定的规则对各村民小组上报的项目进行逐项讨论、商议，最终形成表决意见。比如，温江区探索建立了村级公共服务和社会管理项目“四程序法”民主决策机制：第一步，深入全村每个农户进行民意调查，了解全体村民的需求；第二步，组织各方面代表进行民主议事，根据受益面的大小和缓急提出初步方案；第三步，将初步方案提交村民代表大会讨论表决；第四步，公示确认，只有公示期满群众无异议才能付诸实施。② 通过以上村级基本公共服务质量民主决策机制，成都市农村居民能够在表达自身对基本公共服务质量的需求、意见和期望的基础上，进一步切实参与村级基本公共服务质量决策过程，从而保证了村级基本公共服务质量供给范围、供给标准、供给方式等事项的民

---

① 晋原街道办事处. 晋原街道办事处关于2015年村级公共服务和社会管理改革工作的实施方案［EB/OL］.（2015－02－25）［2019－08－08］. http://jcpt.chengdu.gov.cn/dayixian/simashequ/detail.html?url=/dayixian/simashequ/3001050201/5279193_detail.html.

② 王习明. 成都市试点村级公共服务和社会管理改革的经验和启示［J］. 湖湘三农论坛，2011（0）.

主决策。

2. 村级基本公共服务质量控制

成都市“复合型”村级基本公共服务质量管理体系中的村级基本公共服务质量控制环节主要体现为村级基本公共服务质量标准的建立、村级基本公共服务资源的统筹配置和村级基本公共服务体制机制的改革创新。在村级基本公共服务质量标准建立方面，成都市重视开展村级基本公共服务质量标准建立实践，制定了一系列村级基本公共服务质量标准政策文件。比如，《关于重点镇公共服务和社会管理配置标准的指导意见（试行）》和《关于村（社区）及新居工程公共服务和社会管理配置标准的指导意见（试行）》确定了重点镇“1+17”、村（社区）“1+13”、新居工程“1+11”的配置标准。又如，《成都市农村中小学标准化建设标准（试行）》《关于构建基层公益性医疗卫生服务体系的意见（试行）》《成都市公共文化服务机构服务标准》等设定了公共教育、基本医疗、公共文化等领域的相关基本公共服务质量标准。通过开展村级基本公共服务质量标准建设，成都市村级基本公共服务质量控制工作变得有据可依，基本公共服务客观质量水平的保障也有了基本遵循。在村级基本公共服务资源统筹配置方面，成都市把资源统筹配置作为村级基本公共服务管理和改革的重中之重。从实施的村级公共服务和社会管理改革来看，至少包括组织机构、基础设施、公共财政、人员队伍、管理制度、体制机制等在内的基本公共服务资源得到了统筹安排和配置。以公共财政资源统筹配置为例，根据统计数据，2009 年以来成都市村级公共服务和社会管理专项资金计划拨付总额呈逐年增长趋势，从 2009 年的 69094.9 万元增加至 2014 年的 124334 万元。[①] 具体到各个领域，2009—2012 年成都市向各村（涉农社区）投入的 1.2820 亿元专项资金的分布情况为：基础设施占 59.3%，环境建设类

① 刘娟. 社会质量视角下农村公共资源配置研究——以成都市 J 村公共服务和社会管理改革为例 [D]. 成都：四川省社会科学院，2015：23.

占9.8%，社会管理类占16%，文体类占8.2%。[①] 通过统筹配置村级基本公共服务资源，成都市村级基本公共服务质量系统的设计得到了强化，进而为基本公共服务质量特性的生成奠定了坚实的基础。在村级基本公共服务体制机制改革创新方面，成都市从城乡基本公共服务体制改革的角度出发，主要开展了建立城乡一体的行政管理体制、创新公共服务管理体制、改革基层行政管理体制、改革公共财政体制方面的工作。同时围绕村级基本公共服务供给机制，创造性地提出了分类供给机制、经费保障机制、统筹建设机制、民主管理机制和人才队伍建设机制五类机制，并在政策文件《关于深化城乡统筹 进一步提高村级公共服务和社会管理水平的意见（试行）》中加以确立。通过开展上述基本公共服务体制机制改革与创新，成都市不仅促进了基本公共服务质量特性的生成，也保障了基本公共服务质量特性的水平。

3. 村级基本公共服务质量监测

成都市"复合型"村级基本公共服务质量管理体系中的村级基本公共服务质量监测环节主要体现为村级基本公共服务质量监督、考核和评价的制度设计和工作开展。在制度设计层面，成都市通过《关于深化城乡统筹 进一步提高村级公共服务和社会管理水平的意见（试行）》《关于深化社会体制改革 加快推进城乡社会建设的意见》等政策文件，在村级公共服务和社会管理改革中专门建立了以农民群众为主体的民主评议制度、民主监督制度和民主管理制度，确保村级公共服务和社会管理项目的服务内容、服务方式、服务水平、服务质量、服务效果等处于受监控状态。在具体实践过程中，成都市各区县积极探索基本公共服务质量监督和评价的多种模式。按照监测内容的不同，把成都市村级基本公共服务质量监测划分为村级公共服务专项资金监督和村级公共服务项目监督与评价两类（见表2）。除了以上开展的村级基本

① 清华大学社会学系课题组. 村级公共服务与社会管理相互促进的成都模式［P/OL］. 2011-01-29［2019-08-08］, http://economy.caixin.com/2011-01-29/100222474_all.html.

公共服务质量监测以外，值得指出的是，成都市自 2008 年起开展的统筹城乡发展综合评价监测工作专门针对统筹城乡基本公共服务均等化程度进行了监测。该项监测一定程度上反映了成都村级基本公共服务质量的变化情况（见表 3）。总之，通过开展村级基本公共服务质量监督与评价，成都市村级基本公共服务质量的实际情况及其变化趋势得以把握，从而为下一步村级基本公共服务质量的改进提供了有力支撑。

表 2　成都市村级基本公共服务质量监测实践模式

分类	模式名称	主要特色
村级基本公共服务专项资金监督	邛崃市油榨乡马岩村“五人监督章”模式	分散权力以达到监督效果
	崇州市纪委全程参与模式	自上而下实施监督
	邛崃市台账监督模式	强调过程记录与公示
	青白江区“四维”举措	强调教育、指导、核查与监管
村级基本公共服务项目监督与评价	双流区“服务效果由群众说了算”模式	强调农民群众作为评价主体
	蒲江县民主监督的“三上三下”模式	基层政府与村组织及民众协同监督评价
	大邑县项目评议验收办法	强调监督评价的分类别、参与性和制度化
	青白江区红阳街道红峰村联动式督查管理模式	基层政府与村组织协同监督，同时利用资金支付方式实现监督

资料来源：作者根据有关文献资料自行整理。

表 3　2008—2014 年成都市城乡基本公共服务均等化程度监测

年份	监测项目	城乡基础设施统筹	城乡社会保障一体化指数	城乡公共教育一体化指数	城乡医疗卫生一体化指数	城乡文化发展一体化指数
2008	目标实现度（%）	74.9	80.2	57.6	52.5	64.0
	评价得分	—	—	—	—	—
2009	目标实现度（%）	86.6	75.9	87.6	57.1	78.6
	评价得分	—	—	—	—	—
2010	目标实现度（%）	90.6	85.8	89.9	51.9	79.2
	评价得分	—	—	—	—	—

续表3

年份	监测项目	城乡基础设施统筹	城乡社会保障一体化指数	城乡公共教育一体化指数	城乡医疗卫生一体化指数	城乡文化发展一体化指数
2011	目标实现度（%）	80.3	88.6	82.9	63.2	84.5
	评价得分	14.4	8.0	3.3	3.2	8.5
2012	目标实现度（%）	81.0	89.9	83.6	62.8	89.5
	评价得分	14.6	8.1	3.3	3.1	8.9
2013	目标实现度（%）	95.1	89.9	86.8	62.4	92.8
	评价得分	7.6	8.1	3.5	3.1	9.3
2014	目标实现度（%）	96.2	91.6	93.6	73.2	91.9
	评价得分	7.7	8.3	3.7	3.7	9.2

资料来源：作者根据成都市发布的统筹城乡年度报告数据整理。

六、结论与讨论

改进和提升基本公共服务质量是公共行政学科中的前沿研究议题，也是当前我国政府改革与创新的重要目标任务。本研究将质量管理理论与基本公共服务相结合，借鉴工商领域中质量管理体系的构建依据，从质量管理内容和质量管理职能两个维度出发，构建了“复合型”基本公共服务质量管理体系，并以成都市村级基本公共服务质量管理体系为个案予以实证研究。研究结论主要有：第一，基本公共服务质量管理体系是指在基本公共服务质量方面指挥和控制基本公共服务提供组织的旨在实现基本公共服务质量目标的一系列相关过程、活动、资源、制度等要素的总和。第二，基本公共服务质量管理体系的构成要素包括基本公共服务质量管理的主体、目标、内容、手段、职能、环境、动机、绩效等。其中，基本公共服务质量管理的内容和职能是基本公共服务质量管理体系的两大核心要素。第三，借鉴工商领域中质量管理体系的构建依据——质量管理内容和质量管理职能的复合，并结合基本公共服务的特质属性，可以构建出“复合型”基本公共服务质量管理体系。第四，“复合型”基本公共服务质量管理体系由中心部分和外围部分构成。中心部分包括基本公共服务质量要求、基本公共服务质量特性和基本公共服务质量特性满足质量要求的程度，外围部分包括基本公共服务质量决策、基本公共服务质量控制和基本公共服务质量监测三大关键环节。第五，基本公共服务质量决策以基本公共服务质量要求为中心，旨在根据基本公共服务质量，通过出台公共政策的方式来决定提供哪些以及何种水平的基本公共服务质量特性。第六，基本公共服务质量控制以基本公共服务质量特性为中心，旨在根据基本公共服务质量的相关规定，通过控制基本公共服务质量特性的生成过程，以使实际生成的基本公共服务质量特性水平达到基本公共服务质量要求。第七，基本公共服务质量监测以基本公共服务质量特性满足质量要求的程度为中心，旨在对基本公共服务质量特性满足质量要求的程度加以测评和监视，以为基本公共服务质量的奖励、问责与改进提供依据。

本研究尚存在一定的局限与不足。一方面，由于基本公共服务质量管理体系涉及的内容庞杂繁多，这在很大程度上制约了本研究的深度。另一方面，本研究选取成都市村级基本公共服务质量管理体系作为实证个案，由于案例数据收集难度较大，影响了实证效果。就未来研究而言，基本公共服务质量管理体系这一议题还可从如下方面进行深化和拓展：一是基本公共服务质量特性管理、基本公共服务质量要求管理与基本公共服务质量特性满足质量要求的程度管理；二是基本公共服务质量的管理主体、管理目标、管理手段、管理环境、管理动机、管理绩效等基本公共服务质量管理体系的一般要素及其关系；三是基本公共服务质量决策、基本公共服务质量控制和基本公共服务质量监测三大关键环节及其子环节的落地；四是公共教育、劳动就业服务、社会保障、基本社会服务、公共文化服务等具体领域基本公共服务的质量管理体系问题。

地方发展主义何以影响农民工公共服务感知

——以基本医疗卫生服务为例

代佳欣①

一、 问题提出

党的十一届三中全会后，国家发展的重心从“以阶级斗争为纲”转移到经济建设。40 年余年来，党和国家为发挥中央政府和地方政府对经济建设的“两个积极性”，通过政治锦标赛、行政发包、财税制度、政府间横向竞争机制等极大地调动了地方政府创造经济增量的自主性，促使地方政府长期将解放生产力、促进经济增长确立为地方经济社会发展的主要工作，把地方公共资源大量投放到刺激经济增长的领域。在取得巨大经济成就的同时，由于过分倚重经济发展和追求经济效率，导致地方政府在“社会福利政策和民生事业建设中缺位”②，社会建设滞后于经济建设，“强经济、弱社会”的矛盾凸显，这使得地方政府在国家经济建设战略下“以 GDP 论英雄”的发展主义取向被不断强化。

伴随着国家发展重心的调整，城镇经济发展急需劳动力资本，数亿农村

---

① 代佳欣，西南交通大学公共管理与政法学院讲师，研究方向为基本公共服务与城市治理。

② 卡尔·瑞斯金. 中国与人类发展型政府［J］. 代秀兰，译. 国外理论动态，2013 (3).

闲置劳动力进城务工，最终形成户籍身份与职业身份相分离的农民工群体，他们已成为城镇经济发展的重要推力。然而，“在现行制度框架下，农民工不能取得与拥有城镇户口身份的劳动者平等的地位，并享受相应权益”①，“无法同质等量在城市中获得基本医疗卫生服务”②。加之长期在卫生条件极差的环境中从事体力劳动，“农民工不同程度遭受着职业病困扰，患有呼吸道感染、眼疾、肠胃炎和精神压抑等疾病的现象常见，超过一半的农民工在工地生病后不会去看病，而是通过‘硬熬过去’来节省医疗开支，等到实在熬不住了才去工地周围的私人诊所就医”③。可见，农民工已成为罹患职业病和遭遇健康风险最集中的群体之一，“因病致贫”“因病返贫”致使大量农民工陷入“贫困—务工—贫困”的漩涡。从这一角度看，农民工基本医疗卫生服务的现实状况与其内在需求间的张力明显，成为我国经济社会现代化过程中的一个制约因素。

地方发展型政府理论认为“地方政府有促进经济产出或生产率增长的强烈动机”④，在配置稀缺的基本公共服务资源时会理性计算成本收益，并有明显的地方保护主义倾向。这种发展主义逻辑是可被感知的，社会边缘群体将基本公共服务的缺失归咎为地方发展主义逻辑。从地方发展型政府理论的这一命题出发，本文试图验证我国农民工对基本医疗卫生服务的公平性和可及性感知与地方政府发展主义之间的关联，以期通过本土案例，深入分析地方发展型政府理论与公共服务感知的影响机制，丰富地方发展主义理论的内容。

---

① 郑功成，黄黎若莲．中国农民工问题：理论判断与政策思路［J］．中国人民大学学报，2006（6）．

② 国务院研究室课题组．农民工调查报告［M］．北京：中国言实出版社，2006：10．

③ 潘毅，卢临晖，张慧鹏．大工地：建筑业农民工的生存图景［M］．北京：北京大学出社，2012：47—78．

④ ONIS Z Y．Logic of the Developmental State［J］．Comparative Politics，1991，24（1）．

二、文献回顾

已有的关于地方发展主义与农民工公共服务感知关系的研究主要形成了如下两个理论视角。

（一）政企—劳工视角

“中国的地方政府以地方经济发展为政策导向，识别本地区的比较优势产业，并提供相应的辅助性（facilitative）政策支持和战略性的基础设施”，或通过“营造地方宜商环境吸引国内外投资”①，发挥土地政策的强杠杆作用，刺激地方经济增长，布莱彻（Marc Blecher）和徐慧文（Vivienne Shue）将之概念化为“地方政府主导的发展型资本主义”（Local stateled developmental capitalism）。② 在财政收入最大化和地方党政官员考核体制下，地方政府热衷于大搞经济建设，通过各类公共政策扶持企业，黄宗智（2010）认为这种地方发展主义并未在“促进社会公平、提升公共服务水平上充分发挥作用。经济成果的走向未朝向发展社会福利”③。地方政府和用工企业为维护共同的经济增长目标，缺乏为外来农民工提供民生服务的动力。此外，“二元经济结构分割使得企业工会维护流动人口社会保障的作用低”④，这使得“农民工无法充分获得基本医疗卫生等城市公共服务”⑤，加重了“农民工对公共服务公正、

---

① 张汉．“地方发展型政府”抑或“地方企业家型政府”？——对中国地方政企关系与地方政府行为模式的研究述评［J］．公共行政评论，2014（3）.

② BLECHER M，VIVIENNE S．Stateled Development and the Private Sector in Xinji［J］．The China Quarterly，2001（166）.

③ 黄宗智．国营公司与中国发展经验：“国家资本主义”还是“社会主义市场经济”［J］．开放时代，2012（9）.

④ 纪雯雯，赖德胜．工会能够维护流动人口劳动权益吗？［J］．管理世界，2019（2）.

⑤ 秦立建．农民工医疗服务需求与基本医疗保险可携带性研究［M］．北京：经济科学出版社，2016：1.

可获性和满意度等的负面感知”①。

（二）经济—社会关系视角

“GDP 连年快速增长，并没有消除经济和社会发展的不平衡。这种发展体制必然会使政府的社会服务功能受到抑制。”② 进一步讲，地方政府积极履行经济发展职能，相应地弱化了公共服务职能。财政分权改革后，“地方公共财政支出用于教育、医疗、卫生等基本公共服务的支出水平也并未相应提高”③，间接扩大了社会群体间的民生服务差距。在发展主义理念下，为逃避或选择执行公共服务职能，一些地方政府通过强化城乡户籍制度的壁垒性功能，拖延或阻碍户籍改革进程，以此“对流动人口进行筛选，将对财政贡献较低或产生明显财政支出的群体排斥在户籍门槛之外”④。这导致辗转在不同城市务工的农民工既无法享有乡村提供的公共服务，也难以被务工城市政府纳入公共服务供给范畴。地方发展主义逻辑破坏了地方政府在经济调控和社会建设职能上的协调与平衡，造成较低的公共服务感知与评价。

综合来看，既有研究围绕地方发展主义与农民工公共服务感知关系形成了一些理论观点，为该研究领域奠定了良好基础，但仍然存在一些薄弱环节。这主要体现在：其一，缺乏理论推演。既有研究普遍缺乏对地方发展主义与公共服务感知两个概念的相关关系作详细理论推演，未能深入论述地方发展主义影响公共服务感知的理论意义。其二，影响机制分析不足。既有文献对地方发展主义影响农民工公共服务感知的条件、媒介等的探讨还较薄弱，尚

① 钱文荣，李宝值. 初衷达成度、公平感知度对农民工留城意愿的影响及其代际差异——基于长江三角洲 16 城市的调研数据［J］. 管理世界，2013（9）.

② 郁建兴，徐越倩. 从发展型政府到公共服务型政府——以浙江省为个案［J］. 马克思主义与现实，2004（5）.

③ 郁建兴，高翔. 地方发展型政府的行为逻辑及制度基础［J］. 中国社会科学，2012（5）.

④ 陆万军，张彬斌. 户籍门槛、发展型政府与人口城镇化政策——基于大中城市面板数据的经验研究［J］. 南方经济，2016（2）.

未充分解释个体对地方政府发展主义逻辑的认知如何传导性地影响公共服务感知。其三，操作性概念窄化。现有研究主要选用满意度作为测度公共服务感知的操作性变量，这容易使公共服务感知的概念内涵走向窄化。更为重要的是，基本公共服务作为保障“底线公平”的社会财富再分配工具，“公平可及”才应是个体基本公共服务感知的本质内涵。此外，“地方发展主义”这一概念的操作化研究还很薄弱。

鉴于此，本文以建筑业农民工作为研究对象，基于对地方发展主义和农民工基本医疗卫生服务可及性感知的概念操作化，构建理论模型并进行实证检验，解释农民工对地方发展主义逻辑的认知如何影响基本医疗卫生服务可及性感知，及影响机制发生的中介要素，以期为地方发展型政府理论提供中国本土的经验素材。

三、 理论模型构建

（一）地方发展主义

“发展中国家在向现代工业社会转变的过程中，符合以推动经济发展为主要目标，以长期担当经济发展的主体力量为主要方式，以经济增长作为政治合法性主要来源的政府模式和政府行为特征的统一指称为地方发展型政府。”① 地方发展主义概念缘起于地方发展型政府理论。

从地方发展型政府理论的视角出发，地方发展主义的内涵主要包括如下方面。（1）多元目标约束下，地方经济发展先行。地方政府治理以经济、政治、社会等多元目标为导向，但在绩效考核和政治任期的约束下，多元治理目标的实现是有次序的，地方政府倾向于以创造经济绩效为中心。反过来，

① 郁建兴，石德金. 发展型国家：一种理论范式的批评性考察［J］. 文史哲，2008（4）.

财政增收作为一种结果又进一步激发了地方政府继续推进经济发展。因而，地方政府普遍“追求经济的增长，并导致对GDP的崇拜”①，将地方经济发展作为首要目标。(2)“开源节流”的基本公共服务资源配置逻辑。“地方政府职能的实现无可避免要回应财政体制下公共财政缺口的压力，塑造出开源节流的公共资源调配逻辑”②。“开源”即强调地方政府创造财政，并将其视为配置公共资源的前提，“节流”是削减不必要的财政开支，“弱化地方政府对本区域公共事业的关心和承担力”。在开源节流的资源配置逻辑支配下，地方政府进行选择性社会建设，“在服务对象上，重本地型轻外地型。倾向于为流动性弱的本地居民提供服务，而不愿为流动性强的外地居民提供服务”③。(3)在政企共利空间下，政府监督低效。分税制改革后中央和地方的财政利益分化加剧，GDP增长优先的目标与中央政府纵向监管信息不对称，导致地方政府与企业（地方GDP的主要创造者）形成利益合谋，使得地方政府对企业行为的监督大打折扣，这种“政企合谋是中国经济高增长率和高事故率并存的原因”④。

（二）基本医疗卫生服务可及性

“基本医疗卫生服务可及性，在西方公共卫生学中被视作评价公共医疗卫生系统绩效的核心和制定公共医疗卫生政策的重要目标。”⑤ Ronald Andersen（1968）在“A behavioral model of families' use of health services”一文中首次提出了医疗卫生服务可及性的概念“using service”（使用服务），并进一步

① 姚尚建. 发展型政府的利益剥离——基于思想与制度的讨论［J］. 学术界，2013（10）.

② 吴开亚，张力. 发展主义政府与城市落户门槛：关于户籍制度改革的反思［J］. 社会学研究，2010（6）.

③ 王清. 超越地方发展型政府：理论框架与经验分析［J］. 四川大学学报（哲学社会科学版），2014（6）.

④ 聂辉华，李金波. 政企合谋与经济发展［J］. 经济学，2006（1）.

⑤ JEVESQUE J F，HARRIS M F，RUSSELLG. Patient-Centred Access to Health Care：Conceptualising Access at the Interface of Health Systems and Populations［J］. International Journal for Equity in Health，2013（12）.

指出，可及性是指剔除个体支付能力差异，评价医疗卫生服务公正的标准。此后，探讨可及性概念的相关文献相继问世，少数学者对可及性概念做出了突破性的知识贡献，形成了利用服务、提供服务、适配度和机会等可及性概念界定视角。总的来说，可及性的本质内涵是指需求者对获得基本医疗卫生服务的机会及所需付出成本的主观感知。

基本医疗卫生服务可及性是一个由多维度构成的潜概念（Multi-dimentional latent concept）①，既有研究主要从过程视角和结果视角解析其构成维度。（1）过程视角。将基本医疗卫生服务使用过程中评价服务获得机会和成本的标准作为可及性的构成维度。David S. Salkever（1976）认为可及性可被分解为财政可及和物理可及。Roy. Penchansky 和 J. William Thomas（1981）认为构成可及性的维度是“可获得、可到达、可适合、可支付和可接受”②。Haddad 和 Mohindra（2002）将构成可及性的维度分为“可获得、可支付、可接受和足量”③。（2）结果视角。“将可及性界定为基本医疗卫生服务使用绩效的产出”④，影响产出的主客观因素即为可及性的构成维度。Andersen. R（1968）认为“人口学特征、个体能力、社会结构、制度因素影响个体顺利进入医疗卫生服务系统和使用所需服务的程度”⑤，因而如上因素是构成可及性的主要维度。从服务供给过程的角度看，Maria Goddard 和

---

① DAVID S. SALKEVER D S，Accessibility and the Demand for Preventive Care [J]. Social Science and Medicine，1987（10）.

② PENCHANSKY R，THOMAS W The Concept of Access Definition and Relationship to Consumer Satisfaction [J]. Medical Care，1981（2）.

③ HADDAD S，MOHINDRA K. Access，Opportunities and Communities：Ingredients for Health Equity in the South [M]. New York：Camegie Council on Ethics and International Affairs，2002.

④ GOLD M. Beyond Coverage and Supply：Measuring Access to Healthcare in Today's Marke [J]. Health Service Research，1998（8）.

⑤ ANDERSEN R，SMEDBY B，ANDERSEN OW . Medical Care Use in Sweden and the United States：A Comparative Analysis of Systems and Behavior [M]. Chicago：Chicago University Press，1970：26－27.

Peter Smith（2001）指出“服务质量、供给成本和信息透明是构成医疗卫生服务可及性的核心要素”①。综上，本文认为农民工基本医疗卫生服务可及性包括信息可知晓、空间可到达、制度无壁垒、文化可包容、服务可获得、成本可承担、方式可适合7个构成维度。

（三）地方发展主义与农民工基本医疗卫生服务可及性

动机（motivation）作为一种内隐态度，是心理学研究的核心范畴。动机“是指在自我调节作用下，个体使自己的内在要求与行为的外在诱因相协调，从而形成激发、维持行为的动力因素”②，它包括行为主体的内在需求（或驱动力）、外在诱因（主要指激励和约束）和内在需求与外在诱因约束下个体的行为选择。从动机三要素的角度看，促进地方经济增长是地方政府行为的内在需求，在纵向威权体制下，中央政府的考核与问责构成地方政府配置基本医疗卫生资源的外部约束，于是，地方政府施行保护主义和理性惠民政策，既策略性地回应外部约束，又维护经济增长的自利性目的。本文将从地方经济先行理念、地方保护主义和“中心—边缘”资源配置格局三方面推论与农民工基本医疗卫生服务可及性的相关关系。

1. 地方经济先行理念与服务可获得性

地方经济先行的理念是指地方政府为实现多个复杂治理目标设置差序，即将“实现地方经济发展列于首位，任何其他目标不会干扰这种优先地位”。在这种理念的指引下，“地方政府重视拉动地方经济增长，相对忽视民生发展”。尤其是在既定政治任期内，理性的地方官员将有限的地方公共财政资源投入能直接产生经济回报的领域，并通过执行财政投资制度、公共服务制度等，实现维持经济增长的偏好型财政支出模式。周飞舟（2010）指出：“地方政府对土地开发、基础设施投资和扩大地方建设规模的热情空前高涨，其中

① GODDARD M，SMITH P. Equity of Access to Health care Services：Theory and Evidence from the UK［J］. Social Science and Medicine，2001（53）.

② 张爱卿. 论动机的培养与激发［J］. 教育研究与实验，1996（5）.

地方财政收入增长的动机是一个重要的动力机制。”① 相反，地方政府在基本医疗卫生服务上投放的财政资源、人力资源和基本医疗卫生产品都会受到经济先行发展理念的抑制，形成一种挤出效应，造成基本医疗卫生服务供给数量不足，进而影响农民工对获得基本医疗卫生服务之机会的感知。基于此，本文提出理论假设 H1：地方政府的经济优先发展理念越强，农民工对于基本医疗卫生服务的可获得性感知越差。

2. 地方保护主义与制度无壁垒

“地方保护主义是地区间官员追求地方利益最大化的认知与行为。”② 为国民平等提供所需的基本医疗卫生服务是国家的政治意志，这种意志的贯彻要求中央对地方形成政治动员，并通过纵向分工委托地方提供具体服务。而中央和地方信息不对称，导致地方政府仍然可以选择性执行基本医疗卫生服务政策。同时，受到官员政治晋升竞争、府际横向合作法制体系不健全和公共服务体制与户籍制度挂钩等因素的影响，地方政府“往往将公共服务地方化”③。为实现公共服务地方化，地方政府进一步强化城乡户籍制度及基本医疗卫生服务政策的壁垒性功能，抬高外来人口获得和使用服务的成本，达到服务供给的“挑拣”目的。④ 就农民工基本医疗保险制度来讲，在户籍制度和公共服务属地管理原则下，农民工应在户籍所在地加入新型农村合作医疗保险。因务工需要购买城镇职工基本医疗保险的，必须符合与用工企业签订正

---

① 周飞舟. 大兴土木：土地财政与地方政府行为［J］. 经济社会体制比较，2010 (3).

② 周黎安. 晋升博弈中政府官员的激励与合作——兼论我国地方保护主义与重复建设问题长期存在的原因［J］. 经济研究，2004 (6).

③ 张艺. 流动人口社区化管理研究——以社会管理创新为背景［J］. 人民论坛，2012 (1).

④ 魏洁，周绿林. 农民工医疗保险现状及模式选择［J］. 中国卫生事业管理，2010 (1).

式劳动合同（一般是一年及以上正式的书面劳动合同）的政策条件。[①]而事实上极少有农民工（尤其是从事建筑业和新型服务业的）满足该政策条件，于是很多农民工被排除在城市基本医疗保险系统之外。地方政府越倾向于利用这类壁垒性制度，以达到本地居民与外来人口基本医疗卫生服务差异化配置的目的，农民工相应地在接近服务系统过程中感受到的制度障碍便越强。因此，本文作如下推论 H2：农民工流入地政府在基本医疗卫生服务资源配置中的地方保护主义越重，则越倾向于通过制度壁垒达到其服务差异化配置的目的，导致农民工感受到的基本医疗卫生服务的制度壁垒则越大。

3. 中心—边缘的资源配置格局与空间可到达性

地方政府配置基本医疗卫生服务资源时有强烈的发展地方经济的内在需求，但受制于纵向问责与考核制度，地方政府又要重视公共服务。为兼顾内在需求和外在约束，地方政府采取“理性的资源配置方式和最有利可图的政策执行”[②]，进而将基本医疗卫生服务的财政、机构和人力等资源集中投放在城市中心区域，而非城郊、城乡接合部等边缘性区块。城市中心的基本设施建设健全，交通网络稠密，地方政府将基本医疗卫生服务资源集中配置于中心区域能产生更大的规模效应，并能对其他产业形成辐射带动作用。城中心人口密度高、常住人口结构以本地居民为主，将基本医疗卫生服务重点配置在城市中心地带，既能“降低政府的边际供给成本”[③]，又能更好地回应本地居民的医疗需求。此外，城中心通常是一个城市社会主流文化的主阵地，是城市整体风貌和形象的象征，对城市政府治理绩效具有映射意义，优质资源集中在中心区域能够凸显地方政府在基本公共服务方面的作为，使得基本医

① 张丽. 农民工参加医疗保险及其影响因素研究——以江苏省为例 [J]. 卫生经济研究，2013 (11).

② 薛立强，杨书文. 论政策执行的“断裂带”及其作用机制——以“节能家电补贴推广政策”为例 [J]. 公共管理学报，2016 (1).

③ 刘成奎. 政府城市偏好、网络信息与城乡基本公共服务均等化 [J]. 财贸研究，2013 (12).

疗卫生服务资源的配置具有可见性。基于此，基本医疗卫生服务在空间结构上会呈现“中心—边缘”的格局。[①] 然而，囿于流动性强、工资收入较低、住房支付意愿弱，农民工“居住地主要集中于城乡接合部及城中村”[②]。不论是城郊接合部、城中村还是建筑工地工棚，都属于城市的亚空间，农民工便处于城市基本医疗卫生服务配置空间格局中的边缘位置，接近基本医疗卫生服务系统的机会更低且成本更高。因此，本文提出理论假设 H3：农民工流入地的基本医疗卫生服务资源越集中配置在城中心，农民工对基本医疗卫生服务的空间可到达性越差。

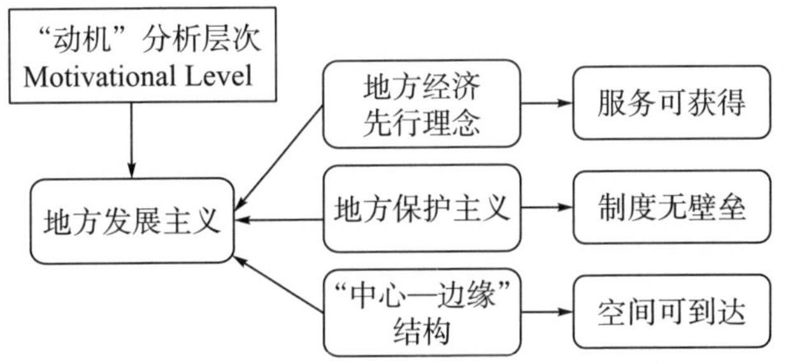

图 1　地方发展主义与可及性影响机理的理论模型

资料来源：作者自制

基于对地方发展主义与基本医疗卫生服务可及性理论命题的解析，本文提出了三个待检验的理论假设（如图 1 所示），以期通过验证地方经济优先理念与服务可获得性、地方保护主义与制度无壁垒、“中心—边缘”资源配置格局与空间可到达性之间的相关性，论析地方发展主义如何影响农民工基本医疗卫生服务可及性。在此基础上，以基本医疗卫生服务为个案，探讨地方发展主义对农民工公共服务感知的影响机理。

---

① 张康之. 合作的社会及其治理［M］. 上海：人民出版社，2014：64—68.

② 董昕. 中国农民工住房问题的历史与现状［J］. 财经问题研究，2013（1）.

四、 研究设计

（一）数据来源与样本选取

本文数据来源于笔者在四川省成都市 HX 建筑公司的建筑工地，通过问卷《农民工基本医疗卫生服务研究》开展的实地问卷调研，通过分层抽样、简单随机抽样和整群抽样方法发放调查问卷共 920 份，两轮抽样回收问卷分别为 503 份和 279 份，问卷回收率分别为 82.7％和 89.4％，有效问卷分别为 378 份和 237 份，问卷有效率分别为 75.2％和 84.9％。

选取四川省成都市作为问卷调查地点具有代表性。根据《中国流动人口发展报告 2016》，成都市净流入人口总数达 244.38 万人，位列我国西部城市中净流入人口首位，在净流入人口结构中，农民工群体占据绝大部分比重。然而，成都市农民工群体数量庞大且分散，行业差别大。受研究条件所限，本文仅在成都市 HX 建筑公司的建筑工地进行问卷调查。HX 建筑公司是一家国有企业性质的建筑企业，以工程承包、房地产开发、建材生产、对外投资、海外业务和科研设计等为主要业务板块。由于企业性质和主营业务的特殊性，它是成都市建筑业农民工最为集中的企业之一。综合以上两方面，本文的数据来源具有代表性。

（二）变量定义与分析工具

调查问卷“农民工基本医疗卫生服务可及性量表”的测量标尺采用李克特五点量表尺度（Likert scale）。李克特量表属一类常用的评分加总式量表，该量表由一组态度强弱不同的陈述组成，每一组陈述有完全不同意、比较不同意、中立、比较同意、完全同意五种回答，分别标记为 1、2、3、4、5。自变量“地方发展主义”的测度因子主要包括地方经济先行理念、地方保护主义和资源配置的“中心—边缘”空间格局，因变量“农民工基本医疗卫生服务可及性”的测度因子包括服务可获得、制度无壁垒和空间可到达。

本文运用Stata软件，采用探索性因素分析（Exploratory Factor Analysis，EFA）、验证性因子分析（Confirmatory Factor Analysis，CFA）和结构方程模型（Structural Equation Modeling，SEM）等工具，对两轮抽样数据进行量化分析。

五、实证结果分析

（一）样本描述性统计

第一轮样本中，被访农民工男性人数为287人，占有效样本总量的75.93%。从年龄段的分布看，“16～44周岁”的占比为65.34%。46.56%的农民工接受过初中程度教育。月收入“2001～5000元”的农民工人数最多，占67.2%。51.06%的农民工对“我的家庭收入低于当地平均水平”的说法持同意态度，显示出以城市为参照系，农民工对家庭经济收入水平的满意度偏低（见表1）。

表1　样本人口学特征的描述性统计

变量名称	变量标签	频数	百分比	累积百分比
性别	男	287	75.93%	75.93%
	女	91	24.07%	100%
年龄段（单位：岁）	<16	10	2.65%	2.65%
	16～44	247	65.34%	67.99%
	45～60	111	29.36%	97.35%
	>60	10	2.65%	100%
受教育程度	未受过教育	24	6.35%	6.35%
	小学	82	21.69%	28.04%
	初中	176	46.56%	74.6%
	高中及以上	96	25.4%	100%
月收入范围（单位：元）	500～2000	46	12.17%	12.17%
	2001～5000	254	67.2%	79.37%
	5001～8000	53	14.02%	93.39%
	8001及以上	25	6.61%	100%

资料来源：作者自制。

根据国务院印发的《“十三五”推进基本公共服务均等化规划》对基本医疗卫生服务项目的界定，本文从基本医疗保险、基本公共卫生服务、基本计生服务、职业安全卫生服务、工伤或职业病经历和工作环境中的健康不利因素等方面，对样本的基本医疗卫生服务特征作描述性统计（见表 2）。

表 2　样本基本医疗卫生服务相关特征的描述性统计

变量名称	变量标签	频数	百分比
基本医疗保险	是	359	94.97%
	否	19	5.03%
基本医疗保险类型	新型农村合作医疗保险	263	72.25%
	城镇居民基本医疗保险	73	20.05%
	城镇职工基本医疗保险	28	7.69%
基本公共卫生服务	加入居民健康档案	48	12.7%
	预防接种	105	22.49%
	传染病和流感等的健康宣传教育	51	13.26%
	艾滋病病毒抗体的检测和治疗	36	9.52%
	心理健康宣传教育	15	3.97%
基本计生服务	孕前优生健康检查等服务	32	8.47%

变量名称	变量标签	频数	百分比
职业安全卫生服务	定期健康检查	79	20.9%
	用工企业告知劳动安全和危害事项	170	44.83%
	用工企业发放符合要求的劳动护具	157	41.54%
	用工企业组织职业病诊断	36	9.52%
	用工企业进行职业安全危险物的处理	145	38.36%
工伤或职业病经历	是	80	21.16%
	否	298	28.84%
工作环境的健康不利因素	化学毒物	56	14.81%
	过量负重	110	29.1%
	长时间站立、蹲位作业	94	24.87%
	烟尘、粉尘	210	55.6%
	高空作业	193	51.06%

资料来源：作者自制。

94.97%的农民工已参加基本医疗保险，其中 73.26%的农民工购买了国家“新型农村合作医疗保险”。87.3%的农民工未加入居民健康档案，77.51%未接种任何疫苗，86.74%的农民工未接受过传染病和流感等的健康宣传教育，96.03%的农民工没有接受过心理健康宣传教育。艾滋病病毒抗体的检测和治疗是针对特定患病群体的，调查数据显示 9.52%的农民工接受过这项基本公共卫生服务。就基本计生服务来看，91.53%的被访女农民工没有接受过孕前优生健康检查等计生卫生服务。企业组织健康体检、告知劳动安全与危害事项、发放符合要求的劳动护具、组织职业病诊断和安全危险物处理等统计数据显示出被访农民工接受的职业安全卫生服务的总体水平低，遭受过职业病危害的农民工占21.16%。此外，被访农民工工作环境存在多种不利于健康的因素，尤其是烟尘、粉尘和高空作业。可见，被访农民工基本医疗卫生服务的整体状况还不乐观。

（二）因子分析

对解释变量“地方发展主义”作探索性因子分析和验证性因子分析。运用主成分因子法（PCF）对构成“地方发展主义”的因子作公因子萃取和斜交转轴（见表3），接着构建验证性因子模型，4个因子均通过Z检验（$P<0.000$）。模型的RMSEA值为0.196，CFI值为0.941，SRMR值为0.040，模型拟合度高。

表3　“地方发展主义”的因子分析统计值

	因子	因子载荷量	公因子方差	公因子的组合方差解释力	因子分数	新的因子名称	新的因子内涵描述
地方政府发展主义	real mot1	0.818	2.512	Factor1 (Proportion=64.78%)	0.316	地方发展主义 resmot	农民工流入地政府在配置基本医疗卫生服务资源时所持的经济优先理念、地方保护和空间差异性动机
	real mot2	0.843			0.325		
	real mot3	0.839			0.323		
	real mot4	0.713			0.275		

资料来源：作者自制。

被解释变量“农民工基本医疗卫生服务可及性”的Cronbach's alpha值为0.7182。采用主成分因子法（PCF）萃取公因子和因子斜交转轴法，确定8个新因子及其解释性内涵（见表4）。使用卡方检验（Chi-square test）和RMSEA、CFI、SRMR作模型拟合度检验，确定构成农民工基本医疗卫生服务可及性的8个代表性因子的结构良好，信息知晓、空间边缘、制度不畅、文化排斥、服务获得、资源足量、成本可担、方式匹适可作为测度“农民工基本医疗卫生服务可及性”的操作性指标。

表4 “农民工基本医疗卫生服务可及性”维度的因子分析统计值

可及性的维度构念	因子	因子载荷量	公因子的组合方差解释力	因子得分	新的因子名称	新的因子内涵描述
信息可知晓	infokn1	0.869	Factor1 (Proportion =75.45%)	0.576	信息知晓 infins	农民工知晓关于基本医疗卫生服务的信息
	infokn2	0.869		0.576		
空间可到达	geogac1	−0.809	Factor2 (Proportion =65.36%)	0.619	空间边缘 georea	农民工对基本医疗卫生服务的空间接近性差
	geogac2	0.809		0.619		
制度无壁垒	instac1	0.729	Factor3 (Proportion =53.21%)	0.342	制度不畅 sysobs	农民工接近和获得基本医疗卫生服务面临制度梗阻
	instac2	0.768		0.361		
	instac3	0.811		0.380		
	instac4	0.594		0.279		
文化可包容	cultac1	0.747	Factor4 (Proportion =60.48%)	0.412	文化排斥 cultac	农民工接近和获得基本医疗卫生服务过程中受到的城市社会文化排斥
	cultac2	0.815		0.449		
	cultac3	0.769		0.424		
服务可获得	servav1	0.820	Factor5 (Proportion =34.08%)	0.603	服务获得 serava	农民工无法充分获得基本医疗卫生服务
	servav2	0.782		0.575		
资源可获得	resade1	0.778	Factor6 (Proportion =32.61%)	0.621	资源充足 resade	农民工可获得充足的基本医疗卫生服务资源
	resade2	0.740		0.590		
成本可承担	costaf1	0.741	Factor7 (Proportion =57.60%)	0.428	成本可担 costaf	农民工可承担使用基本医疗卫生服务的经济成本
	costaf2	0.764		0.442		
	costaf3	0.773		0.447		
方式可适合	pattac1	0.712	Factor8 (Proportion =54.0%)	0.331	方式匹适 pattac	提供给农民工使用的基本医疗卫生服务的方式适合
	pattac2	0.737		0.341		
	pattac3	0.767		0.355		
	pattac4	0.722		0.334		

资料来源：作者自制。

（三）地方发展主义与可及性的路径分析

如前所述，本文推论形成了三个待验的理论假设。H1：地方发展主义通过具体制度影响农民工对基本医疗卫生服务的可获得性感知。利用最大概似法（ML）进行路径分析，得出地方发展主义与服务获得感知的效应值（total effects：0.21，$P<0.001$），二者存在显著正向相关关系。其中，地方发展主义与城乡户籍制度显著正相关（total effects：0.19，$P<0.001$），地方发展主义与基本医疗卫生服务制度显著正相关（total effects：0.30，$P<0.001$）。这进一步说明地方政府的发展主义逻辑通过显著影响户籍制度和农民工基本医疗卫生服务的具体政策，影响了农民工对基本医疗卫生服务可获得性的主观感知（如图 2 所示）。地方政府越持经济优先发展理念，农民工对基本医疗卫生服务的可获得性感知则越差。这在一定程度上验证了既有研究的观点，即农民工能感知地方发展主义逻辑，并传导性形成较低的公共服务评价。然而，本研究以基本医疗卫生服务可及性感知与地方发展主义的相关性检验为个案，发现地方发展主义要通过制度环境的媒介作用，才能明显影响农民工公共服务感知，并且越具体的公共政策（如基本医疗卫生服务保险政策）对农民工公共服务感知的影响强度越大。

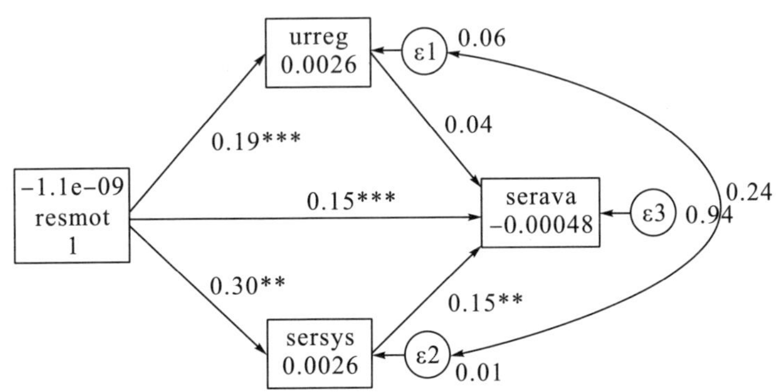

图 2　地方发展主义与服务获得的路径关系图

资料来源：作者自制。

H2：地方发展主义通过制度壁垒影响农民工对进入基本医疗卫生服务系统的制度不畅性评价。地方发展主义与制度不畅的相关系数为 0.19（total effects：0.19，$P<0.001$），二者呈显著正向相关关系。其中，地方保护主义影响农民工对基本医疗卫生服务的信息知晓性感知，同时通过发挥城乡户籍制度和基本医疗卫生服务政策等的功能，对外来人口进入当地基本医疗卫生服务供给系统造成阻碍，或提高农民工进入服务系统的成本，最终造成农民工对进入基本医疗卫生服务系统过程的制度不畅感知（如图 3 所示）。持发展主义逻辑的地方政府利用中央和地方信息不对称进行有偏好的基本医疗卫生服务供给，这种偏好必然要诉诸构建具体的正式制度，才能形成制度壁垒效应，进而影响服务需求个体对制度畅通性的感知。

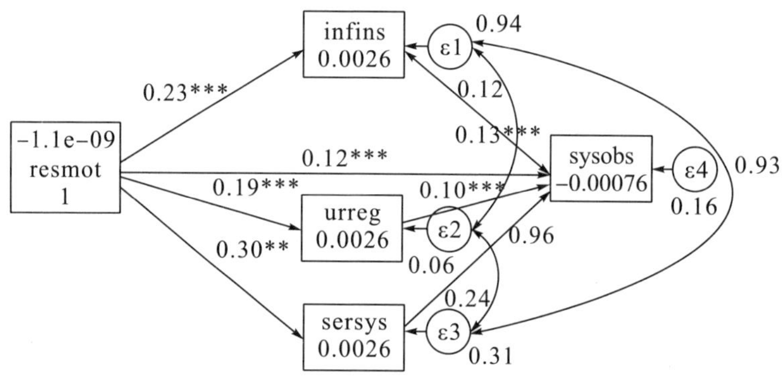

图 3　地方发展主义与制度不畅的路径关系图

资料来源：作者自制。

H3：农民工流入地的基本医疗卫生服务资源越集中配置在城中心，农民工对基本医疗卫生服务的空间可到达性越差。地方发展主义与空间边缘的相关系数为 0.16（total effects：0.16，$P<0.001$）。其中，地方发展主义显著影响基本医疗卫生服务的资源配置（如图 4 所示）。地方政府越持有发展主义的逻辑，出于投资回报的理性考量，越倾向于将基本医疗卫生服务资源配置在城中心，形成基本医疗卫生服务资源在空间分布上的“中心—边缘”格局。这使得农民工处于城市基本医疗卫生服务分布格局中的边缘位置，在空间上

接近基本医疗卫生服务系统的便捷性减弱。同时，地方政府通过强化户籍制度和基本医疗保险报销等配套制度等的壁垒性功能，提高了农民工获得所需医疗卫生服务的制度性成本，这共同影响了农民工对接近基本医疗卫生服务的空间边缘性感知。

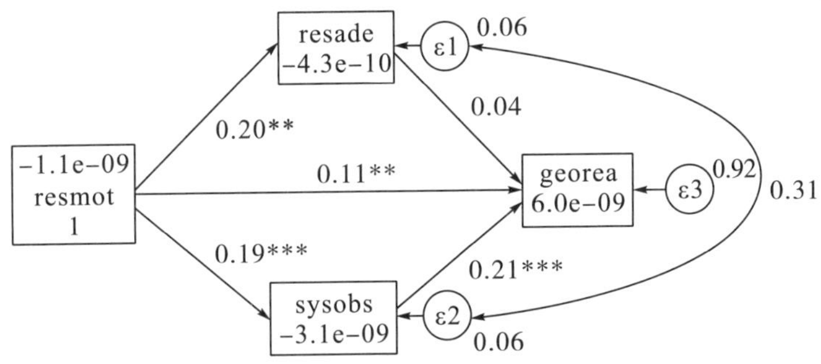

图 4 地方发展主义与空间边缘的路径分析图示

资料来源：作者自制。

以上路径模型均通过检验，卡方值约为 0.000，*P* 值约为 0.001，在 99% 的置信区间内，提出的模型的共变异项矩阵与样本的共变异项矩阵没有显著差别。RMSEA 值约为 0.000，CFI 值约为 1.000，SRMS 值约为 0.000，表明路径模型的拟合度高。

六、 结论与启示

本文以农民工基本医疗卫生服务为研究对象，发现地方发展主义能够显著影响农民工基本医疗卫生服务可及性感知。地方经济优先理念通过城乡户籍制度和基本医疗卫生服务配套政策，影响农民工对基本医疗卫生服务的获得性感知；地方保护主义利用信息屏障和制度环境的传导作用，使农民工产生接近基本医疗卫生服务系统的制度不畅性感知；地方医疗卫生资源配置的“中心—边缘”格局能一定程度影响农民工对基本医疗卫生服务的空间可达性感知。这验证了既有研究指出的地方发展主义与农民工公共服务感知存在相关性的结论，但本文发现这种相关性的产生存在传递机制。首先，地方政府在发展主义逻辑的驱动下，通过发挥具体正式制度的功能，进而影响农民工公共服务感知。其次，地方发展主义先影响农民工对公共服务某一具体层面的微观感知，如信息知晓性，再进一步影响其对公共服务整体的抽象性服务感知。实质上，地方发展主义逻辑很难直接形塑农民工对公共服务的主观评价，而是具有更复杂的影响机制。受制于研究样本与方法，本文观点的代表性和解释力还存在不足。后续研究可尝试采用实地实验方法，比较我国东、中、西部地区地方政府发展主义对农民工民生服务感知的影响机制，以提出针对性的治理对策。

医保治理现代化研究

——以苏州市“四位一体”保障模式为例

黄国武　陈艺玥[①]

随着基本医疗保险逐步实现全覆盖及人民收入持续快速增长，人民对基本医疗保险化解疾病风险、促进健康的期望和需求不断增加。而现实医疗服务发展的不均衡和不充分以及医疗保险管理体制改革的相对滞后使人民需求难以得到充分有效的满足，这是我国实现全民医疗保险后面临的重要问题。党的十八届三中全会提出“全面深化改革的总目标是完善和发展中国特色社会主义制度，推进国家治理体系和治理能力现代化”，国家治理现代化为我国医疗保险治理提供了行动指南。

一、治理现代化和医疗保险治理现代化的研究综述

“治理现代化”最初是党的十八届三中全会提出的：“全面深化改革的总目标是完善和发展有中国特色的社会主义制度，推进社会治理体系和治理能力的现代化。”从“社会管理”到“社会治理”，再到“治理能力的现代化”，这意味着国家管理进入了历史性的转折阶段。一方面，社会治理不再强调

① 黄国武，四川大学公共管理学院讲师，研究方向为医疗保障、社会保障。陈艺玥，四川大学公共管理学院学生。

“自上而下”的层级单一纵向的“权力式”管理，而是偏向于凸显横向多维的涉及社会各方面力量的“参与式”管理和各方利益的动态平衡；另一方面，社会治理更强调法治思维与法治方式。在这样的治理格局下，不再是政府“少干预”和“不代替社会”去开展行动的问题，而是政府如何在法律框架下与其他主体共同开展行动的问题（张康之，2014）。[①] 对于国家治理现代化的理解，胡鞍钢（2014）[②] 认为国家治理现代化是治理制度和治理能力作为现代政治要素，不断地、连续地发生由低级到高级的突破性变革的过程。这是从政治的角度来解读国家治理行为，更多强调的是事物发展的过程。唐皇凤（2014）[③] 从六个方面更具体地指出国家治理现代化的主要内涵：治理主体的多层化和多元化、治理结构的分权化和网络化、治理制度的理性化、治理方式的民主化与法治化、治理手段的文明化、治理技术的现代化。从目标上，倪翠兰（2015）[④] 认为治理主体能够有效解决社会转型中的问题，促进社会可持续发展，并适应了当前分享经济的发展方向。通过对已有相关文献的回顾，可以发现治理现代化虽然没有统一而明确的定义，但具备了共同的内涵，那就是治理现代化需要多方利益群体共同参与，相互协作，运用更科学的技术手段去解决问题，实现各方利益的动态平衡和制度可持续发展。无论是社会治理还是国家治理，公众参与都是必要元素，民主和法治成为治理的必要条件，现代科学技术的应用是治理现代化的支撑和保障。

目前，学界对社会保障治理对国家治理的重大意义和价值在理论上基本

---

① 张康之. 论主体多元化条件下的社会治理 [J]. 中国人民大学学报，2014 (2).

② 胡鞍钢. 中国国家治理现代化的特征与方向 [J]. 国家行政学院学报，2014 (3).

③ 唐皇凤. 中国国家治理现代化路径选择的若干思考 [J]. 华中科技大学学报（社会科学版），2014 (3).

④ 倪翠兰. “治理能力现代化”内涵探析 [J]. 社科纵横，2015 (5).

形成了共识[1][2][3][4][5]，国家治理需要社会保障充分发挥其积极的社会功能、有效的经济功能、稳健的政治功能以及其及时应对危机的稳定功能。[6] 国家治理现代化也要求社会保障治理的现代化，从公共管理理论来看，国民参与社会保障制度的规划、决策、实施及评估监督过程是政府的合法性的典型表现[7]，也是实现社会保障治理现代化的关键。白维军和郭喜（2015）[8] 论证了公众参与社会保障治理的决策、执行、监督等过程的必要性，认为应该进一步创新管理体制、制度体系以及参与途径和模式，以此来促进公众参与社会保障治理过程。而岳经纶和胡项连（2017）[9] 认为社会保障治理能力没有适应社会保障政策的快速发展，导致社会保障政策的扩展和财政投入的增加并没有充分转化为人民的福祉，民众获得感不强。王增文和林闽钢（2015）[10] 则直接指出目前公众参与社会保障治理的主要“瓶颈”在于社会保障政策制定过程中缺

---

① 白维军. 社会保障成为国家治理主题的四个理由［J］. 中国人力资源社会保障，2017（7）.

② 郑功成. 社会保障与国家治理的历史逻辑及未来选择［J］. 社会保障评论，2017（1）.

③ 林闽钢. 社会保障如何能成为国家治理之“重器”——基于国家治理能力现代化视角的研究［J］. 社会保障评论，2017（1）.

④ 贾玉娇. 社会保障制度：国家治理有效性提升的重要途径［J］. 社会科学战线，2016（5）.

⑤ 何文炯. 社会保障关于国家治理［J］. 中国社会保障，2018（2）.

⑥ 郑功成，郭林. 中国社会保障推进国家治理现代化的基本思路与主要方向［J］. 社会保障评论，2017（7）.

⑦ CAMPBELL A L. Self-Interest，Social Security，and the Distinctive Participation Patterns of Senior Citizens［J］. The American Political Science Review，96（3）：565－574.

⑧ 白维军，郭喜. 社会保障治理中的公众参与：基于国家治理体系现代化的视角［J］. 中国行政管理，2015（12）.

⑨ 岳经纶，胡项连. 转型中的社会保障治理：政策扩张对治理能力的挑战与应对［J］. 苏州大学学报（哲学社会科学版），2017（3）.

⑩ 王增文，林闽钢. 中国社会保障治理能力现代化问题［J］. 贵州社会科学，2015（3）.

乏公众参与的制度安排，同时公众参与的主动性和律己性较差也是主要的阻碍因素。童星（2017）[①] 认为社会保障治理现代化需要加强社会保障体系内外不同机构、组织、资源等多方面的协同和联动。王增文（2015）[②] 提出我国社会保障的发展应通过法治保障增加制度创新、综合推进治理结构的整体优化和结构演进。贾玉娇（2015）[③] 认为应完善社会保障资源传递体系，减少制度风险，提高配置效率。社会保障体系内各项目对解决社会各方面的问题具有高度的针对性，同时彼此紧密相连，构成一个整体，是国家治理和社会治理的关键环节。

社会医疗保险治理现代化是社会保障治理现代化的重要组成部分，两者具有内在一致性。部分群体保障不足、基金存在潜在风险、医保效率不高和能力不足等原因要求我国加快医保治理体系的建设（何文炯，杨一心：2017）。[④] 在发展目标上，陈迎春等（2016）[⑤] 提出在健康中国背景下，应该将医疗保险转型为健康保险，相对于现行医疗保险制度，其更关注医疗保险覆盖的深度，注重公平与效率；同时也更关注服务质量和疾病的预防、治疗与康复。李玲（2017）[⑥] 认为建立我国全民健康保障体系应该包含四个要点：健康融入所有政策，全体国民覆盖，全生命周期，全民参与。在治理内容上，“三医联动”和医疗保险制度的整合成为研究焦点。“三医联动”不只是政府部门间的联动，更是各方利益主体通过利益的平衡，形成改革合力（郑秉文，

① 童星. 国家治理现代化进程中的社会保障 [J]. 社会保障评论，2017 (3).

② 王增文. 中国社会保障治理结构变化、理念转型及理论概化：范式嵌入与法治保障 [J]. 政治学研究，2015 (5).

③ 贾玉娇. 走向治理的中心：现代社会保障制度与西方国家治理——兼论对中国完善现代国家治理体系的启示 [J]. 江海学刊，2015 (5).

④ 何文炯，杨一心. 医疗保障治理与健康中国建设 [J]. 公共管理学报，2017 (1).

⑤ 陈迎春，等. 健康中国背景下构建全民医疗保险制度的策略探析 [J]. 中国医院管理，2016 (11).

⑥ 李玲. 全民健康保障研究 [J]. 社会保障评论，2017 (1).

2017；王宗凡，2016）。[①②] 翟绍果（2017）[③] 提出以健康资源的配置为核心，形成“资源配置—契约治理—健康绩效”的“三医”联动逻辑和“要素整合—结构优化—功能协同”的“三医”内部互律机制，并建立“自我治理—合作治理—协同治理”的治理路径来实现“三医联动”。这些研究都在一定程度上反映了医疗保险治理现代化需要利益相关方共同参与的基本要求。在医疗保险制度的整合上，周强、王宗凡、仇雨临等学者认为应该让城乡医疗保险从“碎片化”管理走向整体性治理：一是尽快统一城乡医疗保险制度和城镇职工医疗保险制度，实现缴费水平、报销项目和水平等方面的统一和公平；二是要统一行政管理体制，由人力资源和社会保障部门专门管理；三是实现全国统筹，达到各地统筹层次的统一，有利于人口的流动和社会公平。[④⑤⑥] 而在医疗保险制度的运行机制上，王琬、詹开明（2018）认为应该引入社会力量推进医保体制机制创新，以先进技术作为支撑。[⑦] 毕兴可等（2017）[⑧] 认为应该建立高效的信息交流机制和信用管理机制，以此提高监督效率，同时也需要建立有限激励制度，实现对医疗费用的有效控制。这些研究表明了医疗保险治理现代化对全国统一的制度设计和管理体制的需求。

综合上述相关文献可以发现，加快我国社会医疗保险治理现代化既是满

---

① 郑秉文.“健康中国”的解读：从理念精髓到中国国情——学习习近平总书记在全国卫生与健康大会上讲话的体会［J］. 中国医疗保险，2017（3）.

② 王宗凡.“三医联动”下医疗保险新走向［J］. 中国卫生，2016（7）.

③ 翟绍果.“三医”联动的逻辑、机制与路径［J］. 探索，2017（5）.

④ 周强. 城乡医疗保险“碎片化”管理体制及其整合路径——基于整体性治理视角［J］. 云南行政学院学报，2017（4）.

⑤ 王宗凡. 城乡居民医保制度差异和整合策略［J］. 中国社会保障，2017（10）.

⑥ 仇雨临，吴伟. 城乡医疗保险制度整合发展：现状、问题与展望［J］. 东岳论丛，2016（10）.

⑦ 王琬，詹开明. 社会力量助推医保治理现代化研究［J］. 社会保障评论，2018（1）.

⑧ 毕兴可，于凯. 治理现代化视角下职工基本医疗保险运行机制研究［J］. 郑州航空工业管理学院学报（社会科学版），2017（11）.

足人民日益增长的健康需求，也是医疗保险制度发展的内在要求；既是社会保障治理现代化的关键内容，也是国家治理现代化的重要组成部分。推进我国医疗保险治理现代化已经形成基本共识，但是实现路径目前仍不明确，且存在一定分歧。整体来看研究内容都比较单一、零散，缺乏对目前医疗保险治理现代化的系统性的研究。

二、 我国大病保障治理的地方实践与苏州模式的形成

我国医疗保障制度已经实现了制度上的“全民医保”，城乡参保居民的医保范围不断扩大，医保待遇逐步提高，但是“看病难”“看病贵”的问题并没有得到根本解决。在全国现有的7000多万贫困农民中，因病致贫的占42%，有1000多万人患有慢性病或者大病。在五大致贫的原因中，大病致贫占据首位。在此背景下，2012年8月国家六部委联合发布了《关于开展城乡居民大病保险工作的指导意见》，2015年7月国务院办公厅又发布了《关于全面实施城乡居民大病保险的意见》。城乡居民大病保险（简称“大病保险”）采取由政府部门利用医保基金结余向商业机构购买保险的方式运作，通过发挥政府和市场机制的作用，完善城乡居民医疗保障制度，集中体现了党的十八届三中全会对社会治理体制、经济体制、行政体制改革的新要求。相关政府部门制定大病保险的筹资、报销范围、最低补偿比例，以及就医、结算管理等基本政策要求，并通过政府招标选定承办大病保险的商业保险机构。因而，这是一种政府和市场合作的医疗保险制度创新。如何有效发挥政府部门和市场主体的作用，如何妥善处理政府部门、医疗机构、商业保险公司和参保人四类主体的关系，从而保证大病保险的有效运行，是完善大病保险制度必须解决的重要问题。

从2007年开始，在保险监管部门的推动下，中国人民健康保险股份有限公司以“管理+经营”模式参与湛江市医疗保障体系建设，形成了“湛江模

式”，即免费管理“城乡居民基本医疗保险”与“城镇职工基本医疗保险”，以保险合同的形式经营城乡居民大额补助保险、公务员补充医疗保险和城镇职工大病救助保险。其中，对“大病保险”的探索引人注目：通过拆分城乡居民基本医疗保险个人缴费部分，由保险公司以契约形式承保城乡居民补充医疗保险。试点以来，“湛江模式”取得的显著成效得到了各级领导的高度重视和肯定，各地纷纷要求扩大试点。此后，不断涌现出“洛阳模式”“太仓模式”等各具特色的大病保障模式。

苏州市作为在全国范围内率先实施基本医疗保险与医疗救助一体化管理的城市、江苏省唯一的城乡一体化综合配套改革试点地区和全国城乡社会保障一体化发展示范区，在大病保障治理体系方面的工作也走在前列。从1997年开始，基本医疗保险就被定义为“保基本、保大病”，为参保人员减轻高额诊疗费用造成的经济负担。2002年，苏州市政府开始摸索针对特困人群的救助，实施《苏州市区特困人群医疗救助管理办法（试行）》。2004年，苏州市针对自负费用较大的群体出台《苏州市市区医疗保险参保人员医疗救助暂行办法》，对其给予一次性补偿，救助对象扩大到所有参保人员。2008年，《苏州市区社会医疗救助办法》的出台代表了一体化社会医疗救助制度的建立。针对不同群体确立“保费补助、实时救助、年度救助”“三位一体”的社会医疗救助体系，创新性地建立了以基本医疗保险为基础、以社会医疗救助为补充的医疗保险体系，推进了基本医疗保险和社会医疗救助的一体化之路。2011年，政策对于特困群体的关注度不断提高，加入了“专项救助”。苏州市确立了“四位一体”的医疗救助体系。2013年，为了减轻目录外费用负担，专项救助被并入年度救助，并针对目录外费用提出“自费救助”，将“普惠全民”的救助体系向“特困特惠”的救助体系推进，形成了“保费救助、实时救助、自费救助、年度救助”“四位一体”的医疗救助体系。2017年，苏州市政府对原年度救助进行了优化，从2018年起，作为大病保险制度单独运作。2019年元旦，苏州市《个人所得税专项附加扣除暂行办法》规定将大病医疗保险纳入专项附加扣除项目，从税收方面减轻了居民就医的经济负担。苏州市从2002年首次针对特困人群实施医疗救助到2011年确立“四位一体”的医疗救助体系，不断推动和完善社会医疗保障体系一体化进程。目前，苏州市大病医疗保障体系统筹城乡、普惠全民，同时也针对特困人群实施特惠政策；基本医疗保险、大病保险和医疗救助一体化管理各司其职，服务高效；以年医疗费用为标准鉴定大病，有效减轻了居民经济负担。在十几年的实践探索中，苏州市形成了一套由参保补助、实时救助、专项救助组成的与基本医保、大病保险精准对接的一体化管理体制和运行机制，有效地满足了不同层次人群的需求，达到了建立大病保险的目的。

为了促进大病保险在全国范围内的顺利推行，通过对苏州市大病医疗保障治理体系的架构和实施情况进行研究，总结其经验和不足，以便其余各地参考，不断完善大病保险制度，切实发挥保险公司体制机制、专业技术、机构网络的作用，努力实现大病保险保障水平更高、风险管控更强、营运成本更低、服务质量更优，使之成为完善国家治理机制的新亮点。

三、 苏州市大病医疗保障治理体系现状分析

苏州市地处我国东南沿海地区，经济发展较快，区域总产值和人均可支配收入在全国排名靠前，医疗事业的发展也较为完善。2002年，《苏州市区特困人群医疗救助管理办法（试行）》的颁布代表着苏州市对特困人群在医疗救助方面开始采取措施，自此苏州市的大病医疗保障体系不断完善，越来越多的人群被纳入其中，因病致贫返贫现象得到缓解。

（一）苏州市经济社会基本情况

苏州市占地面积为8488.42平方千米，包括5个市辖区、4个县级市。2017年，常住人口总量已达到1068.36万人，城镇化率达到75.8%，年地区生产总值为1.7万亿元，比上年度增长7%。2017年，苏州市人均可支配收

人为 50350 元，同比增长了 8.1%。其中城镇居民人均可支配收入 58750 元，同比增长 8.1%；农村居民人均可支配收入 29900 元，同比增长 8%。统计数据显示苏州市城乡收入比例与上年度基本持平。①

2017 年年末全市共有 6883148 人参加基本医疗保险，据统计，苏州市的卫生机构有 3160 个，床位 66640 张，拥有卫生技术人员 7.96 万人，其中医生 3.03 万人、注册护士 3.45 万人，分别比上年增长 9.4%和 12.6%。2017 年全市有 9695.65 万人次接受诊疗，其中市区有 5051.43 万人次，全市病床使用率高达 85.06%。以上数据相比 2016 年，除了卫生机构数量外，都有轻微上涨。②

（二）苏州市大病医疗保障制度现状

苏州市大病医疗保障体系已经运行了十年多的时间，其基本构成和运作方式已经确立并在不断完善，统筹性增强、覆盖范围扩大、向困难群体倾斜、保障水平提高，降低了居民因罹患大病而陷入经济困难的风险。

1. 参保情况分析

医保信息系统会对所有基本医疗保险的参保者在年度内产生的医疗费用自动进行计算并匹配相应的待遇，即基本医疗保险参保者自动参加大病医疗保障。随着基本医疗保险范围的延伸拓展，大病保障的受益人群也在不断扩大。苏州市城乡居民基本医疗保险参保人员情况见表 1。

表 1　苏州市城乡居民基本医疗保险参保人员情况③

参保类型	职工基本医疗保险（万人）			居民医保（万人）			合计（万人）
群体	在职职工	退休人员	合计	学生少儿	非就业居民	合计	
2015 年末	416.85	121.82	538.67	100.84	178.66	279.50	818.17

① 数据来源：2017 年苏州市国民经济和社会发展统计公报。

② 数据来源：苏州市统计局，苏州统计年鉴 2018。

③ 数据来源：苏州市人力资源和社会保障局。

续表 1

参保类型	职工基本医疗保险（万人）			居民医保（万人）			合计（万人）
群体	在职职工	退休人员	合计	学生少儿	非就业居民	合计	
2016 年末	428.4	130.97	559.37	120.31	156.52	276.83	836.20
2017 年末	465.50	141.60	607.10	125.75	126.77	252.52	859.62

由表 1 可知，从 2015 年到 2017 年，苏州全市基本医疗保险参保人数总体上不断上升，从 2015 年年末的 818.17 万人增长到 2017 年年末的 859.62 万人，增长了 5.1%。其中，参加职工基本医疗保险的人数明显增加，从 538.67 万人增长到 607.1 万人，增长了 12.7%。居民医保总体参保人数逐渐下降，但是通过分析其组成人群可知，学生少儿的参保人数在两年内增加了 24.7%，有所下降的是非就业居民（主要包括老年居民和失业人员）参保人数，减少了 29.04%。可见，居民医保的参保人数减少主要是由于非就业居民参保人数减少。

2. 救助方式

苏州市“四位一体”的医疗救助模式覆盖了城乡所有参保居民，贯穿从缴纳保费、检查医治到特困特惠的全过程。“四位一体”医疗救助模式可以根据参保人员分为两类，即面向所有参保人员的“普惠”医疗救助和针对经认定的困难群体的“特惠”医疗救助。“普惠”医疗救助的主要目的是对个人现金负担过重的患者进行二次补偿，减轻患者经济负担。原先主要是通过年度救助对自负费用过重的患者进行医疗救助，救助水平根据自负费用划分为不同档次。自 2018 年 1 月 1 日起，原针对特困人员的自费救助拓展到全体参保人员，凡自费金额达到 6000 元的参保人员均可享受自费救助。“特惠”医疗救助主要是为了进一步减轻特困人群的医疗负担，包括保费救助和实时救助。在参保阶段，由财政为其提供全额医疗费补助，避免因无力参保而无法享受医疗保障待遇；在就医阶段，低保人员等特困人员在公费医院可直接划卡享受实时救助，不需要先垫付再报销，确保不会出现因无力垫付而无法治疗的情况，并且报销水平更高、减免项目更多，更大程度上减轻了困难群体的负担。目前，在具体实施过程中，苏州市一共有三种救助方式。

一是保费补助。对于低保人员、重度残疾人等13类救助对象，按规定参加城乡居民医疗保险时，个人免缴医疗保险费，其医疗保险费由各统筹地区财政给予全额补助。

二是实时救助。对于低保人员、特困供养人员等10类救助对象，在医疗救助定点医疗机构就诊时免收诊疗费；对于看病过程中发生的医疗费用，门诊2000元以内的自负费用和住院的全部自负费用，救助比例为85%；对于救助对象住院与门诊特定项目医疗费用累计超过城乡居民基本医保年度内支付上限的自负费用，按95%的比例进行救助；符合大病保险目录的救助对象的住院自负费用在6000元以上部分，根据费用区间段按70%至85%的比例给予救助。

三是专项救助。对于所有的低收入人群，获得大病保险补偿后，其大病保险补偿金额占其自负费用比例不足75%的，由社会医疗救助资金补足至自负费用的75%。同一参保人员同时符合专项救助与实时救助规定的，享受实时救助待遇，不重复享受专项救助待遇。

苏州市“四位一体”的医疗救助模式给予全体参保人员，尤其是生活困难的患者全方位的保障，能满足各经济水平的群体的要求，有效提高了资金利用效率。而2018年起实行的大病医疗保险对原体系进行了整合统筹，扩大了医疗救助范围，提高了医疗救助标准，同时保持了对困难群体的倾斜，维护了社会公平，对大病医疗保障体系的发展和完善有促进作用。

3. 受益情况

在资助参保方面，2018年，苏州市区共为13类人群18504名救助对象提供参保补助383.95万元，资助其参加基本医疗保险，人均补助207.50元。在报销水平方面，截至2018年12月底，苏州市区城镇职工和城乡居民医疗保险住院政策性报销比例分别达到90.79%和74.84%，住院个人现金负担率分别为25.80%和40.47%。对于贫困人群，在基本医疗保险报销的基础上，苏州市对其合规自负费用进行实时结算，2018年苏州市区实时救助登记人数为18504人，享受实时救助待遇360392人次，救助资金结付8077.90万元。2018年，苏州市区医疗救助对象自负费用率仅为3.22%，贫困参保人员医疗费用负担大大减轻。

（三）苏州市大病医疗保障管理运行机制

1. 筹资来源分析

苏州市大病保险资金由财政与医保基金共同分担，通过科学测算，合理确定大病保险的筹资水平和资金分担机制，筹资标准为40元/（人·年），其中医保基金承担30元/（人·年），政府财政预算承担10元/（人·年），参保个人不缴费。同时，规定筹资标准根据社会医疗卫生事业发展和大病保险理赔的情况动态调整，保证了大病保险资金来源的可持续性。

2. 管理体制分析

由社保部门统一管理的大病医疗保障体系为“四位一体”医疗救助体系提供了制度支持。首先，特困人员在通过审批的同时即可申请医疗救助，及时获得救助，并且可以通过纵联市、区、街道、社区四级机构的社保经办网络就近进行参保登记；其次，困难人群在进行参保登记时可同步享受保费补助；再次，社保卡已实现医疗保险和医疗救助“一卡通”，二者共用一个系统，享受实时救助的患者可直接划卡就医；最后，年度救助名单由医保系统自动比照产生，每年医疗费用达到起付线的参保者自动享受待遇。事前保费救助、事中实时救助、事后年度救助和自费救助，如此便形成了衔接顺畅、服务高效、覆盖全程的医疗救助体系。

3. 监督方式分析

苏州市基本医疗保险和医疗救助制度由社保部门统一归口管理。2018年起大病保险制度从年度救助演变而来，制度一脉相承。苏州市创新性地建立了基本医疗保险、大病保险和医疗救助一体化管理方式。劳动和社会保障局负责制定政策、组织实施、监督管理以及医疗保险基金的征缴管理和监督检查；各级社会保险经办机构负责资金收支、参保登记、实施救助等具体事务；民政部门、总工会及残联负责认定、审批、鉴定救助对象，每年定期将救助对象名单及其基本情况提供给社保经办机构；卫生部门负责认定公惠医疗机构及监管医疗服务行为；财政部门负责安排和监管资金。通过内部化整合，使多部门相互衔接，权责明确，相互配合，目的统一，有限整合资源，消除了各自为政、法出多门的弊病，降低了管理成本。

同时，为了维护资金安全，苏州市还设置了多方检查系统（如图 1 所示），由各部门和外部监督组成的社会保障监督委员会对医疗保障的具体执行、基金运用等情况进行监督。被保障对象和定点医疗机构也在监督范围内，以防基金被滥用、浪费。同时，智能化监控系统也能有效保证资金安全。

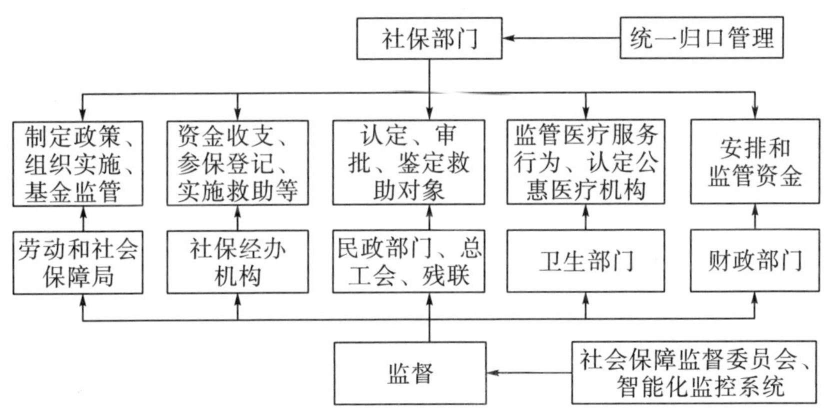

图 1　苏州市大病医疗保障体系监管方式示意图

四、 苏州市大病医疗保障治理体系的研究发现

（一）公平统一的治理原则

从体系建立初期，苏州市大病医疗保障治理体系就确立了“全民普惠”和“特困特惠”相结合的思想。“统筹城乡、覆盖全民”体现为苏州市大病医

疗保障不限制保障和救助对象的户籍范围，但凡参加基本医疗保险，不论地域、国籍，均可享受大病医疗保障待遇。“特困特惠”体现在“四位一体”医疗救助体系：通过“保费补助”减免贫困人群年度保费；通过“实时救助”防止困难人群因无力垫付而只得放弃治疗；通过“年度救助”对达到一定数额的自负费用进行二次补偿；通过“专项救助”向未参加实时救助的贫困人员发放专项救助金；通过“自费救助”对达到标准的自费部分给予补偿。苏州市“四位一体”的医疗救助模式可以满足社会各层次参保人员的需求，尤其是对生活困难的患者进行了全方位的着重保障。2018 年元旦起实施的大病保险制度包括原来的年度救助和自费救助，将自费救助的范围拓展到所有参保者，对原体系进行了整合统筹，扩大了救助范围，提高了救助标准。同时，被实施救助的人员可享受降低自负费用的起付标准、提高各费用段支付比例的优惠政策，保持了对困难群体的倾斜，维护了社会公平公正。大病医疗保障体系是一项“兜底”性质的社会政策体系，应当将社会各类人群均纳入保障范围。并且，为了达到预防因病致贫返贫的目的，也为了维护社会公平公正，贫困人群应当成为享受优惠待遇的重点关注群体。

（二）共建共治的治理格局

苏州实施社会医疗保险与医疗救助一体化管理，原来各相关部门承担的困难人群认定职能没变，变化的是救助对象通过社保经办机构实施的两项保障可以一卡式结算，使医保和救助一步到位，增强了救助对象的可得性，提高了效率。这种“变与不变”发挥了各相关部门在困难人群认定上的专业优势和社保机构的一卡式结算优势，又避免了“资源分散，政出多门”的弊端，体现了相互配合、共建共治的理念。大病医疗救助引入商业保险公司经办，实行协议管理，在管理模式上，“政府主导、保险经办、合署办公、专业运作”，有效提升了医疗救助的管理水平和经办效率，主要体现在四个方面：一是自费救助、年度救助金的审核和发放；二是建立由三级医院副高以上职称医师组成的“医疗专家库”，开展医疗费用“三合理”评审；三是组织第三方

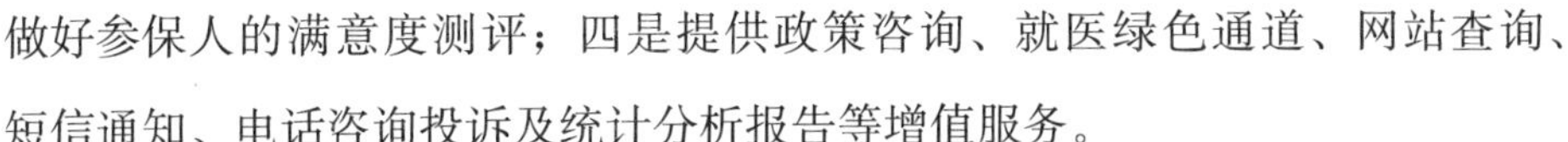

做好参保人的满意度测评；四是提供政策咨询、就医绿色通道、网站查询、短信通知、电话咨询投诉及统计分析报告等增值服务。

（三）一体化的管理方式

社保体系统一归口管理、各部门各司其职的管理方式改变了原先分而治之的现象，有效避免了因多部门管理而造成的无所适从、收益不均的情况；建立社保检查委员会和社保智能化监控系统，监管救助对象和定点医疗机构，保证了资金的利用效率；通过纵联四级的经办网络和集医疗保险与医疗救助于一体的社保卡和信息系统，实现了医疗保险管理网络化、精确化，使“四位一体”的医疗救助手段相互衔接、贯穿全程，提升了管理水准和经办效率（如图 2 所示）。

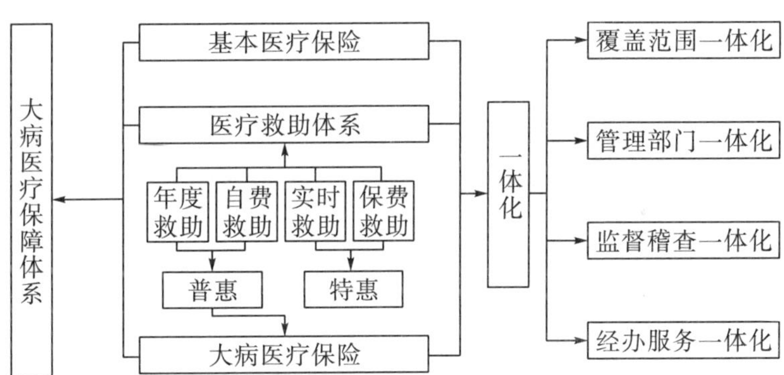

图 2　大病医疗保障体系一体化示意图

五、 完善苏州市大病医疗保障治理体系的建议

（一）加大政府补助，扩展筹资渠道

苏州市大病保障的资金主要还是来源于基本医保的基金结余以及统筹新增部分，但随着大病保险范围的不断扩大，加重了基本医保的收支不平衡现象。这主要是因为统筹地区将医保资金池的一部分资金划拨到大病保险，大病保险的推进又刺激了医疗需求，进一步加大了基本医保资金池的压力。因此，只有

尽快丰富大病医保的筹资渠道，才能实现大病医保基金的持续性和稳定性。一方面，在增加政府补贴比例的同时鼓励城乡居民自主缴费；另一方面，合理统筹针对各种重大疾病的公益基金，将其纳入大病保险的筹资范围。

（二）改革管理模式，实现垂直管理

中华人民共和国国家医疗保障局根据2018年第十三届全国人民代表大会第一次会议批准的国务院机构改革方案组建，作为国务院直属机构，其将人力资源和社会保障部的城镇职工和城镇居民基本医疗保险、生育保险职责，国家卫生健康委员会的新型农村合作医疗职责，国家发展和改革委员会的药品和医疗服务价格管理职责，民政部的医疗救助职责整合起来统一管理。2019年1月，苏州市医疗保障局正式挂牌，为苏州市人民政府工作。从发达国家的经验来看，医保局的垂直管理有利于医疗保险制度的效率和公平，并降低管理成本。从纵向管理结构来看，垂直管理是提高医疗保险治理效率的有利条件。减少管理层级，将属地管理改为垂直管理，既有利于提高管理效率，降低管理成本，促进不同层级、不同地区的资源信息整合；也有利于统筹层次的提高和医保权益的全国流动。

（三）改革运行方法，提高制度效率

明确政府主导，鼓励多元参与。大病保险是基本医疗保险的延伸，建议将大病保险定位为具有准公共产品属性的基本医疗保险产品，形成“政府主导、多元参与”的公共服务供给模式。为了保障大病保险平稳运行，需要落实政府部门的主导责任。一是政府的制度设计责任。目前大病保险在目标定位和发展方向上仍然存在争议，相关部门有必要从“健康中国”战略全局出发，对这些问题进行更深入的考察，明确大病保险的发展模式。需要指出的是，政府部门应立足做好制度顶层设计，将重点集中于大病保险的政策目标、筹资补偿模式、监督管理措施等宏观政策，与保险费率、承保范围、偿付标准、支付方式、医疗服务等相关的具体条款，则应由签订大病保险合同的双方当事人共同协商决定。二是政府的监督管理责任。大病保险具有参与主体多元化的特点，容易导致参与人之间出现利益冲突，也可能诱发代理人的投机行为，因此，需要落实行政主管部门的监督职责，特别是严格规范保险公司的准入与退出行为。对此，国务院在大病保险试点之初就明确提出了保险公司准入的基本条件。三是政府的财政扶助责任。政府财政对于基本医保的扶助方式通常有补贴保费、税收优惠以及承担管理费用。从保费来源而言，大病保险资金主要来自城乡居民基本医保基金，居民个人不再额外缴费，地方政府实际上是大病保险的隐性缴费人。税收方面，适度的税收和费用减免政策可以在一定程度上激发保险公司参与大病保险业务的积极性。目前，大病保险业务享受的税收优惠政策主要有：大病保险保费收入按现行规定免征营业税，免征保险业务监管费；2015 年至 2018 年，试行免征保险保障金。此外，通过保险公司的专业化经营，还可以在一定程度上降低之前由财政负担的社会保险管理费用。随着保险公司业务经验的积累和大病保险运行机制的成熟，经办成本有进一步下降的空间。

（四）加强医疗监管，控制自费金额

对于医疗机构，必须加快医疗制度改革，加强对医疗行为的监督，摒弃约定俗成的利用高价药物和过度检查来获取利益的行为。要达到这一目标，首先要提高医者的道德水平。其次要同时建立有效的对供需双方进行约束和激励的机制，建立医保对医疗卫生资源配置的杠杆机制，引导医疗卫生资源向基层、偏远地区、民族地区、落后地区流动。建立与家庭医生配套的费用补偿机制，推动疾病治疗向疾病预防、健康促进发展。同时支付方式从按项目向按病种、人头等的综合支付方式发展，使医护人员的收入回归其服务价值，调动医护人员积极性，提高医疗服务供给。建立一视同仁的医保基金支付制度，建立合理的监督管理平台，让社会、民营等资本能够进入医疗服务供给系统，缓解不充分、不平衡的医疗卫生服务现状。最后还要加强各方监督。医院内部应当制定相关守则，对使用不必要的高价药和过度检查的医者进行教育和惩罚；相关政府部门应当全面审核医疗费用结算过程，不仅仅是事后纠正，也要加强事前教育和事中监督管理；应当维护患者一方的知情权，尽可能地减少信息不对称，给患者及家属合理质询医院做法的底气。通过加强医院内部、政府及社会三方的监督，降低由于不正当原因造成的自费金额占比。

（五）利用现代技术，优化管理流程

采用现代化技术简化医疗服务、医保报销的前台设计，提高服务的速度和质量。建立医疗服务智能化系统，实现在线预约、挂号、缴费、服务评价等功能，简化医疗服务的流程，减少患者就医的间接成本；同时，打破信息传递的区域和部门壁垒，实现统一接口、统一管理，使参保人的健康信息在不同级别医疗机构和跨区域医疗机构能够无缝衔接，减少重复检查带来的浪费，实现生命周期的健康服务。除此之外，专业的医护人员还可以利用服务平台为公众提供线上健康咨询服务，开展健康护理等线上知识讲座，提高公众的健康保护意识、医学常识和技能等。

六、 小结

大病医疗保障体系的建立有效地减轻了苏州市市民的医疗费用负担，满足了各层次群体的需求，减少了因病致贫返贫现象，同时完善了整个医疗保障体系，提高了医疗保障水平。

苏州市大病医疗保障体系始终坚持“全民普惠”与“特困特惠”相结合的原则，基本医疗保险参保者自动被大病医疗保险覆盖，并且通过“四位一体”的医疗救助体系重点救助特困人群，对其实施报销范围更大、比例更高的补偿。通过“特惠”加“普惠”的方式，适应了各层次群体的需求，维护了社会稳定、公平。

基本医疗保险、大病保险和医疗救助由一个部门统一管理，其他各部门各司其职，做到“政出一门”，有效提高了管理水平，降低了管理成本，并且为具体政策之间的相互衔接提供了制度支持。纵联四级的经办机构及合二为一的一卡式结算系统保证了高效的经办服务，并且覆盖救助全程，为患者消除了后顾之忧。

由于医疗保险的统筹层次整体上较低，不同地区医疗保险所涵盖的药品清单、医疗项目和服务设施项目的范围不一致，患者在异地就医时常常遇到不便。对此，在现阶段，可以协调药品、项目和服务目录的医疗保险范围，在全国建设统一的信息互通网络，方便患者异地就医、及时报销。

个人现金负担率较高主要是由于自费金额较高，对此可以通过加强医院内部、政府及社会三方的监督，降低由于不正当原因造成的自费金额占比，减轻患者的个人现金支付率，从而减少其经济负担。

大病医疗保障扮演着越来越重要的角色。苏州市的大病医疗保障治理经验也为我国医疗保险治理提供了一定的思路，可以从法治化、制度一体化、利益均衡化、多部门协同化、手段智能化等多维度勾画我国医疗保险现代化治理基础框架（如图 3 所示）。

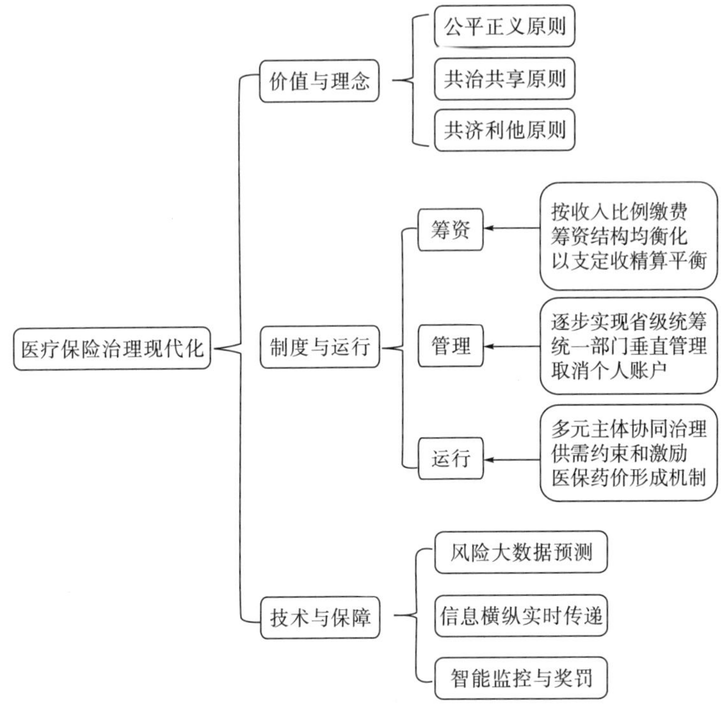

图 3 医疗保险治理现代化基本框架

医疗保险治理现代化既是一个较高的发展阶段，也是一个不断自我发展、改良的动态过程，从保障基本向保障充分发展，使人们的疾病经济风险从无限责任向有限可承受可负担发展，免除人们患病的后顾之忧，实现医疗保险的制度价值，通过调动多方主体的参与积极性，发展治理理念，改善制度设计，利用现代技术提高医疗保险的公平、效率和可持续性。

第四编　土地治理

制度、改革试点与进一步扩散

——基于S区农地承包经营权退出改革的纵深观察

董 欢[1]

我们生存在一个不确定并且不断变化的世界。制度也不断地在“平衡—不适应—改革—平衡”的曲折运动中循环往复。任何制度改革的初衷都在于获取原有制度安排下无法获取的外部利润，以达到新的制度平衡。[2]

农村土地制度是社会的基础性制度，一直是我国经济社会发展、破解“三农”问题的重点和难点。故而，围绕农村土地制度的相关改革也一直广受关注和热议。中华人民共和国成立以来，农村土地制度几经变迁。回顾历史，由于农户没有“自由退出”人民公社的权利，“偷懒”成为其变相的退出选择。[3]这一现象最终导致了1959—1961年的农业生产滑坡[4]，并引发了一场全国性的农村土地制度改革——农地家庭承包经营。时至今日，随着家庭承包经营所释放的制度红利的逐渐消失，一方面，缺失退出权利的农户又开始上演低效利用、撂荒等“新偷懒”行为；另一方面，固化的农地制度安排加剧

---

① 董欢，四川大学公共管理学院副教授，研究方向为农村土地制度改革、农业发展与转型。

② 科斯，阿尔钦，诺斯. 财产权利与制度变迁——产权学派与新制度学派译文集[M]. 上海：上海人民出版社，1994.

③ 蔡昉. 中国农村改革三十年——制度经济学的分析[J]. 中国社会科学，2008(6).

④ 林毅夫. 制度、技术与中国农业发展[M]. 上海：格致出版社，2008.

了小规模兼业农户滞留农业，农业“弱”的劣势在全球化竞争中愈发突出。如何改革以进一步获取“制度红利”、突破中国农业发展转型的瓶颈，成为新时期农村土地制度改革必须攻克的难题。

其实，早在2006年左右，部分统筹城乡综合改革试验区便开展过“农村土地退出”的相关探索。但由于一些“被退出”“被放弃”等侵害农户权益的行为发生，相关改革陆续终止。加之受“农村土地还承载着政治、社会稳定、福利等多重功能”的价值观的深刻影响，农地退出改革一直较为谨慎和敏感，甚至裹挟着相关学术研究和政策探索。但是，无视现实变化的“讳疾忌医”，导致了原有农村土地制度安排内生缺陷的日渐凸显。2014年12月，原农业部联合原中央农村工作领导小组办公室等多部门通过了《关于第二批农村改革试验区和试验任务的批复》，“农地承包经营权退出”的改革任务正式提上日程。

作为新一轮农村土地制度改革的重要内容，我国农村地区日渐涌现的农地承包经营权退出意愿及真实退出现象意味着什么？又该怎样科学地开展退出改革？应当承认，作为农村土地制度改革的前沿热点问题，学界对农地承包经营权退出改革的研究正在不断丰富，对本文的研究具有较大的借鉴价值。本研究综合运用制度经济学、社会学分析方法，通过构建一个“改革试点”的分析框架，着重厘清开展农地承包经营权退出改革的深层背景，再将改革嵌入S区试点的事实情境，深入分析试点区的农地承包经营权退出改革路径及演进逻辑，最后从农户、农地利用、城镇化进程等角度对改革试点效果进行纵深观察，为进一步在全国层面扩散农地承包经营权退出改革提供清晰的案例图景。

一、 分析框架与调查方法

（一）改革试点：一个分析框架

“改革试点”作为中国特色政策创新方式，是指在一定时期内，上级政府在特定区域开展的具有探索与试验性质的示范改革。[①]这一改革路径是从中国渐进式改革中逐渐提炼出的方法论，具有先于立法的“行政试验”特征。“试点”往往意味着中央已经有一个明确的发展方向或目标，但对于具体实践的展开尚未达成一致意见。[②]因此，“试点”旨在为研究改革提供案例样本。上级政府再根据试点改革效果和验收结果决定是进一步全面扩散改革，还是修订后再试验，抑或是直接终止试验。

通过对改革试点案例进行深入观察，有助于揭示改革中的真实问题，为全国层面扩散改革提供重要的实践基础和依据。具体来讲，本研究遵循“顶层决策—地方理性选择—改革路径—试验效果—经验总结”的分析框架对S区农地承包经营权退出改革试点展开深入讨论（见表1）。

表1　“改革试点”分析框架的关键要素解析

要　素	概　念
顶层决策（上级任务）	上级制定好的一个宏观政策目标
地方理性选择	试点地方结合上级任务和自身实际，确定自身的政策目标取向
改革路径	为实施政策目标而采取的方法和具体行动
试验效果	指政策决定和行动带来的实际结果，包括直接和间接影响
经验总结	重点是对试点改革的扩散复制性及适应性进行总结提炼

① 刘伟．政策试点：发生机制与内在逻辑——基于我国公共部门绩效管理政策的案例研究［J］．中国行政管理，2015（5）．

② 李洁．农村改革过程中的试点突破与话语重塑［J］．社会学研究，2016（3）．

（二）数据概况与调查方法

本研究所用数据来源于笔者 2015—2018 年对四川省 N 市 S 区开展的多次田野调查，共涉及 S 区的 7 个村，收集村干部访谈问卷 7 份，退地农户访谈问卷 42 份，新用地主体访谈问卷 2 份。其中，LM 村、QLQ 村、DZ 村、XY 村为农地承包经营权退出改革试点村。

在田野调查中，笔者主要运用了参与式观察、半结构访谈、问卷访谈等调查方法。在参与式观察上，主要是针对 S 区的农地承包经营权退出改革试点情况进行实地考察，涉及农地利用、退地农户生活状况及退出相关档案材料的保管、公示情况等。在半结构访谈中，访谈对象包括 S 区统筹城乡工作委员会、农林局、农村工作委员会等相关部门的工作人员、改革试点村的村干部、退地农户、新用地主体。在问卷访谈中，访谈对象主要是改革试点村的村干部、退地农户、未退地农户和新用地主体。此外，笔者还搜集了原农业部、S 区地方政府和相关部门关于农地承包经营权退出改革的相关文件、工作资料及第三方专家评估报告和网络报道等。

二、 S 区试点： 农地承包经营权退出改革路径及其演进

“改革试点”体现了中央选择控制和地方主动选择的微妙结合。① 问题的关键是：作为下级政府，S 区是如何响应中央改革试点的？其改革轨迹是如何演进的？这些都是改革从地方试点向全国扩散之前必须解释清楚的。

（一）S 区开展农地承包经营权退出改革的动机

1. 中央试验任务

2014 年年底，S 区获批成为全国第二批农村改革试验区，承担农地承包经营权退出改革的试验任务。根据中央要求，S 区须围绕有偿退出条件、补偿

① 张勇杰. 渐进式改革中的政策试点机理 [J]. 改革，2017 (9).

资金来源、补偿方式、退后农地利用、退出风险及控制等重点内容，选择试点村或鼓励有条件的村自发开展探索。最后，总结提炼可推广、可复制的改革经验，并由中央政府对其进行效果评估和验收。

2. 地方理性选择

改革试验区S区属典型传统农业区。全区农地面积约26.06万亩，人均面积仅0.57亩。但是，全区丘陵地貌约占93.16%，从而进一步加剧了全区农业小规模、细碎化、分散化的经营矛盾。在劳动力方面，S区农村总劳动力虽然约有14.37万人，但外出务工率高达62.90%，剩下从事农业活动的劳动力的平均年龄高达57岁，其中，65岁及以上者的占比达36.50%。农业生产的兼业化、副业化、老龄化特征都非常突出。更值得注意的是，受地形、地貌等多种因素的复合影响，S区农业机械化水平也非常低。

从全区田野调查来看，S区农地利用率非常低，撂荒现象十分普遍。部分村的农地撂荒率高达50%。虽然S区近年也在积极探索农地流转、入股等，以寻求农业经营方式的突破，但是，实践效果并不理想。近五年来，S区农地流转增加面积仅占农地总面积的3.61%。截至2017年年底，全区农地流转率仅约12.51%，远低于全国33.33%的平均水平。

由此可见，全国普遍面临的农业发展困境和矛盾在S区表现得更为尖锐。因此，除完成中央改革试验任务的行政动力外，S区自身也具有较强烈的改革意愿。甚至可以说，对S区而言，农地承包经营权退出试点改革正是一次突破农地低效利用、破解农业发展困境的重要机遇。

（二）退出路径及其演进：几个典型案例村

1. “退出换现金”路径：试点第一村

LM村属S区较偏远的传统乡村，几乎没有村集体经济收入，属典型的空壳村。[①] 全村共有农地1119亩，人均农地面积仅约0.51亩，低于S区的平

① 空壳村主要指村集体经济收入为零或几乎为零的乡村。

均水平。全村总户数 685 户，总人口 2197 人。该村青壮年劳动力外出务工现象特别普遍，其中，在城镇买房的户数约占 13%，不过，户口迁出户仅占 0.50%。该村常住居民以老弱病残为主，农地撂荒情况十分严重。得益于 S 区近年的农村基础设施建设工作，LM 村的交通等基础设施较为完善，不仅实现了水泥路全覆盖，还通了公交车。

田野调查了解到，LM 村的农地承包经营权退出改革分为永久退出和长期退出两种方式。具体来讲，“永久退出”是指永久地将农地承包经营权退给村集体经济组织，不再保留农地承包权利。“长期退出”是指将第二轮承包期内剩余期限的农地承包经营权退给村集体经济组织，保留下一轮农地的再次承包权利。两种退出方式均保留了退地农户的村集体经济组织成员资格（以户籍为准）以及宅基地、集体经济收益分配权等权益。

在退出补偿方面，经多方利益相关者商议，LM 村按照“永久退出”每亩 1000 元进行补偿，补偿期限为 30 年，合计 30000 元/亩，“长期退出”按每亩 800 元进行补偿，补偿期限为剩余的第二轮承包年限（14 年），合计 11200 元/亩。至于补偿资金来源，S 区政府鉴于作为发包方的 LM 村集体经济组织缺乏支付能力的客观事实，便商议先由区政府暂借款给 LM 村集体经济组织，并约定当 LM 村集体经济组织具备收益能力后分期偿还这笔财政资金。

在广泛宣传、动员、解释后，经农户自愿申请，村民小组、村委会、乡镇三重审核农户退出资格后，LM 村共 1 户选择永久退出，退出农地 5.38 亩；共 52 户选择长期退出，共退出农地 55 亩。

以下为永久退出农户情况（据访谈录音整理 LM20170428）：

该农户家庭共有成员 5 人，包括被访谈者 CXD（男，76 岁）及其妻子、母亲、女儿、儿子。CXD 的儿子 10 多年前外出到该省省会城市务工，后来经商。现已有几套房产，并在省会城市定居。CXD 及其妻多年前便随儿子在省会城市生活。CXD 的女儿在一次交通意外事故中丧失了重体力活的劳动能力，目前在当地一家工厂从事财务工作。CXD的母亲虽然还长年生活在农村，但年事已高，无劳动能力，主要由其女儿照顾，生活费用大多是由CXD的儿子负担。全家农地长年处于撂荒状态。

当LM村村干部宣传农地承包经营权退出改革时，CXD全家，特别是CXD的儿子主动表示愿意退出所有农地承包经营权，只留下2分自留地。退出相关手续等也是由CXD的儿子一手经办。

相较于永久退出农户，大多数选择长期退出的农户并没有实现完全在城镇稳定就业或有固定住房。15户被访谈的长期退地农户中，只有1户在城镇购买了住房。更值得注意的是，他们大多都还在从事农业生产活动，甚至有3户农户的家庭总收入中，农业经营收入占比约30%。那么，他们又为何选择退出农地承包经营权？为何选择长期退出，而非永久退出？

“一开始也不知道啥是退出，村干部来家里做工作，来了几回，还给我们算账。我们觉得补偿好像是还比较划算。一亩地800块（钱），比我自己种地和流转出去都要划算啊。然后看到别个（其他人）都退，我们也就退了。”（访谈录音ZCJ20170428）

“啥子退出哦？就是农地流转嘛，不过流转期限有点长，好像是到2029年。这样也好，我们这个地方也不好找业主。种地太累了，又赚不到啥钱，这样一次性流转出去多好的。”（访谈录音LFY20170428）

“永久啊？那当然不行哦，只是退这一轮承包期的（承包经营权）。万一以后又有啥子新规划呢，我们岂不是亏了？万一子女以后还需要地呢？而且，补偿价格也不是很高。说不清楚，还是不一下子就永久退了。”（访谈录音ZCY20170428）

在与S区统筹委工作人员的访谈中，笔者还了解到改革容易推进是S区政府选择LM村作为试点第一村的最主要原因。这主要体现在：第一，相比城市近郊，LM村地处远郊，其所涉及征地补偿、规划占地等增值的可能性较小，而且农地流转机会和流转租金也相对较少，故比近郊地区更容易推进改革；第二，LM村农户外出务工情况较普遍，现有农地利用率低下，农户与农地之间的关系不紧密；第三，LM村村集体经济非常薄弱，农户享有的集体经济收益分配权几乎有名无实，故而农户退出农地承包经营权的利益阻碍较少。

2.“退出换股份”路径：困境中的突破

表面来看，LM村农地承包经营权退出改革试点进展是较顺利的。然而，深层次观察发现，LM村的“退出换现金”路径潜藏了较大的经济风险。该村共退出农地60.38亩，向S区政府借支了财政资金77.74万元。虽然LM村与S区政府签订了借款合同，但是，笔者在与S区区干部的访谈中了解到，全区村级集体经济普遍较薄弱，年平均经营性收入仅约7.66万元，其中空壳村占比约22.22%；村集体经济收入10万元及以上的村仅4个，占比仅为2.61%。也即S区大部分乡村，包括LM村，较长时期内都不具备偿还能力。因此，如何在更大范围推广农地承包经营权退出改革，财政垫资的路径显然不具可持续性。

从S区政府治理的视角来看，“如何拓宽退地补偿资金来源，弱化改革对财政资金的依赖”是改革试点进一步扩散的最大阻碍和亟待突破的困境。而困境往往激发变革。在进一步实地调研和多次专家咨询论证后，S区负责农地承包经营权退出改革的相关决策者提出了“退出换股份”的改革探索路径。其运行机制大致为：农户将一定期限的农地承包经营权退出给村集体经济股份合作社，但并不直接领取补偿金，而是将应获补偿金入股村集体经济股份合作社；然后，村集体经济股份合作社再对农户退出的农地进行集中整理，并将相应的农地经营权统一流转或入股给新用地主体；退地农户从中享有股份保底分红及二次分红，同时，保留退出农地的征地拆迁补偿收益权及经营失败后的农地再承包权。

S区政府选择了在QLQ村和DZ村开展“退出换股份”的率先改革试点。田野调查发现，选择这两个村的契机在于：QLQ村和DZ村的部分农地正处于某农村旅游休闲项目的规划建设范围内。一方面，新进入的农村旅游休闲项目开发公司拥有资金，需要土地；另一方面，村集体经济股份合作社不具备支付退地补偿的财政能力，但拥有土地。如此，二者的利益需求刚好吻合。还必须注意的是，在这种退出路径中，退出权利不是所有农户公平享有的。换言之，不是农户想退便可以退，只有承包地处于项目规划建设范围内的农户才有退出资格。对于有资格但不想退的农户，村干部则通过做农户工作，以调地置换等方式协调。

截至2016年年底，QLQ村和DZ村共退出农地356亩，退地期限30年，涉及251户农户。每户退地农户每年可获得800斤稻谷的当年现金价值的保底分红，及由旅游景区门票收入提取的二次分红（如图1所示）。①

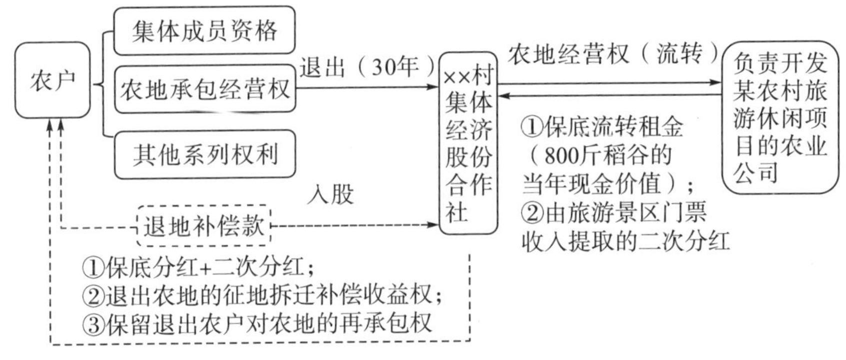

图1　“退出换股份”路径的运行机制简图

整理访谈资料，发现S区政府和退地农户都对此退出路径较为肯定。

“此举多赢啊。区政府不需要用财政资金垫支补偿款，村集体也没有还款压力。退地农户呢，也能获得长期收入保障，保守估计，每户每年至少比退出前经营农地的收入提高300元/亩左右。而且，关键啊，也解决了退出农地的规模化经营问题。”（与S区统筹委工作人员的访谈录音CJ20170428）

“可以哦。退出的那地以前是用来种果树的，没怎么打理，收成一点都不

① 合同规定每张门票提取1元，提取总上限为30万元。

固定。现在这样好哦，每年都有固定收入，还比我们这里的平均流转租金高。”（与退地农户的访谈录音 LSZ20170428）

3. “退出换保障”路径：与脱贫攻坚行动结合的创新之举

随着农地承包经营权退出改革试点的深入推进，S 区的改革推进者们又发现了这样一个群体：建档立卡贫困户，因病或因残或因老而全户丧失劳动能力。一方面，这些贫困户无能力经营自己唯一的生产资料——农地，很难自主脱贫；另一方面，脱贫攻坚的政治任务使 S 区政府面临带动他们脱贫的较大政治压力。于是，对这部分群体开展农地承包经营权退出改革以帮助他们集体脱贫的想法应运而生。

在制度设计上，S 区政府首先制定了《土地承包经营权退出换保障试点实施方案》，方案中设计了“建档立卡贫困人员退地养老保障”和“退地换保困难救助保障”两项保障制度。在退出补偿上，根据原始土地划分时的人地关系确定参保人员和补偿标准。参保人员退出土地按每人每份 2 万元补偿，用于参加退地养老保险。同时，区政府为每位参保人员个人账户补助 5000 元。至于多退出的承包地，则按每份 1 万元的标准给予一次性现金补偿。在补偿金领取上，年满 60 岁的退地农户领取养老金 180 元/月，直至终身；未满 60 岁的退地农户先领取退地换保困难救助金 100 元/月，年满 60 岁后便领取退地养老金 180 元/月。

XY 村是这种退出路径的首个试点村。从试点效果来看，XY 村在 2016 年共退出 12 户农户，退出农地 38 亩，购买了退地养老保障 17 份。[①] 补偿资金也是由 S 区政府借支垫付，共计 63.5 万元，并约定当 XY 村集体经济组织具备偿还能力后分期偿还。

虽然只是针对贫困户，但 S 区政府、XY 村干部对该退出路径的评价都较高。

---

① 养老保障是按人次计算，所以数字上与退出农户数不一致。

“这个路径还是相当具有创新性的。一呢，可以将农地隐含的社会福利保障功能显化出来，基本上解决了那些丧失劳动力的贫困户的生活保障问题。反正撂荒也是撂荒，还不如退了，拿钱。二呢，又把那些撂荒的地解放出来了，政府可以集中统一起来利用。”（与S区统筹委工作人员的访谈录音CJ20170428）

这一改革在农户群体中也获得了较好的评价。关于“此次退出经历的满意度评价”，5份退地贫困户的访谈资料中有3份反映“非常满意”，2份反映“比较满意”。在对XY村14户未退出农户的访谈中，笔者还了解到有6户明确表示“愿意通过此路径退出自家农地承包经营权”。

三、 试验效果：几个维度的纵深考察

在对S区改革试点的考察中，尤其不能忽视农地承包经营权退出改革是一个连续的过程，其观察重点不应仅限于农户是否退出、退出多少农地，更为关键的是，农地退出后如何利用、农户转业后生活状况及福利如何变化。因此，笔者又于2018年4—5月对S区农地承包经营权退出改革试点情况展开了深入追踪考察。

（一）政府改革成本与不同退出路径的退地规模动态变化

随着农地承包经营权退出改革示范效应的不断显现，以及S区政府对退出改革的持续推进，截至2017年年底，S区总退出农地规模从2016年的454.38亩扩展至2550.9亩，涉及农户增加至1449户。其中，“退出换现金”路径新增退地24.9亩，“退出换股份”路径新增退地2526亩（如图2所示）。

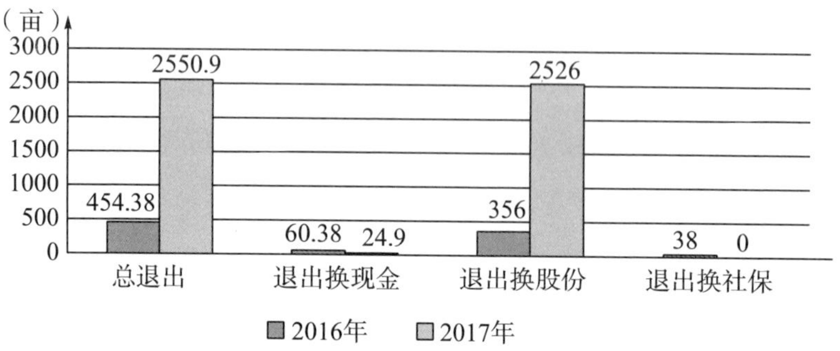

图 2　S 区农地承包经营权退出规模的动态变化

资料来源：作者根据调研资料整理。

为什么不同路径之间退地规模的动态变化差异如此之大？从田野调查来看，在“退出换现金”和“退出换社保”两种路径中，S 区政府前期都需要垫支大量财政资金用以支付退地补偿金，也即这两种退出路径中政府的改革经济成本较大。因此，迫于财政压力，S 区政府对这两种改革路径的扩散意愿并不高（见表 2）。

表 2　S 区不同农地承包经营权退出路径的财政垫资情况（以 2016 年数据为例）

退出路径	适用农户	退出面积（亩）	涉及农户（户）	农户所获补偿	财政垫资（万元）
退出换现金	对农地的依赖性较低，不以农业为生	60.38	110	永久退出：30000 元/亩 长期退出：11200 元/亩	77.74
退出换股份	承包地位于项目规划范围内的农户	356	251	800 斤稻谷当年现金价值/亩；由旅游景区门票收入提取的二次分红	0
退出换社保	建档立卡贫困户，且全户丧失劳动能力	38	12	年满 60 岁：领取养老金 180 元/月，直至终身； 未满 60 岁：先领取退地换保困难救助金 100 元/月，年满 60 岁后便领取退地养老金 180 元/月； 多退出的承包地：1 万元/份	63.5

资料来源：作者根据调研资料整理。

此外，瞄准农户的差异也是影响不同退出路径退地规模的重要因素。前文的分析表明，S区政府的整个退出改革进程与农户分化是有机结合的。“退出换现金”路径主要瞄准“对农地依赖性较低，不以农业为生”的农户群体，“退出换社保”路径瞄准的是“建档立卡贫困户，且全户丧失劳动能力”。这两种类型的农户本来就较少，因此，退出规模小也符合现实情况。而“退出换股份”路径对农户的要求较低，故而改革扩散面相对最广。

（二）开发项目先期进入与不同退出路径的农地利用变化

从S区农地承包经营权退出改革实践来看，开发项目先期进入的特征十分明显。甚至可以说，先期开发项目越是明确、投资规模越大，退出农地的利用效果往往越好。

在“退出换现金”路径中，永久退出的5.38亩地，目前被村集体资产股份合作社流转给当地种植花椒的个体业主；长期退出的55亩地则用于修建大型鱼塘，搞乡村旅游。笔者通过田野调查了解到，其实是先有水务局的旅游项日规划，S区政府利用该项目的建设契机，顺势推动了该区域农地承包经营权的退出改革。2017年新增“退出换现金”的24.90亩地，也主要用于发展乡村旅游产业。

从前文对“退出换股份”路径的分析可知，退出农地原本都位于某农村旅游休闲项目规划建设范围内。在QLQ村和DZ村村集体资产股份合作社将退地流转给该项目开发公司后，农地都得到了较好的利用。在与该农村旅游休闲项目开发公司负责人的访谈中，笔者了解到该园区自开业以来，经营业绩一直较为可观，旺季日均游客量为4000～5000人，淡季日均游客量约700人。[①]同时，园区内还提供额外收费的餐饮、住宿、娱乐等项目。2017年，S区新增“退出换股份”农地中，有1228亩继续流转给了该农村旅游休闲项目开发公司，另有442亩和856亩分别流转给了其他两个乡村旅游项目开发农业。

① 正常门票60元/人，本地人凭身份证20元/人。

至于通过“退出换社保”路径退出的农地，由于退地规模并不大，且较为分散、零碎，XY 村集体经济股份合作社未能将其对外流转。目前，这 38 亩退出农地主要由村集体经济股份合作社统一经营，用于种植当地的特产雷竹。不过，田野调查也反映，仍有部分退出农地未能得到有效利用（见表 3）。

表 3　S 区不同农地承包经营权退出路径的农地利用变化情况（数据截至 2017 年）

退出路径	总退出面积	退出前利用情况	退出后利用情况	新用地主体
退出换现金	85.28 亩	低效利用、分散	种植花椒、修建鱼塘、乡村旅游	个体业主、水务局
退出换股份	2882 亩	低效种植果树、较集中连片	农村旅游休闲项目	农村旅游休闲项目开发公司、某农业公司
退出换社保	38 亩	大部分撂荒、分散、细碎	种植雷竹、林下养跑山猪等，部分未充分利用	XY 村集体经济股份合作社

资料来源：作者根据调研资料整理。

（三）权力博弈与不同退出路径中农户退地前后的权利配置变化

权利的确定与分配往往是权力博弈的结果。S 区农地承包经营权退出改革涉及诸多利益相关者，包括中央政府、S 区政府、镇政府、村集体、退地农户、未退地农户、新用地主体等。然而，在不同退出路径中，由于这些相似类型利益相关者的博弈能力表现得并不一致，因此，农户在退地前后的相关权利配置变化也相差较大。

在“退出换现金”路径中，只有永久退出的农户彻底丧失了农地承包经营权；长期退出的农户在退出期限（第二轮承包期）到期后，仍享有重新承包或继续退出的选择权利。在“退出换股份”路径中，退地农户也只是退出了一定期限（30 年）的承包经营权，到期后仍享有是否续退农地承包经营权的选择权，并且还保留原承包地的征地拆迁补偿收益权、经营失败后的农地再承包权。在“退出换社保”路径中，退地农户与其承包地的关系彻底断裂。

此外，基于中央政府尊重农户、保护农户权益的总体改革原则，在 S 区的退地改革中，所有退地农户都依然享有村集体收益分配权和宅基地使用权等集体成员权利（见表 4）。

表 4　S 区不同农地承包经营权退出路径中农户退地前后的权利配置变化

<table>
<tr><th rowspan="2" colspan="2">退出路径</th><th colspan="2">退出换现金</th><th rowspan="2">退出换股份</th><th rowspan="2">退出换社保</th></tr>
<tr><th>长期退出</th><th>永久退出</th></tr>
<tr><td rowspan="2">退出后</td><td>不同点</td><td>到期后享有重新承包或继续退出的选择权</td><td>彻底丧失承包经营权</td><td>到期后享有重新承包或继续退出的选择权
保留原承包地的征地拆迁补偿收益权
新经营主体经营失败后的农地再承包权</td><td>彻底丧失承包经营权</td></tr>
<tr><td>相同点</td><td colspan="4">保留村集体收益分配权和宅基地使用权等集体成员权利</td></tr>
</table>

资料来源：作者根据调研资料整理。

（四）理论与不同退出路径中退地农户的城镇化进展现实

理论而言，农地承包经营权退出改革应当有利于推动城镇化进程。①② 但是，笔者通过田野调查却发现，S 区的大部分退地农户仍与当地农村有着较紧密的事实联系。从 42 户退地农户的访谈资料来看，在退出农地承包经营权后，仅 1 户退地农户将户口迁出，而且迁出原因并非退出农地。更为关键的是，大部分退地农户仍居住在“本村”，占被访谈退地农户的 88.09%。这一比例在“退出换现金”“退出换股份”“退出换社保”路径中分别达 81.25%、90.48%、100%。为深入验证，笔者又对被访谈退地农户追问了“农村房屋的家庭年居住时间”，92.86%的退地农户都表示每年在农村房屋的居住时间长达 10～12 个月，在“退出换现金”“退出换股份”“退出换社保”路径中，该比例分别达 87.50%、95.23%、100%（见表 5）。

① 郭熙保. 市民化过程中土地退出问题与制度改革的新思路 [J]. 经济理论与经济管理，2014（10）.

② 刘同山，孔祥智. 参与意愿、实现机制与新型城镇化进程的农地退出 [J]. 改革，2016（6）.

当被问及“是否愿意退出宅基地”时，仅14.29%的退地农户表示“愿意将其宅基地退出”。这一比例在“退出换现金”“退出换股份”“退出换社保”路径中分别为18.75%、14.28%、0.0%（见表5）。

在农业生产活动方面，大部分退地农户依然保留了自留地，用于种植蔬菜以满足自食需要。而且，还有35.71%的退地农户表示在退出农地后仍然从事畜禽业，特别是在“退出换股份”路径中，该比例高达71.43%（见表5）。

这些田野调查发现表明，在S区农地承包经营权退出改革中，退地农户离土、离农的现象较为突出，但彻底离村的特征并不明显。更深入地，相比其他两种退出路径，“退出换现金”路径中的退地农户与农地、农业、农村之间的关系断裂得相对更为明显。

表5　不同农地承包经营权退出路径中退地农户的城镇化进程情况

退出路径	常居住地为本村	每年在农村房屋的居住时间达10～12个月	愿意退出宅基地	继续从事畜禽业
总体情况	88.09%	92.86%	14.29%	35.71%
退出换现金	81.25%	87.50%	18.75%	25%
退出换股份	90.48%	95.23%	14.28%	71.43%
退出换社保	100%	100%	0.0%	40%

资料来源：作者根据调研资料整理。

（五）S区改革试点的结论性评述

在对S区农地承包经营权退出改革试点的纵深观察中，笔者发现改革试点的以下特征尤为突出。

第一，政府作为改革行动的主体，其推动作用不容忽视。其一，S区农地承包经营权退出改革试点是在中央政策方向已经明确的前提下进行的具体运作方式上的“地方试点”。换言之，中央意识形态层面的态度及态度转变是改革试点的先决条件。其二，在得到中央支持和获取一定程度的自主权后，S区政府成为改革的直接行动者，决定了试点村的选择和具体试点改革路径。

第二，农户退地意愿是S区改革试点的内源动力。虽然与自下而上的自发性改革有较大差异，但是，S区的改革试点也并非完全由政府强制性行政推动。在改革中，S区政府也充分尊重了农户的退出意愿及其自主选择权利。可以说，农户参与意愿正是S区政府推动改革行为合法性的有效来源。

第三，随着改革试点的进一步扩散，改革的市场化属性日渐增强。这主要体现在两个方面：一是在退地补偿资金来源上，由最初的“政府买单”逐渐转向“市场买单”；二是在退地利用上，更加注重市场力量的参与，以及与区域产业发展的关联性、互动性。

第四，改革试点结果显示退地过程并未引发农户彻底离村、进城。严格来讲，在S区农地承包经营权退出改革试点中，只有“退出换现金”路径中的“永久退出”和“退出换社保”路径是真正意义上的彻底退出。但是，即便在这两种退出路径中，农户也并未彻底离村。在其他农地承包经营权退出路径中，农民依然在农村生活与发展的现象则更加普遍。

四、农地承包经营权退出政策扩散：超越改革试点

S区农地承包经营权退出改革试点深刻体现了中央“稳中求进”的总体改革基调，充分展现了“摸着石头过河”的地方智慧。但是，改革的最终目的还须落到“政策扩散”上，因此，这里试图跳出“改革试点”的案例样本来展开进一步的深入讨论。

一旦制度变迁具有了合理性，就有了坚实的生存基础，就会不停地从各个方面争取合法性权利，进而强有力地推动改革扩散。当然，也必须正视农地承包经营权退出改革的渐进特征，给予历史耐心，警惕以行政手段加速扩散退出改革。在改革扩散过程中，应当高度重视以下问题：

一是空间和时间差异导致的异质性改革需求。改革需求在很大程度上决定了怎样的退出制度供给最为合适。在S区的改革试点过程中，先后就涌现

了“退出换现金”“退出换股份”“退出换社保”等多种退出制度。这表明，不同试点村、不同改革时间节点都分别对应了不同的改革需求。那么，考虑到我国不同地域之间的极大差异，在从“改革试点”到“改革扩散”的过程中，更应尊重地方的差异化特征，不能一刀切式地推进农地承包经营权退出改革。此外，虽然绝大多数有意愿退地的农户已经没有“重土惜地”的观念，但是，一定程度的“恋土情节”依然存在，他们普遍对“永久退出”较为谨慎，仍有顾虑。因此，在“改革扩散”时，必须尊重这些客观规律，逐步扩大改革试点的范围和退出深度。

二是财政兜底式改革路径的可持续问题。每一场农地承包经营权退出试点改革都是改革收益与成本之间的博弈。在改革初期，因为大多数村干部、农户未能充分理解退出改革，以“现金”方式确实最能直接吸引农户，降低改革推动成本，从而能在较短时间内取得较直观的改革政绩。但是，从最初的“退出换现金”到后来的“退出换股份”，S 区的退出路径演进规律也表明财政兜底式改革路径面临较大风险，特别是如果进一步在全国范围扩散改革，“补偿金”完全由财政资金支付的退出路径显然不可持续。因此，从改革试点到更大范围扩散时，必须高度重视改革路径的可持续问题，积极探寻市场化路径，以突破财政兜底困境。

三是农地退出及其利用的长效机制问题。农地承包经营权退出改革的关键不止在于退出多少，更在于退后农地的利用问题。如果退后农地得不到有效合理的利用，或是在利用中“非农化”现象严重，那么就失去了退地改革的应然之义。S 区的改革试点表明：农业开发项目的先期进入是影响退地后续利用的关键因素。然而，在实践中，一开始就有农业开发项目进入的地区毕竟是少数。而且，项目愿意进入的地区与农户退地需求之间也不一定相匹配。因此，如果要在更大范围扩散农地承包经营权退出改革，必须运用市场手段构建农地退地及其利用的长效机制。

四是改革的统筹推进问题。从新型城镇化的发展要求来看，单一农地承包经营权退出改革对城镇化的促进作用十分有限，并未引发退地农户彻底离村、进城。因此，必须统筹推进农地承包经营权退出改革、宅基地退出改革和集体产权制度改革，让有能力、有意愿进城落户的农民，在自愿的前提下，可以选择彻底退出，真正成为城市居民。当然，也须清晰地认识到，虽然部分农户已经产生了退出农地承包经营权的强烈需求，但是，这一退出需求更多地表现为退出农地、退出农业，而非彻底退出农村。因此，短期内，探索合适路径在农村内部解决退地农户的就业和社会保障等问题仍然十分必要。

权利配置、分权结构与农户宅基地退出满意度

唐　鹏　陈　婧①

一、引言

农户退出宅基地的满意度情况是反映宅基地退出工作效果的重要指标，也是学者关注的焦点话题。刘润秋等基于乡村韧性视角，综合评估了宅基地退出在经济效益、社会效益、生态效益、基础设施效益和乡村治理效益 5 个维度的绩效表现。② 范思婕等从农业、农村、农民的视角对成都市的宅基地改革绩效进行了评价。③ 李川等则从政策实施情况、政策目标完成度、生产生活水平、农户满意度等几个方面评价了泸县农村宅基地有偿使用制度改革政策效果。④ 尽管评估农户满意度的指标体系存在差异，但这些研究都注意到了农村宅基地制度改革无论谁来推动、以何种方式推动，都必须让农户参与并充分考虑农户的满意度。因此，探究农户满意度的影响因素就十分必要。然而这方面的研究较为缺

---

① 唐鹏，四川大学公共管理学院讲师，研究方向为土地经济与制度。陈婧，四川大学公共管理学院硕士研究生，研究方向为土地管理与制度。

② 刘润秋，黄志兵，曹骞. 基于乡村韧性视角的宅基地退出绩效评估研究 [J]. 中国土地科学，2019 (2).

③ 范思婕，张彼西，张文秀. 农村宅基地改革综合绩效模糊评价——以成都市为例 [J]. 中国农业资源与区划，2014 (2).

④ 李川，李立娜，刘运伟，等. 泸县农村宅基地有偿使用制度改革效果评价 [J]. 中国农业资源与区划，2019 (6).

乏，李敏等从农户期望、感知质量、感知价值、政府形象和政策执行等方面解释了农户满意度的影响因素和作用机理，认为农户对宅基地退出的感知质量和感知价值是关键要素。① 陈婧则从村委会参与的视角，探讨了村委会在宅基地退出中发挥的不同作用对农户意愿的影响。② 尽管没有直接分析村委会参与对农户满意度的影响，但不可否认的是，村委会不同的参与程度、参与方式会对农户行为产生直接影响，这可能进而形成不同的农户满意度表现。

从宅基地退出实践来看，不同村庄有关宅基地退出的工作流程、参与主体、权利配置、退出政策等情况确实存在较大的差异，形成了不同的宅基地退出模式。同时，农户对宅基地退出工作的满意度也呈现出一定的差异。尽管这些满意度差异可能受到地区自然条件、区位特征、社会经济发展等多方面因素的影响，但村委会作为直接与农户进行交流沟通的主体，其承担的职能、发挥的作用显然更为关键。因此，在提升乡村治理能力的大背景下，如何提高村委会治理能力，合理分配上级政府与村委会之间的权利资源，形成科学高效的治理结构，不仅关系到宅基地退出工作的开展，也影响着基层治理能力现代化建设的整体进程。

当前，由于历史原因和经济社会文化的发展，传统的城乡二元分治模式已经远远不能适应城乡社会结构与权力结构的变化。③ 多样化的治理体系与治理结构、多元化的治理主体已成为普遍趋势。然而村集体自治能力较差、财力较弱，无法完全依靠自身能力对村庄发展、村庄公共服务提供可靠有力的支撑，也是现实困难。因此在村庄公共事务及相关问题的管理上，村委会依然需要地方政府的帮助与扶持。这自然就涉及多主体间的不同权利配置，也形成了不同的治理结构。

---

① 李敏，冯月，唐鹏．农村宅基地退出农户满意度影响因素研究——基于四川省典型地区的调研数据［J］．西部论坛，2019（5）．

② 陈婧．村委会参与对农户宅基地退出意愿的影响分析——以四川省三区县为例［D］．成都：四川大学，2019．

③ 陈德志．我国乡村治理之历史足迹与成长逻辑［J］．理论导刊，2011（10）．

综上分析，农户作为宅基地使用权的所有者是宅基地政策最直接的受益人，是与宅基地管理体系接触最紧密的群体。他们能够直接观察到宅基地退出治理体系是否适用于当地情况，能否在现有条件下达到多方共赢。因此，农户的满意程度能够体现权利配置、分权结构带来的影响以及反映当前治理体系是否存在问题。本文通过案例调查和对比分析，研究阐释农户满意度差异背后的治理结构问题，以为进一步优化村庄治理结构、完善权利配置、推进宅基地制度改革和新农村建设提供理论支撑和政策指导。

二、 理论框架

参与治理的主体的不同、治理主体拥有的资源和配置方式不同都会形成不同的治理结构。在宅基地退出中，地方政府（以县级政府和乡镇政府为主）和村委会是主要的参与主体，而村委会作为最基层的治理组织，其享有的资源、自主权等决定了最终的分权结构。其中财权和事权是主体配置资源和反映主体决策能力和自主权的核心，因此本文主要比较不同区域的村委会在财权和事权方面存在的差异，以此反映权利配置差异，进而以财权和事权的匹配程度来反映分权结构。最终通过分析权利配置与农户满意度的关系，将农户满意度纳入整体治理框架（如图 1 所示）。

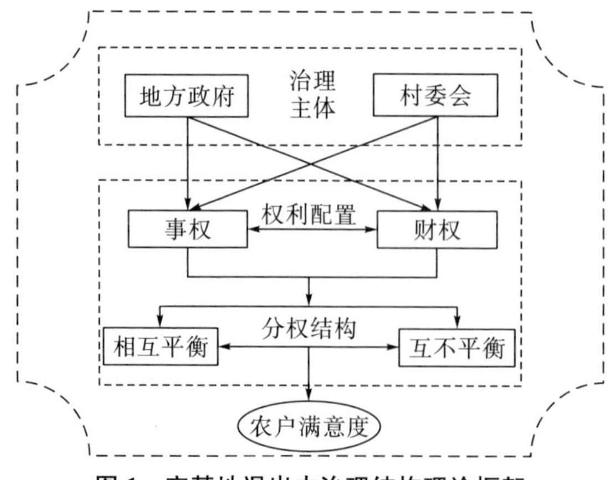

图 1　宅基地退出中治理结构理论框架

（一）村庄治理结构的形成与现状

随着公共、私人和自愿部门的各种行动者的参与，当前的村庄治理结构已经进行了重构，经济权力与政治权力出现分离，不同类型村庄治理结构的差异越来越大。根据已有研究，宅基地退出管理的参与角色不仅仅是村委会，而且是融合了基层政府、村委会、农户的复合型管理主体。不同类型的参与主体在村庄治理和宅基地退出中发挥的作用有所不同①②，不同类型的治理主体的参与构成不同的治理结构，其分权形式与程度也存在差异③。

尽管农村基层民主治理有了重大发展④，对推动宅基地制度改革具有积极的作用，但宅基地退出过程中的村庄治理也存在诸多问题，包括政府主导作用太强，导致农民地位和权益受到侵害以及相关法律缺位、政府角色错位，导致村庄治理的自治权受到侵害等⑤⑥⑦。

《中华人民共和国村民委员会组织法》第一章第二条规定："村民委员会是村民自我管理、自我教育、自我服务的基层群众性自治组织，实行民主选举、民主决策、民主管理、民主监督。村民委员会办理本村的公共事务和公益事业，调解民间纠纷，协助维护社会治安，向人民政府反映村民的意见、要求和提出建议。"尽管法律规定乡镇政府与村委会是指导与被指导的关系，

---

① 谭荣. 集体建设用地市场化进程：现实选择与理论思考 [J]. 中国土地科学，2018 (3).

② 申明锐，张京祥. 政府项目与乡村善治——基于不同治理类型与效应的比较 [J]. 现代城市研究，2017 (1).

③ 邓大才，万磊. 分权式治理何以形成——对粤、川、鄂、鲁、湘六类村庄的观察和研究 [J]. 中州学刊，2015 (5).

④ 江维国，李立清. 顶层设计与基层实践响应：乡村振兴下的乡村治理创新研究 [J]. 马克思主义与现实，2018 (4).

⑤ 汪凯翔，胡银根，常帅，等. 公民权视角下宅基地退出中农民权益保障研究 [J]. 湖北农业科学，2016 (5).

⑥ 魏西云. 农村宅基地管理村民自治的路径选择——基于土地政策实施监测视角 [J]. 中国土地，2015 (12).

⑦ 王虹. 宅基地置换要兼顾效率与公平 [J]. 浙江经济，2012 (6).

但在实践中，乡镇政府对基层民主仍然存在干预过多、控制过多等问题，有的甚至直接插手乡村治理。乡镇政府对村庄事务的干预强化了“村支两委”共治的治理结构。实践中，农户与村委会的“事权”不断扩大而“财权”依然受限①，往往会造成农户与村委会参与意愿降低、积极性减弱、满意度较低等问题。虽然国家立法从制度安排上不断扩大村民自治的空间，但实际运行中村民自治被各级行政权力侵蚀，主要表现为不按时组织和指导村委会换届选举，以及随意任免、撤换、停止、诫勉村委会成员职务。②此外，各级政府运用权力资源要求村委会完成行政任务，村干部参与各类收费和摊派时牟取私利，以及国家权力强力渗透造成的村干部行为扭曲，村级组织在很大程度上成为贯彻行政任务的工具，不断丧失其社会服务功能和村民主体性。③可见，在宅基地退出过程中，需要完善相关法律，以摆正政府推动者、引导者、协调者和服务者的角色定位④，提高村庄自治意识和能力⑤。

（二）治理中的财权与事权

基层政府需要通过行政权向农村地区渗透来实现对社会的“控制”，而村民和村集体组织则需要获得合理的权利分配才能够更好地实现村庄事务管理。⑥我国治理中常常将权力划分为财权和事权，但财权、事权的不匹配往往会导致管理中的混乱。⑦

---

① 武力．农村基层政权职能与农民负担关系的历史分析［J］．江苏行政学院学报，2004（5）．

② 于建嵘．转型期中国乡村政治结构的变迁——以岳村为表述对象的实证研究［D］．武汉：华中师范大学，2001．

③ 刘守英，熊雪锋．中国乡村治理的制度与秩序演变——一个国家治理视角的回顾与评论［J］．农业经济问题，2018（9）．

④ 唐健，王庆宾，谭荣．宅基地制度改革绩效评价——基于全国5省土地政策实施监测［J］．江汉论坛，2018（2）．

⑤ 彭小霞．论村民自治权在农村宅基地退出中的实现［J］．理论月刊，2019（3）．

⑥ 赵李平．农村自治组织权力研究［D］．武汉：华中师范大学，2011．

⑦ 汤火箭，谭博文．财政制度改革对中央与地方权力结构的影响——以财权和事权为视角［J］．宏观经济研究，2012（9）．

在西方公共经济学文献中，并无事权一词，这是我国背景下的特有称谓。[①] 综合多位学者对事权的研究，本文认为事权是指政府承担的办事权力与职责，也就是确定政府财政支出范围及管理权力的运用范围。[②] 其中，与公共服务职责相对的主要是公共事务和公共事业的管辖权，以及相应的公共服务活动的决策权、支出项目决定权和资金分配权；与支出责任相对的主要是支出实施及管理权和具体的资金使用权。[③④]

合理而明确的事权划分是财权划分的基础。依据职能范围划分事权是合理划分财权、财力的基础。对于财权划分来说，事权划分的基础性作用主要体现在：财权的划分应该充分考虑地方政府的事权范围，以保证地方政府有效提供地方性公共产品的可能性和可行性。需要注意的是，我们说事权划分是财权划分的基础，并不是要求财权根据事权划分进行与之对称的划分，事权既可包含财权，也可和财权分离。财力既可以由财权获得，也可由非财权的转移支付获得。

事权是划分各级政府收支范围的依据，因而事权是财权的前提，财权是事权的保证，对联邦制政府而言是如此，但对单一制政府而言，只有政府总体或中央政府才是这样，下级政府无财权但有财力即可。事权规定了公共财政的支出范围，财权则规定了相应的收入范围。合理划分财政收支，对于调动中央、地方两方面的积极性，确保各级政府职能的完成，对社会政治、经济的进步有着重要的意义。

（三）权利配置与农户满意度的形成

按照经济学一般逻辑，不同层级主体事权分割的基本依据在于获取公共

---

① 倪红日．应该更新“事权与财权统一”的理念［J］．重庆理工大学学报，2006(12)．

② 谭建立．论中央与地方的财权、事权关系［J］．财政研究，2008 (1)．

③ 张晋武．中国政府间收支权责配置原则的再认识［J］．财贸经济，2010 (6)．

④ 李齐云，马万里．中国式财政分权体制下政府间财力与事权匹配研究［J］．理论学刊，2012 (11)．

产品需求信息的相对能力，即哪一层级的主体能够获取哪一层次的公共产品的充分信息，则由它提供该公共产品就是有效的；如果它无法获得某一层次公共产品的充分信息，则由它提供该公共产品就是无效的，就应该让位给其他能够有效掌握充分信息的主体。

目前对于宅基地退出治理主体、治理结构等与农户满意度的研究尚不成熟，可将社区治理的相关理论引入宅基地退出治理。根据多位学者对社区治理的研究，乡村治理应该包括其活动范围、服务对象及服务目标。①②③ 乡村治理应该是以本村为主要活动范围，以本村居民为主要服务对象，以满足本村居民不同需求为主要目的而开展的一系列相关活动。村委会能够充分掌握农户对宅基地的需求信息，由村委会提供宅基地退出服务应该是最高效的选择。农户以村委会为平台，不仅能得到参与乡村事务治理的机会，其自我管理水平和自我服务能力也得到了锻炼与提升，农户对村委会的信任感与归属感逐渐增强，从而其参与乡村治理事务的满意度逐渐提高，由此可见村委会平台的建设与农户满意度之间存在着较强的联系。

三、 分权结构与农户满意度： 案例分析

多主体有效治理的规范结构关键在于怎样分割各级部门的事权关系，并据以确定相应的资源和责任，从而实现公共产品和服务的有效供给。本文所考虑的分权包括两个方面：一是事权的划分，具体指宅基地退出中具体事项的实施方案以及决策方；二是财权的划分，具体考虑宅基地退出中各主体是否拥有宅基地退出收入自主权和宅基地退出支出自主权。

---

① 陈洪涛，王名. 社会组织在建设城市社区服务体系中的作用——基于居民参与型社区社会组织的视角 [J]. 行政论坛，2009 (1).

② 刘轩. 北京市社区社会组织的调查研究 [J]. 中国社会组织，2012 (10).

③ 夏建中. 治理理论的特点与社区治理研究 [J]. 黑龙江社会科学，2012 (2).

对于农户满意程度的测量有不同的解释，按照顾客满意度概念以及国外学者对居民满意度的研究成果，本研究将农户满意度定义为：农户通过自身对所参与宅基地退出项目事前期望同事后实际获得的人文关怀、生活服务感受相比较而得出的对宅基地退出项目能否满足自身需求的主观评价。若宅基地退出项目满足不了农户需求，农户感知参与值低于期望值，农户就会不满意；若实际获取与期望值相匹配，农户就会满足（一般满意）；若实际获取超过期望值，农户就会欣喜（高度满意）。

通过对成都市典型村庄的访谈和调研，本文最终确定将郫都区Q村和邛崃市J村作为典型案例，主要介绍案例村庄在宅基地退出过程中财权与事权的分配情况、案例中的农户满意度情况等。

（一）郫都区Q村：事权财权匹配型

Q村位于四川省成都市郫都区，共有11个村民小组，932户，2251人，面积1.8平方千米，耕地1888亩。2012年开展宅基地退出试点以来，全村全部参与宅基地退出，人均宅基地面积由原来的170平方米下降到人均45平方米，结余土地215亩。

1. 宅基地治理事权结构

通过对Q村的实地调研可以发现，村委会在宅基地退出的事权结构中占据主导地位。在实践中，宅基地退出的主要流程由Q村村委会组织实施。在宅基地退出方案探讨和成形阶段，村委会起领导带头作用和决策作用，以郫都区宅基地退出工作相关文件为依据，在综合农户意见和本村实际情况后，形成了最终宅基地退出安置补偿方案。此外，村委会根据村民意见和村庄地理地形分布，规划宅基地集中安置区，包括道路布置、房屋布局等。在宅基地退出宣传阶段，村委会起到了主要作用，采取村内广播、召集村民代表开会、干部入户等方式对宅基地退出相关情况进行宣传普及。经过村委会的宣传动员，全村11个村民小组、932户农户均参与了宅基地退出工作。在对农户进行全面动员并获得农户的支持后，Q村村委会打破各村民小组的限制，引进施工队修建村域集中居住区，新居修好后再对农户的老旧宅基地进行拆除和复垦，并在农户选房过程中采用公开透明的抽签方式进行。农户退出的原宅基地由农户自行拆除后，村委会组织引进土地整理公司以 8000 元/亩的价格复垦，最终由区、市相关上级部门进行验收。

可以看出，在 Q 村的实践过程中，村委会掌握着极大的事权，他们具有对于重大事项的领导权、决策权，以及对于支出项目的决定权；而地方政府在这一过程中主要起引导和监督作用，不具有重大事项决策权。

2. 宅基地治理财权结构

Q 村村委会在宅基地退出工作中具有较强的收入自主权和支出自主权。

收入方面，由于地理位置的优越性及村庄自我管理水平较高，Q 村在推进宅基地退出和新村建设的同时，还依托项目发展了本村产业，拓展了本村收入来源。就宅基地退出本身来说，Q 村通过宅基地退出项目结余了土地 215 亩，初期以 60 万元/亩的价格出售，而后每亩价格上升至 100 万元/亩以上。新建聚居区房屋则按照 1073.5 元/平方米的价格出售给农户。除土地和宅基地本身收入外，Q 村利用结余指标在沿河地带，距离河岸 100 米处布置了产业用地，主要发展餐饮、旅游、服务等产业，为本村农户带来了稳定可观的经济收益。

支出方面，宅基地退出的主要花费包括项目建设资金、农户宅基地退出安置补偿、拆旧复垦费用及其他费用。Q 村宅基地项目建设资金主要来源有三个：一是宅基地安置片区的施工费用由施工方先行垫付，待施工完成，项目结束后支付；二是村委会拿出部分村内土地进行融资抵押，获得贷款 6800 万元；三是通过村委会对宅基地退出复垦指标的预出让，获得土地出让金 7000 余万元。农户的退出安置补偿的多少是在符合郫都区宅基地制度改革文件精神的基础上，由 Q 村村委会自行设置的。拆旧复垦费用则是由村委会招标引进土地整理公司进行整理复垦，每亩花费 8000 元。此外，Q 村还对最先响应号召搬迁的农户进行现金奖励，首批搬迁农户每户可获得 3000 元；处于

核心区需要先行搬迁的农户则设置了每人每月 160 元的过渡费。

3. 农户满意度状况

通过对农户的走访调研，并以李克特五分量表进行测量，农户对政策的整体满意度为 3.8 分，处在中等偏上水平，其中对政策整体感到非常满意的占 30%，认为比较满意的占 25%，感到满意的占 40%，极少部分农户对政策整体不太满意。

在农户对治理主体感知的满意度中，对村委会的满意度平均为 3.1 分，对地方政府的满意度平均为 3.45 分。在农户反馈中，有 25%的农户对村委会工作感到不太满意，50%的农户感到满意，25%的农户对村委会所做工作给出了正面的积极的评价。对地方政府满意度感知中，不太满意的农户仅有 20%，80%的农户都给予了地方政府正面的评价。

农户对于宅基地退出的各项感知也能在侧面反映农户参与退出的满意程度。农户认为村委会在宅基地退出中的公平公正性有待提高，仅 30%的农户认为村委会的公平公正性是令人满意的；有 25%的农户对居住环境的改善持否定态度，认为宅基地退出并没有有效改善居住环境，甚至较以往有所降低；40%的农户认为参与宅基地退出后的生活水平和社会保障水平无法令人满意。

（二）邛崃市 J 村：事权大于财权型

J 村处于邛崃市东路坝区，共有 15 个村民小组，836 户 2367 人，其中搬至集中居住区的有 729 户。全村面积 3.67 平方千米，耕地面积 3533.7 亩。自 2015 年实施土地制度改革试点以来，全村结余土地约 4500 亩。

1. 宅基地治理事权结构

J 村宅基地退出治理中，地方政府参与程度极高，村委会则主要起组织协调作用。

在整体宅基地退出项目的推进中，村委会在宅基地退出的宣传方面投入了大量的人力物力。根据村委会记录，由于农户对故土和祖宅的依恋，对宅基地退出抵触情绪较为严重，宣传动员工作难度很大。村委会组织包括村干部、外聘人员、生产队长等共计 35 人进行了为期三年的宣传工作，最终全村 836 户中有 729 户农户参与宅基地退出，宅基地退出参与率达到 87.2%。此外，村委会负责对农户的宅基地状况进行登记核查，确认农户宅基地情况。在建设完成后的住房分配阶段，村委会主要负责组织农户有序参与房屋分配抽签摇号等流程。

J 村的宅基地退出中，地方政府扮演着极其重要的角色，镇政府承担了大量工作。项目初期，镇政府对村庄整体情况、村庄环境、农户意愿等进行摸底调研，就聚居区选址建设作了详细的规划分析，并编制宅基地退出工作实施细则，明确宅基地退出项目范围、退出补偿标准等。在村委会进行充分宣传并调动起农户积极性后，镇政府在村民代表的监督下帮助农户就聚居区建设施工方进行公开招标，确定建设团队。新居基础设施由于是镇政府出资，则由国土部门负责进行公开招标。完成建设后的选房工作同样由镇政府组织实施，在村干部、村民代表等的监督下进行公开抽签摇号。J 村的拆旧复垦工作同样由镇政府主要负责，镇政府通过招标，最终确定由土地整理公司以 9000 元/亩的价格对 J 村的老旧宅基地进行整理复垦。

可以看出，J 村宅基地退出治理的事权结构比较复杂，村委会更多地扮演了组织者和执行者的角色而没有决策权，镇政府拥有绝对的领导权、重大事项决策权和支出项目决定权。

2. 宅基地治理财权结构

在 J 村的宅基地退出中，村委会不具备收入自主权和支出自主权，而乡镇政府具有较大的财权。

在收入方面，J 村宅基地退出收益主要有两方面：一方面是结余指标流转，另一方面是部分农户购买新居的费用。在结余指标流转方面，J 村公共整理获得结余指标 4500 余亩，镇政府将这些指标以 35 万元/亩的价格流转给龙泉驿区，获得流转收益。但由于宅基地退出项目始终没有通过验收，J 村目前只拿到全部流转收益的 60%。在农户购买新居方面，农户以别墅 1086.7 元/平方米、高层

1004.4元/平方米的价格购入新居。当地由于有较为成熟的民族用品产业，宅基地退出对产业集聚等的影响不大。

在支出方面，J村的宅基地支出主要包括聚居区的建设成本、农户宅基地退出安置补偿费用、基础设施建设费用及部分其他费用。J村宅基地聚居区建设的费用来源主要有两个：其一，J村通过预测宅基地拆旧复垦指标，将宅基地复垦节余指标出售给龙泉驿区，获得土地转让费约15.7亿元；其二，上级政府对退出项目进行了补贴，约投入1.2亿元用于支持基础设施建设等。农户的拆迁补偿标准由镇上统一制定，根据农户所住房屋结构的不同按照砖混结构、砖木结构、土木结构分别设置了450元/平方米、315元/平方米、150元/平方米三个不同等级的补偿标准。在基础设施建设方面，经镇政府统一规划调整，兴建了水利设施、沟渠、道路等，其中，仅建设水利设施一项就花费1.7亿元。此外，镇政府还设置了搬迁进度奖励和每人每月140元的核心建设区过渡费。

在J村宅基地退出过程中，地方政府基本掌握了所有的财权，村委会在这一过程中处于被动接受的地位。无论是上级政府拨款、土地指标流转收益还是农户上交的购房款均由镇政府管理，村委会没有决策权。

3. 治理结构与满意度

从政策综合体验来说，J村农户对宅基地退出政策整体满意度平均为2.45分，处于中等偏下水平，仅有4.5%的农户觉得宅基地退出政策总体令人非常满意，有12.9%的农户对宅基地退出政策感到满意，59.1%的农户则认为宅基地退出政策整体令人不满意或非常不满意，23.5%的农户认为宅基地退出政策一般。说明大部分农户对宅基地退出工作带来的实际好处存在质疑。

在对治理主体满意度的感知中，农户对村委会的平均满意度为2.74分，对地方政府的平均满意度为2.67分。在对村委会的满意度感知中，39.4%的农户对村委会感到不太满意和非常不满意，39.4%的农户认为一般，仅有21.2%的农户认为村委会的工作令人满意或非常满意。农户对镇政府的不满情绪更高，有45.5%的农户认为地方政府所做的工作令人不满意或非常不满意，而认为满意或非常满意的农户仅占总数的20.4%。

从农户的其他参与感受和满意度看，J村农户对宅基地退出后居住环境改善的满意度较低，平均满意度仅有2.56分，社会保障满意度更低，仅有2.12分。从村委会工作的公平性角度来说，有50%的农户认为村委会的工作欠缺公平公正性，17%的农户认为村委会在公平公正处理问题方面令人满意，仅6%的农户非常满意村委会处理问题的公平公正性。在居住环境改善方面，仅17.4%的农户认为居住环境有了很大改善，并对此感到满意，有53.8%的农户不满意退出后入住新村的居住环境；在社会保障满意度方面，有9.1%的农户认为满意或非常满意，认为一般的农户约占22%，约68.9%的农户对宅基地退出后的社会保障政策感到不满意。

四、 进一步的分析和讨论

（一）治理结构与类型

郫都区Q村是通过村委会自治开展宅基地退出的典型。村委会自治具有一定的政府控制特点，能够依靠内部权威推动内部成员高效达成集体行动目的，地方政府则主要起监督引导作用。此外，Q村的自治模式具有一定的内部激励作用，通过推动土地制度改革和新农村建设，该村经济能够得到长足发展，这种经济激励作用在宅基地退出工作中能够促使农户积极参与。

邛崃市J村是通过政府主导推进宅基地退出的典型案例村，主要是通过政府管理，推进宅基地各项事务的进行，村委会在其中主要承担组织协调工作，不具备重大事项的决策权。地方政府能够在短时间整合人力、物力和财力完成宅基地的复垦、整理、新聚居区建设等工作，极大地缩短了整个项目的周期，节约了大量协调、执行成本。从模式损耗来看，为了保质保量完成宅基地退出工作，镇政府与村委会在前期进行了大量资料收集和调研工作，人力成本和时间成本较大。

对比两个村可以发现，Q 村在宅基地项目实施中的效率明显高于 J 村。在项目前期，得益于村委会内生于村庄，村委会能够通过频繁的正式交往与紧密的社会关系极大地降低前期的信息成本；而在建设后期，由于村委会对本村情况的熟悉程度较高，对农户的需求更为了解，所建新居更符合农户的生活习惯和居住需求，Q 村农户的生活舒适度也比 J 村稍高，对农户所反映问题的处理也相对迅速。

（二）事权、财权匹配情况

宅基地退出政策实施过程主要包括宅基地退出前期准备、安置区建设、老旧宅基地拆旧复垦等工作。

通过对比可以发现，Q 村在宅基地退出中，村委会提供了大部分服务且具有重大事项的决策权和收益分配权，从宅基地退出的前期准备工作到老旧宅基地退出后的拆旧复垦工作，均由村委会组织实施完成，地方政府主要起到引导监督作用；而 J 村以镇政府为领导核心，仅宅基地前期准备工作由村委会主导完成，宅基地退出项目中涉及重大决策的退出方案制定、聚居区位置选择等均由镇政府进行决策，村委会仅起到执行和配合的作用。

具体从财权的划分上看，Q 村财权与事权的匹配度较高，事权、财权的平衡性较好，而 J 村的事权、财权出现了明显的不匹配情况，在一定程度上失衡。Q 村在宅基地退出过程中具有完全的收入自主权和支出自主权，宅基地退出支出完全由本村经济收入负担，通过土地收入和指标流转收入完成了宅基地退出项目，并在后续获得了良好的本村经济发展基础；J 村则实行村财镇管，所有收益上交镇财政所后，由镇财政统一安排分配，村委会承担了大量琐碎繁杂的工作，不具备收入自主权和支出自主权，无法自由安排宅基地退出资金的用途、去向等。

J 村事权、财权的不平衡带来了许多明显的问题和矛盾。第一，在村财镇管的模式下进行宅基地退出项目，财政压力全部转嫁给镇政府，造成镇政府财政压力过大，但村庄内部没有足够动力推动农户参与宅基地退出；第二，由于村委会承担了大量没有权力的责任，又缺乏激励机制推动村委会工作，村委会在参与过程中存在懈怠和拖延的情况；第三，由于村委会没有足够的财权，在聚居区的后续管理中出现了大量问题，但村委会没有足够的资金支持加以解决。

（三）分权结构与满意度

通过统计分析可以明显看出，不同治理结构下农户对宅基地退出政策的满意度存在明显差异。在Q村事权、财权比较平衡的治理结构下，农户对宅基地退出政策的满意度要明显高于事权、财权相对不平衡的J村。在两个村中，Q村农户对村委会的满意人数的占比明显高于J村，Q村农户对村委会不满意的人数仅为25％，而J村农户对村委会的不满意人数达到了39.4％；J村农户对镇政府的不满情绪更高，有45.5％的农户对镇政府所做的工作感到不满，但Q村对镇政府所做工作不满意的农户仅为20％。

在宅基地退出中，Q村以村委会作为主导，能够充分与农户进行交流沟通，一方面能够更好地了解农户需求，制定贴合农户真实需求的政策与计划；另一方面大大降低了信息搜集、沟通交流方面的人力成本和时间成本。Q村平衡的事权、财权结构使得村委会能够及时迅速地接收农户反映的问题、意见和不满，并拥有足够的决策权对问题进行处理，当遇到需要资金解决的问题时也有足够的资金支持。因此，Q村农户在访谈和调研中的满意度和对新聚居区建设的评价普遍较好，对宅基地退出工作表示支持。Q村的这种做法，地方政府仅保留监督权，村委会拥有决策权，农户积极参与响应，使得地方政府、村集体和农户三方的关系处于平衡状态，项目的推进能够使三方共同获得较好的参与体验而达到满意。

J村在宅基地退出以镇政府为主导的过程中存在信息沟通不顺畅、交流受阻的情况。从镇政府的角度来说，他们所收集的农户意愿主要来自村委会反馈，可能产生的信息偏差很大，不能真实地反映农户的需求；从农户的角度来说，在镇政府直管下，他们没有沟通解决问题的渠道，出现的问题不能及时反馈，也无法得到及时解决。由于直面农户的村委会在宅基地退出过程中只承担了责任，却没有任何权力，当农户出现问题、提出意见、倾诉不满时，村委会只能向镇政府反馈，而没有足够的权力解决问题。在实际访谈中，农户的不满情绪主要来源于镇政府管辖下政策信息不透明，农户认为所了解的内容不全面、镇政府有所隐瞒而产生的不信任感，以及复杂的管理体系下聚居区存在的问题无法得到妥善处理和解决等。例如，J 村聚居区边缘由于地势较低，没有建设良好的排水系统，下雨天农户房屋经常涌入积水，农户向村委会和镇政府反映却一直没有得到很好的解决和改善。J 村宅基地退出的做法清晰地暴露出镇政府主导下宅基地退出工作的弊端，地方政府紧握决策权与财权，村委会承担大量责任却无权力，农户问题多多却反馈无门，宅基地退出中三者关系始终处于紧张状态，各方参与体验和满意度大大下降。

五、 研究结论与政策启示

通过分析发现，事权与财权关系不顺最突出的一个问题就是村委会与地方政府间权责划分的不匹配，通常情况下存在村委会“权小财少责大”，而地方政府紧抓决策权、收益权及收益分配权不放。承担了大量社会管理、公共服务职能的村委会却在现实条件下缺少相应的事权和财权，这就成为阻碍村委会提供优质宅基地退出服务的一个重要原因。出现这种现象的主要原因就在于对事权、财权及相关责任的划分不明确，缺乏规范，更缺乏法律的保障和制约。综上分析，笔者认为：一是在相同的治理结构下，当权力配置不同、分权结构和分权程度不同时会产生不同的治理效果；二是在治理过程中，各主体财权与事权的匹配情况影响各主体在治理中发挥的作用，进而影响宅基地退出效果；三是对农户来说，不同治理结构与主体权利分配结构直接影响了治理主体是否是可用的、可信的、可靠的，当村集体组织的自主性越强、事权与财权结构越平衡，农户参与的满意度就会越高。

上述发现给我们的政策启示包括以下几个方面：

第一，在宅基地退出工作中，应该明确各主体职能以及权责关系。依法加强乡村治理体系建设，平衡和协调乡镇行政权与村集体自治之间的关系，从政治体制、法律规范、乡镇政府管理和村委会自治能力等方面入手进行改革，要保证乡镇政府与村集体组织之间的指导、协调与自治关系，而非上下级关系。

第二，在宅基地退出工作过程中，应充分发挥政府的引导作用和村集体的主观能动性，引导农民有序退出宅基地。政府部门应当发挥整体统筹的作用，相关政策应多向农村地区倾斜，加大地方财政用于农村发展的比例，适当提高宅基地退出补偿标准。村集体也应该发挥积极作用，不定期地召开村民代表大会，凭借村庄关系网络协调宅基地退出过程中的矛盾和冲突。另外，村集体还可以考虑采取奖励和惩罚机制，这在一定程度上可以促进集体行动的实现。

第三，充分发挥政府和村集体组织在宅基地资源配置上的优势，形成合力。政府通过行政权威，村集体组织通过社区非正式制度的激励和约束等都可以提高宅基地退出效率，但如何促进二者相辅相成，尤其是在统筹城乡建设用地市场、推动村民参与集体行动等方面需要根据实地情况进一步探索，在政府和社会的治理体系上找到平衡。

限度博弈与征收冲突

——鄂北城中村调查

刘　锐　张慧霞[①]

一、 问题与进路

2000年以来城市化进程加快，房屋征收暴力现象不断增多。相关数据显示，2000年到2014年间，在全国发生的众多抗议事件中，和土地问题有关的占50%。[②]围绕极端案件引发的“道德震撼”，诸多学者从各视角展开论争。主流研究依据征地权特征，从征地三要件探讨了征收冲突。

一是征收前提研究。不少研究注意到，公共利益界定不清，征收权的范围过宽，是冲突屡禁不止的根源。如何界定公共利益，主流研究莫衷一是。部分研究主张借鉴域外经验，发挥立法机关的“公益机器”作用，对公共利益进行类型化界定。[③④]部分研究提出用包容性列举法界定公共利益，对非公

---

① 刘锐，男，四川大学公共管理学院副教授，硕士生导师。张慧霞，女，四川大学公共管理学院硕士研究生。国家社科基金青年项目：乡村振兴背景下农村“三治”协同机制研究（18CZZ037）；四川大学创新火花项目库项目：“三治”结合背景下农村微腐败整体性治理研究（2018hhf－10）；中央高校基本科研业务经费项目：农村土地确权背景下的征地冲突治理研究（skzx2017－sb135）。

② 蔡永顺．代理人困境与国家治理：兼评“风险论”[J]．社会，2017（3）．

③ 张千帆．“公共利益”的困境与出路[J]．中国法学，2005（5）．

④ 王利明．论征收制度中的公共利益[J]．政法论坛，2009（2）．

益性征收采取同地同价办法。[①②]

二是征收程序研究。一些研究调查发现，事先不与农民协商，农民权利不被尊重，是失地农民不满的根源。[③④] 从征地制度改革的方向看，实现程序公平是重中之重。程序不公平包括两项内容：规范模糊和权利无保障。借鉴国外经验，保障农民参与权、司法救济权等，压缩利益主体的博弈空间，可控制征地权滥用，实现征地秩序目标。[⑤⑥]

三是征地补偿研究。有研究通过国际比较，发现公正补偿多是市场定价，于是提出集体建设用地入市建议。[⑦] 部分研究遵循制度变迁路径，探讨如何从"让利于民"逐步推进到"让权于民"。[⑧] 相较于理念层面的改革方向探讨，有研究认为应从可持续生计角度，改单一货币补偿为多元补偿。[⑨] 一些研究从土地功能、社会适应角度提出若干解决失地农民问题的方案。[⑩⑪]

已有研究存在如下问题：一是在研究内容方面，现有研究对应然目标以他国经验为分析起点，缺乏对土地征收过程和后果的完整考察，另外，只分析征地制度的要件，不整体分析制度的运行，易脱离经验作抽象探讨。二是

① 蔡继明，苏俊霞．中国征地制度改革的三重效应［J］．社会科学，2006（7）．

② 汪晖．中国征地制度改革理论、事实与政策组合［M］．杭州：浙江大学出版社，2013．

③ 刘祥琪，陈钊，赵阳．程序公正先于货币补偿：农民征地满意度的决定［J］．管理世界，2012（2）．

④ 史清华，晋洪涛，卓建伟．征地一定降低农民收入吗：上海 7 村调查［J］．管理世界，2011（3）．

⑤ 晋洪涛，史清华，俞宁．谈判权、程序公平与征地制度改革［J］．中国农村经济，2010（2）．

⑥ 程洁．土地征收征用中的程序失落与重构［J］．法学研究，2006（1）．

⑦ 蒋省三，刘守英，李青．中国土地政策改革：政策演进与地方实施［M］．上海：上海三联书店，2010．

⑧ 周其仁．农地产权与征地制度［J］．经济学（季刊），2004（4）．

⑨ 康岚．失地农民被征用土地的意愿及影响因素［J］．中国农村经济，2009（8）．

⑩ 徐琴．可行能力短缺与失地农民困境［J］．江苏社会科学，2006（4）．

⑪ 卢海元．土地换保障：妥善安置失地农民的基本设想［J］．中国农村观察，2003（6）．

在研究视角上，现有研究过于重视制度和程序设计，对征地制度运行的社会基础、社会变迁对征地制度的影响、制度—结构互动下的征地问题缺乏足够的考察和深入分析，在制度变迁方向上易作出误判。三是在研究假设上，多数研究认为权力—权利平衡，征地冲突才会完全消失，但是，如果被征收者的诉求越发多元，而政府回应的方式和能力不足时，同样会发生征收冲突。

本研究深入场域探讨城中村的房屋征收过程，分析被征收者诉求表达及政府回应机制，试图提出“限度博弈”概念概括该类互动及问题。“限度博弈”指政府掌握资源有限，只能在一定界限内满足诉求，即使表达机制完善、政府回应策略得当，若被征收者诉求超出政府满足能力，又凭借博弈砝码不做任何妥协，那么政府则会为完成任务而存在机会主义，甚至使用暴力，拉回界限的过程易出现意外，引发征收冲突。

二、 补偿标准与诉求的矛盾

房屋征收的本质是土地利益分配。征收矛盾源于同一补偿标准与异质补偿诉求差异，及被征收者由风险和利益感知差异引出的无序表达，征收冲突源于政府无论如何作为均难以获得被征收者的完全满意。2014 年年初，笔者曾调查鄂北 A 市城中村房屋征收，后文将以 B 村案例为主探讨征收冲突逻辑。

（一）被征收者不满的表现

城中村被学术界广泛探讨，目前没有形成统一的概念。本研究探讨的城中村是由城郊村演变而来的，村庄可利用的土地大为减少，居民生活方式逐渐城市化，村委会快速向服务型组织转变，但留有部分集体企业，或者集体有出租收益。由于土地管理、行政执法力度不够，城中村设施、环境、治安问题多，被媒体和学者称为城市“毒瘤”。祖祖辈辈均居住在此地的居民对房屋征收的态度较为矛盾，一方面，他们盼望征收以改善居住环境；另一方面，他们对征收补偿标准不太认可。就调查经验看，被征收者的不满有以下理由：

一是对过渡安置有隐忧。A 市改造城中村力度大，要征收的老房屋较多。政府开始给予的征收过渡补贴标准是按原租房均价适当增加制定的。但是，城中村老房子拆掉后，不仅原有居民要找过渡房，农民工同样要找过渡房，致使房源变得紧缺，房租被迅速抬高。被征收者花两倍的价钱却租不到满意的房子，遂产生对征收的负面情绪。另外，A 市实施政府主导企业操作路径，开发商垫资负责房屋征收和还建，节余的土地用于建商品房出售。居民对开发商资质不了解，担心开发商资金不够突然撤资，或商品房卖不掉难以尽快还建。政府为此出面担保，承诺会如期交付还建房，同时要求社区干部帮助找过渡房，实在租不到房就腾自家租的房。另外，政府补贴 120 元/平方米的过渡费，社区增加 50 元/平方米以上补贴。政府和社区的及时热情回应尽管无法完全打消被征收者的隐忧，却阻止了该隐忧转化为普遍情绪，各人因处境差异会抱怨，却没有产生集体行动。

二是认为补偿标准偏低。有研究人员调查城郊村发现，不少居民认为征收是能带来实惠的，他们不仅盼征收还为预期利益做准备。① 城中村的征收与城郊村有差异，即使 A 市实行“不予不取、自求平衡”原则，将所得土地财政全部归还社会，原有居民还是觉得征收补偿标准低，征收后他们的生活水平会下降。基层干部说，同棚户区改造 80%的同意率相比，城中村征收 80%的居民有意见，“一搬三年穷”在被征收区域广泛流传。② 笔者总结出以下两大原因。

首先，征收收益大部分“被”住掉，无法带来预期的利益。随着城市化进程的加快，城郊村很快被城市包围，原有居民利用区位条件，建房出租给农民工居住。他们刚开始将住房隔成小间出租，后来就违规违法占地建设。以 B 村为例，经过多年的不断翻新，户均房屋面积在 400 平方米左右，每月

① 杨华. 城郊农民的预期征地拆迁：概况、表现与影响［J］. 华中科技大学学报（社会科学版），2013（2）.

② 刘锐. 城中村改造：全面改造抑或综合治理［J］. 广东财经大学学报，2015（6）.

有 2000～3000 元租房收益。按征收政策变小产权为大产权，多数居民会获得 2～3 套安置房，外加 10～20 万元的安置费用，大部分人所得高于出租收益。但是，20 世纪 90 年代以来，不少人安于出租收益，变为土地食利者，他们不但没有谋生手段，而且缺乏找工作的热情，一旦房屋征收完成，他们将艰辛谋生。

其次，现有法律不支持被征收者诉求。2011 年出台的《国有土地房屋征收与补偿条例》（以下简称《征收条例》）规定被征收房屋的补偿标准不得低于同类房屋市价。但是，该规定只针对国有土地，对集体土地无明确规定。A 市因此根据自身实际，制定了自以为合理的标准。有被征收者提出疑问，既然村委会早就改为居委会，全村土地被征用得差不多了，为何是集体而非国家所有？笔者调查期间，不少媒体报道农村征收标准会提高，集体建设用地与国有土地将实现同价同权，不少被征收者拿着报纸找政府要求落实政策。

再次，被征收者认为征收补偿价格不合理。鉴于 1998 年修订的《土地管理法》，被征收者提出按原用途 30 倍补偿的上限较低，2004 年国务院发布第 28 号文件，提出按片区制定征收补偿标准，“同一片区内，不同宗地的征地标准相同”，同一市县出现几个片区，不同片区的补偿价格有差异。A 市曾出现三层楼以下按 1∶1 标准提供还建房，征收出千万富翁的现象。不少被征收者觉得本次征收标准低，要求按类似区位标准实施补偿。另外，A 市制定的政策，征收时间不同奖励不同，说明补偿是有弹性的。加上不少被征收者得知，不管政府如何提高补偿标准，现实补偿远高于公布标准，他们因此觉得政府有压价嫌疑，自身的懦弱会促成不公正补偿。

（二）被征收者诉求的差异

当地方政府让渡全部土地收益时，被征收者对补偿标准仍然不满，又自知征收是大势所趋不能拒绝，自身与政府能力天然不对等，他们就会从宏观制度出发，指出问题，提出具体诉求。A 市的征收经验表明，被征收者主要有两类诉求：

一是对违建补偿提出异议。早在 2005 年，A 市就将城中村纳入改造规划，B 村所在的片区却迟迟没有改造行动。居民听到风声感到有利可图，纷纷扩建甚至借贷违建。2005 年后，城中村住房面积增加 1/3，集体土地几乎被完全占用。2009 年，B 村所在政府着手改造，对违建房的管制越发严格。街道由片区领导负责，实施专项控违行动，但是，2005—2009 年，不少居民已然违建且多数用来出租，即使政府实施责任追究机制，前期违建处理仍成为征收难题。

尽管多数人在 2005 年前违建成功，还是有不少人没跟上形势。他们当时不违建的原因复杂，有的人认为与政府对抗没有好结果，有的人不愿意给领导和城管送礼，有的人因邻里关系紧张在扩建过程中遭遇麻烦，有的人因家庭内部有矛盾意见难统一，等等。2009 年后，B 村所在政府控违较好，但鉴于前期违建较多，贸然认定违建不合法可能会带来民意的抗拒，就对前期的违建予以默认。不管出于何种原因没有违建，只要稍微比较一下征收补偿，未违建者就会发现利益受损，遂对地方政府不秉公执法产生一定的不满和愤恨。

B 村的征收补偿分为两种：还建安置和货币安置。还建面积按人均 33 平方米标准执行，同一户的还房面积不超过 300 平方米。被征收房屋面积大于规定面积的，抵扣还建面积后对剩余面积给予货币补偿；被征收房屋面积小于规定面积的，在规定面积外可按优惠价支付差价。还建房属于大产权房，能自由进入市场交易。有些违建者为获取利益，直接拉人头办假结婚证，或者找关系尽量先分户，少数人因此得到 30 间房屋补偿，多数人则得到一倍以上的补偿。无违建户因此认为遵纪守法的人吃亏，征收是欺负老实人。

二是对装修补偿提出异议。相较于征地补偿的标准化，房屋征收标准较模糊，房屋区位、新旧程度、利用情况等都会影响被征收者的补偿预期及与政府谈判的努力程度。A 市的补偿金计算公式为：房屋建筑面积×（房屋重置价×成新率），室内装修补偿由评估机构根据所用材质、使用年限等确定。

尽管B村所在片区提出由居民自主选择评估公司，如果觉得不满意可以更换公司，但是，《征收条例》赋予评估机构绝对的垄断地位，为政府和评估机构的机会主义合作留下了较大空间，最终报价接近政府标准而非公平价格①，被征收者对此深有感受。他们转而影响估价工作，而不是改变补偿标准。货币补偿涉及6个方面，其中的5项补偿需要测算面积，技术的进步和娴熟使用及相互监督，使得面积的测算和补偿差错较小。偏差较大的是装修装饰补偿，即使评估主体做到细心全面，但肉眼评估难免受各种因素干扰。具体说来，A市制定的补偿标准是，砖混结构820元/平方米、砖木结构590元/平方米、框架结构1140元/平方米，但是，同属于框架结构，外部建设有差异，有的顶层用的是预制板，有的是架空格盖上瓦，有的盖瓦用的是普通丝绵瓦，有的用的是稍高档的红瓦，有的则是用预制板加琉璃瓦封顶。房屋内部建设差异同样较大，有的在楼层间用钢筋辅助混凝土，有的使用预制板加上混凝土加固，有的使用竖砖夹层空心墙，有的使用双层实砖实心墙，有的房屋挑高在3米以上，有的房屋挑高只有2米。墙体以外的其他装饰，包括地板类型、使用品牌、装修投入、使用年限等，都影响价格判断，使被征收者可以对偏差据理力争。

装修装饰补偿的难题是，工作人员的客观定价判断与被征收者的认知有矛盾。城中村房屋既作为不动产存在，又作为家庭情感载体存在。居民在使用房屋的过程中投入大量心血和物资，有的虽难以体现为交易价格，但对居民来源却很有分量，特别是看似普通却有情感价值的装修物件，工作人员在平衡主观与客观价格的矛盾时要花费心力。如果遵照客观标准不退让，可能会伤害被征收者的情感影响评估；如果迁就被征收者提高价格，可能会引发其他人竞相要价。当政府对部分被征收者妥协，对部分被征收者讲情感，对少数被征收者尽量开口子时，会让不少人产生被剥夺感。他们撕毁协议要求

① 赵骏，范良聪．补偿博弈与第三方评估［J］．法学研究，2012（3）．

重新评估，或者征收到来时要求提价，双方矛盾贯穿征收始终。

三、 软钉子户的博弈类型

按照《现代汉语词典》的解释，钉子户是指由于某种原因在征用的土地上不肯迁走的住户或单位。本文所说钉子户主要指不肯迁走的住户。本研究将其分为软钉子户和硬钉子户，依据是对利益诉求的表达是否有节制。软钉子户表达利益可能会逾越法定的补偿标准，却在“规定或容许提出要求形式中”[①] 进行；反之，硬钉子户的利益表达逾越了政府的常规博弈能力，其不仅不调整预期回到界限内要价，而且为实现利益主动采取逾越界限的博弈手段。早期钉子户多是软钉子户，我们依据利用既有制度及争取目标的性质差异将软钉子户分两类，以下分别进行说明。

（一）底线型博弈

底线型博弈是感到基本利益受损，无法保障既有生活水平不降低，因此发起旨在恢复既有状态的行动。底线型博弈建立在绝对剥夺的基础上，被征收者一方面以前期生活作为参照，一方面以征收会增加利益作为预期。按照征地拆迁制度，被征收者感到底线型利益受侵害，他应通过法律和行政途径解决。[②] 但是，现行征收纠纷裁决机制不完善，地权救济的法律法规缺乏指导和规范，法院职能行政化弱化了其裁决职能。当政府既是运动员又是裁判员时，被征收者对征收仲裁制度不抱希望。

底线型博弈者多是底层居民和普通人。他们的家庭条件一般，因各种原

---

① 蒂利·塔罗．抗争政治［M］．李义中，译．南京：译林出版社，2010.

② 蔡禾最早区分了“底线型”和“增长型”利益。他指出，底线型利益是国家法规明文规定的利益标准，增长型利益是自身利益增长与社会发展水平一致。当增长型利益诉求成为主要诉求时，应当建立群体间对话、协商、谈判制度。本研究对两个概念的使用与蔡禾的定义和说明类似。详见：蔡禾．从利益诉求的视角看社会管理创新［J］．社会学研究，2012（4）.

因违建少，在村人口少或迁出者多，少数人遭遇生活意外，家中有老弱病残者。按照A市的补偿制度，他们只能依据在村人数拿到稍大的还建房。要将房屋简单装修住进去，仅靠不多的补偿是不够的。底层居民的就业能力弱，征收后找工作困难，那些50岁以上的居民，一旦征收即意味着失业，上楼后的物业和生活开支将成为他们的主要负担。尽管政府承诺，条件差的居民可享受低保，但相较未征收前虽然居住条件差但有稳定房租收入而言，生活水平还是降低了不少。

相较后文的增长型博弈群体，底线型博弈群体生活面向村庄，对邻居关系、亲朋友谊有较强的依赖，自身能力有限，发展期望不高，获取和利用信息的水平低，博弈策略带有较强的前现代色彩。从调查情况看，该群体会实施以下两类博弈：

一是通过拖延提额外要求。从静态角度考察双方的力量对比，底线型博弈的获利机会有限。他们希望迁出的子女获准回迁，那样就能多得还建房面积。至于要求获得低保、享受政策优惠则是他们的常见诉求。考虑到他们的实际情况，政府会适当而不全部接受要求。部分被征收者基于征收告示的时间节点及政策要求，发现政府有按时完成任务的压力，他们就通过拖、磨、耗等方式变被动为主动，不断周旋、反复试探，以获得满意价格。

二是以拒绝为策略争取利益。假设博弈不考虑时间损失系数，被征收者将在得到满意价位后中止博弈。但是，征收博弈是有限次的重复博弈，政府会参考对方前期决策，利用掌握的信息优势出价。被征收者在一对一博弈中，短期内难发现利益受损。当部分被征收者不断拖延，政府提价的耐心在减弱，又发现越往后补偿越高时，会综合考虑提出一口价，并表示如果不满足就不签字。底线型博弈者拥有信息劣势，一口价可能高过政府限度，或者低于最优补偿曲线。要说明的是，以拒绝作为博弈策略是多方考虑下的选择，与硬钉子户越界有区别。《征收条例》出台后，政府不会轻易强拆，一般越到后面政府越不积极，拒绝者越会焦虑甚至恐惧，怕成为政府重点关注的对象，他们主要担心惹怒政府得到的补偿变少。

与增长型博弈群体的“老奸巨猾”相比，底线型博弈群体多是“小农心态”。底线型博弈强调“生存伦理”的重要性，该种伦理在征收前就已经存在，被征收户利用“弱者的武器”[①]被动争利。他们会运用官方话语博弈，如强调自己家庭生活极度困难，希望政府落实帮扶责任。但是，他们既无能力创新利用意识形态，对制度提供的博弈空间又不是很了解，使得相关博弈策略既原始又简单，难以引起地方政府足够的注意。

（二）增长型博弈

多数被征收者的生活感和价值观与城市居民无异。他们不仅具有底线型博弈者对“生存道义”的固守，而且具有高消费、高期望延伸出的高补偿诉求。国务院出台的《关于完善征地补偿安置制度的指导意见》提出，保障被征地者的生活水平不降低，并体现长远生计和未来发展的需要。增长型博弈者的诉求特点是，要价底线和上线均不清晰。他们希望得到解决的问题有二：其一，城中村的房屋大多已出租出去，征收后的生活如何保障？其二，被征收者缺乏基本谋生手段，征收后的家庭发展依靠何种手段？

A 市对增长型诉求占主导的现状有所考虑，在征收伊始就出台了留地安置政策。如 B 村规定，征收后还建 10 万平方米产业用房。其中，产业用房 51％的收益归物业，主要用于为产业人口[②]发放各类福利，49％的收益作为退休金发放给股民。[③]该村统计的产业人口有 720 余人，从产业人口中产生的股民有 370 人。因国有企业效益不好，回村建房的“地搭工”者不算股民；早期买房子居住再将户口迁来者不计入产业人口；嫁出去的女儿不允许再迁

① 斯科特·詹姆斯．农民的道义经济学：东南亚农民的反叛与生存［M］．程立显，等译．南京：译林出版社，2001.

② 产业人口以 1982 年分田后集体登记的花名册为基础，结合 2010 年人口普查由派出所登记的人口予以确认。

③ A 市在 20 世纪 90 年代有不少国有企业招工，集体规定凡企业招工出去的，土地被收回即不享受集体福利，没有“地搭工”出去的被统称为股民。

回来，即使通过关系迁进来也不享受产业人口待遇，等等。尽管这些规定受到非产业人口或股民成员的反对，但该政策结合村情具有总体的合理性，变更需要进行充分的协商和同意，另外，它属于集体内部存量利益分配，而非向外争夺增量利益，且该方案尚在制定过程中。多数软钉子户因此暂时搁置保障，寻求更易获利的征收利益博弈。

增长型博弈群体获得的信息较为广泛，对要争取的终极利益有一定的认知。不过，无论从制度变迁还是征收实践来看，要使已有违建房合法进入市场，均存在不小的难度。相较于底线型博弈群体的表达被动性、参与能力不足，增长型博弈群体基于“人民的服从”的模式已趋于弱化，但基于“公民的服从”的意识尚未真正形成。① 增长型博弈者因此转变策略，追求底线型/增长型的灰色利益。② 由于该类灰色利益较模糊，既无明确的正式制度规定，又无可衡量的要价标准，实际的博弈只能靠谈判。依据行动力和规则意识差异，我们将被征收者的博弈实践分为两类：

第一类是行动力强、规则意识弱的博弈。他们算计补偿的点滴额度，利用私人资源创新要价方式。因其更在乎具体的利益，多会主动寻找参照群体，先打听和比较然后要价。该群体要价一般极不稳定，即使已经签订补偿协议，仍可能中途变卦或拒绝，谈判要花费诸多心力。从实践情况看，该群体敢于挑战政府，既源于房屋的不可移动、政府征收的不可退出，使得博弈存在较大空间，又源于其和政府利益瓜葛少，受政府未来治理的影响弱，因此可以实施自由度极大的博弈。A 市曾出现因工作人员态度不好，被征收者直接拒绝再次谈判的案例。一般来说，政府的征收诉求越强烈，征收任务的时间要求越高，被征收者的博弈地位感知越强，越有信心继续抬高要价。多数情况是，他们凭借情境化权力对比，步步紧逼不断抬高要价，最终获得极限的高

① 陈映芳. “违规”的空间［J］. 社会学研究，2013（3）.

② 刘锐. 灰色治理与征地冲突［J］. 学术界，2018（5）.

补偿。

第二类是行动力弱、规则意识强的博弈。按照A市的补偿方式，不少人所得虽不少，但是无持续性收益。过惯了不劳而获的生活，一些被征收者感到前途渺茫。另外，多数人能力不强、人脉不广，单从博弈策略角度讲，他们不占丝毫优势。不过，他们平时上网较多，时常看时政新闻，对政策有一定了解。要说明的是，尽管他们运用规则的意识有了提升，但该能力仍处相对弱势的水平。他们一般会强调有利于己的规则，如提出既然实行留地安置，之前的村财政需要公开；政府说“不予不取、自求平衡”，那么就将相关征收政策公开；既然征收就应该遵照程序，民众有权参与标准制定，等等。总体来说，该博弈多是在制度和现实的缝隙间寻找潜在的利益点采取行动。

按照一般的分类模式，应还有行动力和规则意识均强、行动力和规则意识中等的博弈。但是，规则意识的提高并没有转化为行动力①，提出和运用规则只为权宜化的博弈，多数博弈对政府而言有程度区分而无本质差异。

四、 政府的限度博弈实践

房屋征收的矛盾千头万绪，宣泄口却是不公平补偿。在时间和耐心允许的范围内，政府只需实施多种博弈策略，将诉求越界者拉回界限内，然后因地制宜地满足其诉求即可。但是，政府与民众间的信息严重不对称，用何种策略保证谈判顺利进行，无明确的应对规则。当外在因素的加入强化了民众博弈能力时，其可能会偏离界限抬高要价，出现界限外博弈，易引起冲突。②

（一）政府界限内的博弈

理论上讲，居委会作为连接政府与民众的组织，对民众的诉求和能力应

① 规则意识包含两部分两内容：既反抗违背规则的权力，又遵守规则要求的义务。详见：庄文嘉．跨越国家赋予的权利？[J]．社会，2011（3）．

② 吕德文．媒介动员、钉子户与抗争政治［J］．社会，2012（3）．

该有精准的了解，只要调动居委会的积极性进行有效分类，政府就能找到均衡点实施有效补偿。但是，城中村早就没有耕地可耕种，居委会多从事生活服务工作，与民众的关联不是很紧密，更重要的是，不少民众的交往和观念趋近于城市，他们的真实补偿想法如何，居委会同样存在获取盲点。因此，实际补偿需要分别商谈，补偿均衡需要具体把握。

从政府角度看，遵循“取之于民、用之于民”原则①，政府与民众的利益不应存在根本冲突，且征求征收意见时多数民众同意，A 市因此制定了较紧凑的征收任务期限。以 B 村为例，地方政府出台征收公告，按照正常的征收、施工等进度计算，被征收者没正常入住给付 200%的过渡费。基层政府进驻后不久便发现民众呈现的诉求较复杂，便调集其他点的征收人员，以 10 人为 1 组分别做工作。归纳政府初期的博弈手段，主要是“综合治理+群众工作”。

综合治理最早应用于社会治安领域，指在各级党委和政府的统一领导下，以政法机关为骨干、依靠人民群众和社会各方力量，综合运用经济、行政、教育等手段，预防犯罪、挽救失足者，达到维护社会治安、保障人民生活的目的。② 房屋征收中的综合治理与社会治安综合治理相似。在 B 村成立的工作组中，由社区书记任组长，各组都有部门力量，少数是抽调的社区专职干部。工作组早上 7：00 准时集合，听取领导的指示后下村。每天晚上汇报工作情况，将民众诉求进行分类汇总，找出共性问题和一般办法，实行社区书记负责制，由其调动具体干部应对。鉴于民众的诉求较为多元，工作组就动态调整人员，凡涉及民政、经济等领域，工作组通过车轮战分别回应，对诉求较多者既解决部分困难，又通过思想教育化解其他疑虑。

综合治理需要掌握群众工作法。社区将工作人员分为三类，分别是街道领导、社区干部、各部门人员。街道领导掌握群众工作技巧，但缺乏下基层

① 刘锐. 城镇低效用地的再开发风险及城中村改造 [J]. 上海城市管理，2015 (3).
② 百度百科：综合治理。

的时间和精力，多数情况是作为征收片区负责人，对征收困难提供技术性指导。部门人员多是办事员，对负责领域较熟悉，但在把握民情做工作方面存在先天的不足。社区干部既包括本社区干部，又包括其他社区干部。本社区干部主要是服务，尽管对民意有了解，但对群众工作不娴熟。本社区的领导有丰富经验但只有几个，其他社区的领导又不不了解本社区实情。

底线型博弈群体的利益要求不高，他们想多得补偿又有情感诉求。工作人员的充分理解及细致的工作能达到“四两拨千斤”的效果。例如，某困难户不满征收工作，工作组多方调查后，发现其家庭较困难，没余钱住过渡房，就提出帮助搬迁，他很是感动，并签字同意。但是部分工作人员坐惯了办公室，不愿全面了解普通民众诉求，又把自己定位为传声筒角色，开展工作的态度不是很友好，部分民众的诉求因此被忽略，导致民众产生老实人好欺负的感受。常见情况是，征收者对底线型博弈群体注意力不够，凭借群众对自己的高信任高畏惧，加大政策宣传力度，采用一般方法博弈，对少数要价高、其他要求多者，采取绕道而行、不予理睬的方式，使其焦虑感增大再适时施压。从调查情况看，该类群体较好对付，多数人会很快妥协，早同意能得到政策优惠及奖励资金，但是他们发现越到后面暗补现象越普遍，同等房屋同等人口相差接近 10 万元。严重的被欺骗感加上自身弱势，使其不会挑事却易走上街头。

补偿博弈中的信息相互不对称，博弈的实质是信息揭示和窥探。政府与该群体存在博弈空间，各方都想摸清对方底牌展示有利的信息。鉴于博弈者承受风险能力的差异，不同情境下的补偿均衡有差别[①]，政府主要从三个方面应对被征收者：一是在交流中表现出真诚和贴心，适时亮出自己的出价底线，做出有诚意的举动。该被征收者在乎与政府的关系，对相对利益受损的敏感度弱，对协调预期的规则有一定的信任，只要工作组掌握了技巧，多数可以

① 张维迎. 博弈与社会讲义［M］. 北京：北京大学出版社，2015.

被感化签字。二是让对方明了博弈底线。在动态的补偿博弈中，为防止被征收者过度要价，政府会在不同的情境依据对参与者的了解采取有针对性的方式。三是变换不同的沟通方式，与少数所持砝码较多的被征收者耐心谈判，争取他们的妥协。

（二）政府界限外的博弈

无论群众工作还是综合治理，都因内外因素影响而效果不佳。首先，被征收者的实力与诉求不完全对应，政府实施功利的博弈术，可能会伤害博弈方的感情。他们因生活压力及对自尊的敏感，逐渐从初期协商和依附的软钉子户变为非理性和拒绝妥协的硬钉子户。例如，某户对评估很满意，评估单子却不见了，有工作人员嗔怪了几句，再来评估时她就不开门了。主要原因是她长期做清洁工且家境较差，曾因女儿读研贷款开证明，居委会值班人员提出收费，理由是不认识她说她是空挂户，她跑了好几次腿，找人证明身份，才最终化解误会。她觉得是自己清洁工的工作不体面，社区干部看不起她，现在出现类似情况，她就利用补偿出气。

其次，政府采取的强硬手段是为让对方准确接收信号，然后基于谈判能力的考量选择妥协。但是，被征收者关于愿意妥协的信念是什么，政府对其愿意妥协的信念是什么①，是需要探讨的。如果被征收者认为该信号不可信，就会置之不理；如果被征收者认为只要转换博弈策略即可胜出，就会在不同阶段探索不同策略；如果被征收者认为应增强谈判能力，就会尽量借用外力拓展博弈边界。不管出于哪种情况继续博弈，被征收者都会变得越发强硬。例如，某户在签协议时，说要考虑一下，他发现不同家庭之间补偿差异大，又上网学习发现国家禁止强拆，认为找到了法宝，工作组再来找他，他要求先看手续，再来谈补偿问题。

---

① 周雪光．政府内部上下级部门间有的一个分析模型［J］．中国社会科学，2011（5）．

再次，政府将补偿看作双方的较量，没有考虑到民众规则意识的增强及博弈情境中另类认知解放①带来的挑战。A 市为提高城市功能加快改造进度，在以地招商程序上走得过急过快，不少环节是边推进征收边补手续，少数手续因用地违规很难补办。这促使被征收者借机要价，增加博弈砝码，而且利用媒体力量扩展自身的能力，使得越到征收后期事情闹得越大，政府可用的博弈手段失效。

以邢某为例。邢某违建面积排全村前三，自己又不享受股民待遇，他从一开始就抵制征收。起初他要求公布村财政，后来到国土厅上访，发现征收手续不全。当时不少媒体在讲同地同价同权，某律师在网上提出愿意义务维权。邢某打电话过去，很快就得到了回应。他按律师的建议，动员有类似情况的 13 家被征收者抱团，签订自保协议，承诺如果中途退出，要补偿另外 12 家每家 3 万元。政府有意冷落他们一段时间，提出每户多补 5～10 万元，其中 10 户准备签字同意，不曾想律师给邢某打电话，表示政府多补偿违法。有政府工作人员转而恐吓邢某，说要把他抓起来。邢某便组织 13 家开会，律师对 13 家表示，国家法律不允许行政强拆，不接受补偿可以申请财产保护，政府征收手续不全即违法，只要斗争到底就会赢得尊敬。

随着任务期限的临近，政府变得越发焦虑，如果拖延开发时间，且不说要支付过渡费，领导可能还会被问责。从被征收者的行动情况看，他们早期将矛头指向政府，本意是以突破边界作为策略，迫使政府继续提高补偿。只要政府调整策略妥善应对，他们不会轻易与政府对峙，毕竟无回旋余地的博弈收益风险更大。但是，作为专业人士的律师的介入，推动了以邢某为首的钉子户采取了更为强烈的博弈手段。他们将突破界限看作正常，更加远离既

① 孙小逸等认为认知解放是自发性的，但如果没有专业人士和媒体动员，单看城中村居民情境化的博弈术，多是规则意识和诉求迅速提高，却很难自发地演进出权利意识，因此本研究用“另类”而不是“自发”。详见：孙小逸，黄荣贵. 维权情境中的自发性认知解放［J］. 社会，2016（3）.

有博弈框架。发展到后来，13 户完全追随律师建议，只要政府有关的人过来，他们不仅录音而且拍视频。

从法理上讲，只要政府征收要件齐全，政府可申请法院强拆。但是，法院出于“不出事”的逻辑考虑，一般不会受理征收类案件。矛盾不能得到有效解决，政府和被征收者的博弈陷入僵局，使得冲突在 B 村发生且相当激烈。

五、结语

从矛盾的初级形态看，民众多要补偿甚至越界，属于正常的利益表达。多数民众认同自己身处一定的场域，现在和将来要与政府打交道，他们力争将诉求嵌入政府决策。只要政府保证征收安置程序公开透明，了解和尊重民众诉求并善意对待，完善群众工作方法，有效吸纳民意，就可避免软钉子户转为硬钉子户。

从矛盾的升级形态看，当少数人漫天要价或不断提价，越过政府补偿能力和耐心限度，或者政府功利化补偿不考虑民情，越过底层群众生活和情感接受限度，或者专业媒体和人士实施政治动员，将既有博弈嵌入更高级规则时，都要求对方增加谈判砝码。当博弈双方均无法退出博弈情境，弱势一方为争夺有利地位，可能以身体和暴力反制。冲突发生在激活界限带来的对抗过程，政府因地位高、手段多而易侵害被征收者。

为防止征收矛盾的转化升级，提高补偿标准约束政府权力只是其一，更重要的是完善房屋征收评估、安置、补偿等环节程序，尊重民意，采取措施，有效吸纳民众诉求，完善征收纠纷调解仲裁的法律和组织，防止利益博弈向抗争政治转变。